中国政府预算的典型事实与基本特征

姚东旻 著

人民出版社

责任编辑：孟　雪
封面设计：汪　阳
责任校对：周晓东

图书在版编目（CIP）数据

中国政府预算的典型事实与基本特征 ／ 姚东旻著.
北京 ：人民出版社，2025. 5.（2025. 6 重印）-- ISBN 978 - 7 - 01 - 027258 - 0

Ⅰ. F812. 3

中国国家版本馆 CIP 数据核字第 2025Z5686Q 号

中国政府预算的典型事实与基本特征

ZHONGGUO ZHENGFU YUSUAN DE DIANXING SHISHI YU JIBEN TEZHENG

姚东旻　著

人民出版社 出版发行
（100706　北京市东城区隆福寺街 99 号）

中煤（北京）印务有限公司印刷　新华书店经销

2025 年 5 月第 1 版　2025 年 6 月北京第 2 次印刷
开本：710 毫米×1000 毫米 1/16　印张：18.25
字数：298 千字

ISBN 978 - 7 - 01 - 027258 - 0　定价：76.00 元

邮购地址 100706　北京市东城区隆福寺街 99 号
人民东方图书销售中心　电话（010）65250042　65289539

目　录

序　一

姚东旻教授邀请我为其专著《中国政府预算的典型事实与基本特征》作序，阅读后，感觉内容充实，实证性强，有不少理论创新，很有价值。近年来，姚教授在财税基础理论与财政政策的多个重要领域成果丰硕，这部专著也是其中之一。撰写此书不仅是他对构建与完善中国特色社会主义预算理论体系的一次有益探索，更是在新时代背景下，推动预算理论与我国预算制度实践形成良性互动的重要尝试。以下，我想从几个方面具体谈谈我对此书的认识与感受。

第一，此书深入解析我国政府预算管理制度与实践模式，为深化预算制度改革，提升国家宏观治理水平提供制度实例基础。预算管理是国家治理的重要组成部分，是贯彻国家战略意图、优化资源配置、推动高质量发展的核心工具。党的二十届三中全会再次突出预算制度在国家治理中的关键作用，强调通过加强财政资源和预算统筹、强化对预算编制和财政政策的宏观指导等改革举措，推动提升预算管理水平和财政治理效能。在此背景下，聚焦预算制度开展深入的实例性分析是一项重要的基础性工作。做好这方面的研究，能为研究预算理论与预算实践夯实地基，有利于发现问题症结所在，提升我国宏观治理水平，实现国家战略目标。此书的研究，能够为进一步厘清深化预算制度改革的方向与重点提供有益参考。

第二，此书的研究立足于我国基本国情，从本土制度出发，开展中国特色社会主义预算理论研究，对促进预算理论与实践融合有重要理论意义。我国的经济制度与西方国家存在显著差异，简单照搬传统西方预算理论来指导我国实践显然不可行。因此，我们亟须构建科学的、契合中国特色的预算理论，既能有效指导实践，又能通过实践总结规律，不断完善理论，促成二者之间形成良性互动。此书的探索恰好促进了这种互动。一方面，作者以社会共同需要理论为核心，坚守"以人民为中心"的立场，丰富了对中国特色社会主义预算的规律性认识，为

— 1 —

指导我国预算实践提供了理论支撑。另一方面，此书系统刻画了我国政府预算制度的运行逻辑与地方实践，为预算理论研究提供了全面鲜活的事实支撑，有力地推动了预算理论与实践的深度融合。

第三，此书以实证方式为导向，采用跨学科的研究视角，力求使研究结论建立在坚实的事实基础之上。作者采用客观的实证研究方法，不仅增强了研究结论的科学性和可靠性，还增信了此书对现实问题的解释力。此外，预算问题的复杂性决定了单一学科难以全面揭示其深层规律，此书通过将经济学、政治学、社会学等多学科的理论与方法有机结合，拓展了研究的广度和深度，从更综合的跨学科视角探讨预算管理中的资源配置、公共政策与社会效应等关键问题，为应对当前预算管理的挑战提供了创新性的解决方案，也为开展预算管理相关研究探索了新思路。

第四，此书兼具理论性、实践性和研究性，有利于凝聚政府治理和财政预算领域的共识。当前，我国财税体制改革已进入深水区，如何凝聚改革共识，推进现代预算制度建设，是一项重要任务。此书通过对我国预算制度和地方实践的深入分析，为读者提供了一个较为清晰的认知框架，不仅有助于学术界深入研究预算管理的前沿核心问题，也为实务界解决预算管理改革中的现实问题提供了重要参考。此外，全书涵盖丰富的客观数据与制度现实分析，无论是政策制定者、学术研究者还是一线财政部门工作者都能够从此书中汲取有价值的知识和经验。

长期以来，姚东旻教授聚焦中国预算制度建设与实践，开展了一系列具有创新性的理论探索。这些研究不仅采用了科学、规范的研究方法和经济学范式，更为可贵的是，始终秉承"以人民为中心"的研究立场，为构建中国特色社会主义预算理论体系作出了积极的努力。这部专著正是其相关研究成果的归纳与总结。我希望，这本专著的面世，能够为财政部门从事预算管理的工作者提供新的启发。

同时，我也寄望于像姚东旻教授这样的青年学者，能够基于此书探讨的共识，不断深入拓展，为我国深化财税体制改革、健全现代预算制度贡献更多洞见。也希望未来会有更多学者和实务工作者携手努力，共同推动我国预算理论与实践的高质量发展。

全国人大财政经济委员会副主任委员　史耀斌

2024 年 12 月 30 日

序　二

　　党的二十届三中全会提出"健全预算制度"，强化对预算编制和财政政策的宏观指导是深化财税体制改革的重要举措。预算是政策意图的直接体现，反映了财政资源的分配和优先事项，在推动国家转型、促进社会经济高质量发展的过程中，预算都扮演着不可替代的重要角色。在此背景下，欣闻东旻教授有关政府预算的专著出版，我非常乐于对此书进行推荐。

　　第一，政府预算的理论研究是财政学的核心和重点，而我国当前的预算研究仍存在不足之处。一是特征事实还不清晰，关于预算影响的多方面特征和事实的界定与描述缺乏一致性，尽管预算研究在实践中积累了大量的经验和案例，但尚未形成系统认识。二是理论研究不成体系，我国的预算研究一直缺乏理论的指导，尤其缺乏基于我国国情的理论构建。究其根本，在于学界对我国预算规律性认识的不足。在传统上国内的预算理论研究多侧重于预算的编制和执行技术，较少从全局和战略的角度去审视预算制度的根本目的和作用。三是中国预算制度根植于中国当代政治制度和社会主义市场经济体制，超出了传统西方预算理论的解释范畴，不能仅依靠西方预算理论解释中国预算问题。为此，此书在深挖中国预算制度运行的事实和逻辑的基础上，总结出了一系列有关政府预算支出的规律性认识。

　　第二，此书在拓展有关政府预算的研究视角与方法上进行了非常有益的探索。一方面，此书从财政学、经济学、社会学等多个学科的交叉视角更全面、深入地分析政府预算问题，促进了理论创新，对于具有中国特色的财政学知识体系的构建有很大帮助，从而为政府制定科学合理的预算政策、优化资源配置、提高财政资金使用效率、促进社会公平与经济可持续发展提供坚实的理论支撑和实践指导。另一方面，此书以实证主义为导向，通过使用政策文本分析法、微观计量经济学方法、夏利普值分解法等各类丰富的实证方法和现代统计技术，从多个维度对政府预算支出行为进行了定量分析。实证主义及其丰富的数据集是此书的一大亮点,基于大量数据和事实进行定量分析可以更客观地识别和解释预算支出的模式、趋势及其背后的动因;实证研究揭示的规律性认识有助于构建和验证理论模型,增强政策建议的科学性和实用性,同时丰富了研究视角,拓展了研究的深度和广度。

第三,希望此书的出版能够引导一个风尚,对于我国政府预算的系统性特征、内在规律以及其动态演变过程,能够迅速地凝聚成一系列既经得起实证分析检验,又能够经受历史沉淀的共识。这些共识将成为构建具有中国特色预算理论体系的坚实基石。当前,我国政府预算管理面临着日益复杂的挑战,只有通过系统的研究,才能准确把握其运作机制和发展趋势。本书从数据和实际操作中提炼有关政府预算的普遍规律和系统特征,通过数据分析和实证研究揭示我国政府预算的实际运作模式和演变轨迹,突破单纯理论推演或理想化的预算模型,扎根实际为预算管理的实践提供切实可行的指导方针。只有在这样的基础上,才能够发展出具有中国特色的预算理论,才能够真正反映我国特有的政治、经济和社会环境,促进中国政府预算管理的科学化、规范化,并推动形成透明、高效的预算体制。

第四,我也非常乐见更多跨学科的概念、方法运用于我国的预算研究上,形成政府预算研究的热潮。随着经济学、政治学、社会学、公共管理学等多个领域的知识逐步融入财政研究,我们有机会突破传统预算分析的局限,获得更加全面和深刻的见解。本书正是这样一种跨学科研究的典范,融合应用社会共同需要的概念,通过实证主义的范式,为预算研究提供了严谨的数据支持和理论框架。跨学科的方法可以将不同领域的理论和工具引入预算研究,从而丰富我们对预算政策和实践的理解,并推动学界对预算管理进行更广泛的讨论和探索,促使更多的学者和从业者通过创新的方法和视角推动预算理论和实践的发展。

近年来,东旻教授团队在系统总结中国预算制度建设实践基础上形成了一系列创新性理论研究。希望以此书出版为契机,更多的年轻学者能够在系统了解我国预算特征事实的基础上,探索出中国特色的预算理论,弥补预算理论的缺失。年轻学者们应在继承前人研究成果的基础上,积极拓展视野,结合我国特有的政治经济环境,勇于挑战传统理论的局限,尝试弥补单一预算理论在预算研究中存在的不足。中国的预算体系具有独特的制度背景和政策动向,这些都需要通过创新性的理论框架加以解读和解释,通过对实践情况的深度分析和多元化实证方法的应用,相信年轻学者们能够为中国预算理论研究和预算在实践中遇到的问题提供新的视角和解决方案。

是为序。

中央财经大学校长　马海涛

2024 年 8 月 25 日

引　言

　　财政为庶政之母,预算乃邦国之基。预算不仅是国家调配财政资源的主要工具,更是体现国家意志、服务国家重大战略决策的重要载体。它不仅映射出政府的活动范围与方向,更是宏观调控的有力杠杆、经济体制改革的突破口与抓手。自 1978 年改革开放以来,我国预算改革与时代同步,预算日益成为各级政府的重要政策工具,在施政过程中起到支撑性作用。特别是党的十八届三中全会以来,我国进入全面深化改革阶段,预算制度改革成为启动最早、力度最大、成效最为显著的领域之一,自此,现代预算制度基本确立。现代预算制度作为中国特色社会主义制度的重要组成部分,在保障政府支出、规范政府收入和强化预算约束方面发挥重要作用,是推进中国式现代化的重要保障。党的二十大从战略和全局的高度,提出"健全现代预算制度",对预算制度的发展和完善提出了新要求,党的二十届三中全会进一步强调了预算制度改革在全面深化改革和推进中国式现代化进程中的重要地位。因此,总结与解释我国不同阶段、不同区域、不同层级政府的预算特征与驱动因素,对于健全现代预算制度具有重要现实意义。

　　然而,当前我国预算研究缺少明确的理论指导,学术界偏重于从单一视角解释实际预算现象,而对政府预算行为的系统性、专业性研究较少,预算理论研究缺乏一个具有一般性的理论框架。为此,本书借助社会共同需要理论在阐述"财政一般"以及在探索现实社会中"财政特殊"问题方面的优势,尝试构建了以社会共同需要为基础的预算理论。同时,我国幅员辽阔,人口众多,各地区自然条件、资源禀赋、经济发展水平等方面差异巨大,地方政府的预算支出会受到政治、经济、文化等各种复杂因素的客观制约和综合影响,并不能仅靠某种"放之四海而皆准"的理论进行解释。单纯的理论分析对地方政府实际预算行为的解释力较为有限,而实证主义方法强调通过广泛的数据收集和分析来获取知识,有助于提升预算研究的客观性、准确性与普适性,且实证主义方法在经济学、政治学、管理学等众多学科领域都有应用,具有广泛的适用性,有助于我们从跨学科视角综合分析政府预算问题。因此,本书以实证主义为导向,使用政策文本分析方法、经典计量经济学方法、现代微观计量经济学方法、夏利普值分解法等各类丰富的实证方法,尝试从预算理论、预算制度、地方政府预算支出的特征与成因、政府间预算支出的关联性等诸多方面,完整且准确地刻画出中国政府预算的典型事实与基本特征,为深化预算制度改革与推进中国式现代化提供理论力量与经验启示。

本书的研究逻辑如下。

按照"理论—制度—实践"的叙述顺序,本书对我国政府预算的典型事实与现实特征进行了完整刻画。在理论层面,政府预算的实质是对财政资金的分配,但以市场失灵理论为基础的英美财政理论并不能完全解释我国政府的预算行为,也难以回答我国政府预算的本质问题。新市场财政学认为财政活动的起点与归宿是满足国家在一定社会形态下的社会共同需要,这为理解我国政府与市场之间、不同层级政府之间的财政关系提供新的理论解释。聚焦到预算领域,社会共同需要理论有助于厘清预算的两个关键问题——财政资金的分配依据和决策机制,故本书开篇尝试构建了以社会共同需要为核心的预算理论,即整体预算的决策过程可视作社会共同需要的表达与满足,且预算支出管理满足社会共同需要的动态变化,并通过大量政策文本分析,从不同阶段、不同区域与不同政府层级等方面对这一核心理论进行了验证。

在制度层面,自上而下的管理体制与预算挂钩要求相互关联,共同构成了具有中国特色的预算管理模式。为保障教育、科技、医疗卫生等民生重点领域的政府投入,我国政府出台了相应的预算挂钩要求,自上而下的管理体制有效保障了预算挂钩要求的落实。故本书在第二章系统整理了中央政府与各省级政府的预算挂钩要求,对我国政府预算挂钩机制的内涵、特征与影响进行了详细阐述。

在实践层面,地方政府在经济发展水平、财政状况等诸多方面都存在显著差异,使得我国地方政府的预算特征呈现出复杂性、动态性和多样性,故本书第三章至第九章尝试使用各类实证方法对地方政府预算的典型事实与基本特征进行刻画。

本书的章节安排与核心内容如下。

第一章"以社会共同需要为核心的政府预算理论"通过对 1950—2021 年的政府预算数据与工作报告的词频进行分析,探讨了以社会共同需要为核心的预算理论,揭示了预算决策既是政治决策也是满足社会共同需要的手段,并强调了政策文本与预算支出之间的关联性及其在不同层级和区域政府间的差异。通过对预算数据的分析发现,预算支出能够动态反映民众的需求变化;政府工作报告中的词频分析则揭示了政府在公共安全、民生保障、环境保护等关键领域的政策重心。研究强调政策文本中的词频占比与预算支出占比是社会共同需要表达与满足的重要表现形式,并指出不同层级和区域的政府在表达社会共同需要方面存在差异。此外,政策文本与预算支出的关联性分析显示,中央和地方政府在社会共同需要表达上存在传导模仿现象,不同省份内部社会共同需要的表达和实际满足情况存在差异。

第二章"中国特色社会主义制度下的预算管理模式与特征"基于预算挂钩制度在当前预算制度中的重要性,探讨了预算挂钩制度的含义、产生原因、运行逻辑及其对预算支出的影响。通过分析两类预算挂钩机制,本章发现其运行机制存在显著差异,这种差异赋予了地方政府不同程度的预算安排自主权。

第三章"地方政府预算支出的类型、特征与影响因素"根据经济建设和科教文卫预算支出,将地方政府在实践中实行的预算支出模式划分为四种类型:经济建设偏向型、科教文卫偏向型、高均衡支出型和低均衡支出型,并分析了这些模式选择背后的影响因素。每种模式都侧重于不同的发展目标,"经济建设偏向型"更多强调经济增长与经济转型,推进工业化与城镇化,支持重点产业以及中小企业发展,加强基础设施建设等;"科教文卫偏向型"支出的重点领域主要在科技创新与民生建设;"高均衡支出型"和"低均衡支出型"支出模式在经济建设和科教文卫两个支出领域没有明显的偏向,对于经济建设和科教文卫领域的重视程度相近。研究发现,预算支出模式的选择受到支出分权、城市化率、第三产业占比、地方财力和人口密度等因素的影响。具体来说,支出分权程度较高、城市化率较高、人口密度较低的省份倾向于"经济建设偏向型"支出模式;而支出分权程度较低、城市化率较低、第三产业占比较高、人口密度较高的省份倾向于"科教文卫偏向型"支出模式;第三产业占比较低、地方财力相对较弱的省份倾向于"低均衡支出型"模式;反之,则倾向于"高均衡支出型"模式。

第四章"地方政府预算支出的结构差异与差异的主要来源"从直观表现和

动态变化的角度分析了我国不同省级政府预算支出结构的系统差异，并探讨了影响这些差异的主要因素。采用基于回归方程的分解法从地方财政状况、经济状况、官员和支出目标特征四个维度对差异进行综合分解。研究发现，地方财政状况和经济状况是直观差异的主要来源，具体包括分项支出占比央地差、支出分权、地方财力和分项支出占比区域均值。进一步对差异进行逐年动态分解发现，反映地方财政状况的支出分权和地方财力对我国省际预算支出结构差异有持续影响。此外，人口密度、人均受教育年限以及反映地方经济状况的城市化、市场化以及地方官员特征等因素在特定时期内也对差异有重要影响，但其有效性随时间变化呈现阶段性特征。

第五章"地方政府预算支出模式的动态演进路径与转化动力"旨在对地方政府支出结构的典型模式及其特征进行深入分析。明确地方政府预算支出模式的影响因素，对于解决财政支出结构固化问题、促进政府职能转变，以及推进政府公共服务供给侧改革具有重要意义。为了系统性地探讨"我国地方政府预算支出模式有哪些、具有什么特点？"以及"什么因素影响了地方政府支出属于某一种模式而非其他？"这两个核心问题，第五章重点关注我国省级政府的预算支出模式，利用省级数据进行探究。首先对省级政府预算支出模式进行分类分析，根据不同领域预算支出的比例，划分出四种不同的预算支出模式。随后，结合相关政策文本，分析不同支出模式所体现的经济特征。此外，通过固定效应模型、工具变量法、Probit 模型和反事实数据模拟法等方法，探究省级政府预算支出模式的直接影响因素。

第六章"地区间预算支出的纵向与横向特征"聚焦教育、科学技术、医疗卫生等关键领域的支出，探讨不同层级地区间的财政关系和预算行为如何影响预算支出结构的差异。特别关注两个特殊成因：上级政府的纵向统筹和毗邻城市间的横向趋同。结合我国地方预算支出差异的典型事实和现实制度背景，可以发现纵向和横向两种因素影响城市间的预算差异。纵向上，省级政府对地级市预算进行引导，通过转移支付等途径影响下级预算支出；横向上，地级市预算受毗邻市的影响，存在策略互动。纵向和横向的影响体现了我国财政体制的基本原则——统一领导、分级管理。本章利用地级市数据，通过构造"城市对"数据探究了我国地方政府民生性预算支出结构差异的制度因素。

第七章"政府间预算支出省际分化与'相近'模仿的制度因素"从省际分化

与"相近"模仿的角度,研究"条强块弱"关系以及项目化治理对我国地方预算支出自主权存在纵向约束。为深入探究我国行政管理体制下预算互动特征,本章基于地级市财政支出分项数据,构建了"城市对"数据集,研究了地级市政府预算支出结构的互动目标选择,即地级市之间存在向目标城市模仿预算支出结构的互补效应,本市倾向于缩小与模仿目标城市之间的预算支出结构差异,并验证了预算支出结构互动的典型特征。

第八章"任期与预算支出结构调整"探究地方官员换届对省级财政支出结构的影响。本章以党代会的召开为切入点,深入分析任期如何影响财政支出结构,并探讨其背后的动机和目标。通过对中央及各省财政支出比重的分析,归纳不同领域的财政支出呈现出的各自的特点。本章采用渐进主义与间断平衡预算模式对我国财政支出进行分类,并从地方主要干部的角度出发,探讨其对预算结构变化的影响。通过分析地区相较之前支出结构的偏离情况,本章揭示官员变动对财政支出结构的影响,并探讨官员如何通过调整财政支出结构来实现其规划导向,强调了在财政社会学研究中考虑地方主要干部行为的重要性。

第九章"财政收入变化与预算支出结构调整"以财政科技预算支出为例,探讨了财政收入变动如何影响政府的预算支出结构。本章认为,财政科技支出受到财政收入变化的收入效应与替代效应的双重影响。收入效应表现为财政收入下降直接减少科技支出,而替代效应则表现为地方政府在财政收入减少时,倾向于优先保障经济建设和民生支出,减少科技支出。研究难点在于财政科技支出与财政收入之间的内生性问题,科技发展与经济增长相互促进,但经济下行时税收收入下降,可能影响科技支出。为克服这一难点,本章采用"撤县设区"作为准自然实验,利用全国城市面板数据,通过 PSM—多时点 DID 方法,探究财政收入变动对科技支出的影响。

本书的撰写是在政府预算改革正在深入、现代预算制度不断健全完善的背景下进行的。在研究过程中,我们坚持实证主义导向,深入挖掘和分析了大量的政策文本与经济数据,并尽可能地采纳了当前学术界的最新研究成果,力求使本书的论述和分析建立在坚实的事实基础之上,尽可能全面地刻画我国政府预算支出的基本特征。但任何理论的构建都需要经历不断的实践检验和修正,真理是在历史的现实中不断生成和具体化的过程,本书仅仅是对构建具有中国特色政府预算理论的一次探索,不过我们希望这种跨学科的研究视角和实证主义的研究范式可以为后续学者们的预算研究提供一定启发。本书中可能仍存在不足,甚至疏漏不妥之处,欢迎各位读者批评指正。

第一章 以社会共同需要为核心的政府预算理论

第一节 社会共同需要理论

一、基本概念

社会共同需要理论起源于 20 世纪 80 年代初,由于主流财政基础理论并未很好地回答我国的财政本质问题,何振一研究员提出了"财政起源于社会共同需要"的观点[①],同时对于社会共同需要进行了一定程度的解读:社会共同需要是维持一定社会存在、一定社会再生产的正常进行,必须由社会集中组织事务的需要,是一般的社会需要。随后学者们在此基础上从不同角度对于社会共同需要的内涵进行了补充阐释,进一步发展了社会共同需要理论,包括基于个人偏好(秦颖,2006)[②]、应包含人文和契约精神(王雍君,2012)[③]等。李俊生教授对于社会共同需要理论的发展作出了很大贡献,李俊生(2012)[④]强调社会共同需要是贯穿整个财政基础理论体系的中枢。李俊生、姚东旻(2018)[⑤]提出了"边—中心"公共治理模型,将满足社会共同需要的财政活动纳入统一的分析框架,修正了市场失灵理论中政府与市场相对立的观点。李俊生(2023)[⑥]强调财政产生于

[①] 何振一:《理论财政学》,中国社会科学出版社 2015 年版,第 4、5 页。

[②] 秦颖:《论公共产品的本质——兼论公共产品理论的局限性》,《经济学家》2006 年第 3 期。

[③] 王雍君:《"社会共同需要论":两个视点的解读》,《中央财经大学学报》2012 年第 1 期。

[④] 李俊生:《以"社会共同需要"为核心概念构建财政学理论框架体系——关于社会共同需要财政理论的文献研究》,《财贸经济》2012 年第 6 期。

[⑤] 李俊生、姚东旻:《财政学需要什么样的理论基础?——兼评市场失灵理论的"失灵"》,《经济研究》2018 年第 9 期。

[⑥] 李俊生:《从社会共同需要中探寻财政的起源与目标——何振一教授财政学术贡献追思》,《财贸经济》2023 年第 6 期。

社会共同需要、服务于社会共同需要,社会共同需要论观点从财政起源到财政归宿全方位揭示了财政的本质。通过社会共同需要理论的发展,可以将社会共同需要总结为:社会共同需要是由政治决策确认,通过政府收支(或准政府部门收支)得以满足的社会存续与发展的需要。

二、理论研究主体

社会共同需要理论的研究主体是财政的行为动机,换句话说,财政行为动机是满足社会共同需要,以此将政府和公民两大部分通过财政这一方式关联起来。为了提供满足社会共同需要的公共产品和服务,政府必须通过预算来统筹公共服务的协调、公共组织的有效运作、公共部门信任的建立等。这个过程和结果可以通过一系列指标来具体衡量,如公民对于公共服务的满意度、预算透明度等。用社会共同需要作为理论基础在价值导向和工具两个层面指导政府行为和政府活动实践,"通过政府收支(或准政府部门收支)"体现出了社会共同需要的直接满足手段。预算支出也是财政工作重心的具体体现,我国预算支出规模持续扩大、支出结构层次多样化、转换趋势向民生靠拢,充分说明我国财政工作始终致力于持续满足不断变化的社会共同需要,推进我国预算制度完善是符合中国特色社会主义道路、符合我国经济与发展的战略目标。

三、预算理论的设想——社会共同需要理论的引入

预算的实质是分配稀缺资源,也意味着在潜在支出项目间进行选择。预算意味着收入和支出之间达到平衡,因此需要一定的决策过程。由此而引出预算的基本问题,如何合理地分配资金,包括分配资金的依据和决策机制。从预算的内涵层面分析,预算是公共选择机制,通过政治程序决定,预算反映着政府分配活动的范围和方向。社会共同需要理论可以帮助我们从预算的两个关键问题——分配资金的依据和决策机制出发,以此来战略性分析预算整个过程。"社会共同需要"这一概念存在"应然""实然"之分,"应然社会共同需要"仅是一个理论抽象,不可观测且不可测量,社会成员无法具体感知;而"实然社会共同需要"可以通过方式,如统计指标,可以被社会成员观测到甚至通过某种方式进行测量。预算决策是公民、立法机构、政府、财政部门与各资金使用者间形成的多层级的委托—代理关系,由公民授权立法机关,立法机关委托政府代理,政

府委托财政部门代理,政府部门委托各资金使用者代理,最终预算资金用于为公民提供公共产品与服务。而公民至政府的部分链条即为通过政策程序进行决策,政策文本实质上是政府对公民意愿需要的阐述和总结,能够充分反映出社会共同需要的核心要义,因此政策文本即是社会共同需要表达的过程。预算支出管理是政府部门依据社会共同需要的不同变化调整预算结构的过程,政策文本则是政府部门对社会共同需要的深刻理解与把握的载体,引导预算资金不断满足人民的社会共同需要。这也是社会共同需要社会互动性的体现,即社会共同需要可以对政治决策起到反馈作用,从而调整政治决策。

本章拟构建以社会共同需要为核心的预算理论,具体包含以下两方面。一方面,整体的预算决策过程可以看作社会共同需要的表达与满足。预算决策过程实质是多层级委托—代理关系,其中占有重要地位的政治决策则为社会共同需要的表达。而预算资金最终用于提供公共产品和服务,这一过程实现对社会共同需要的满足。社会共同需要是由政治决策确认,通过政府收支(或准政府部门收支)得以满足的社会存续与发展的需要。这一实质明确了社会共同需要需经过客观的政治程序进行集体决策加以确认,由国家或者政权进行主导。其中政治程序即是社会共同需要表达的途径,政治程序决策是社会共同需要的表达;"通过政府收支(或准政府部门收支)"体现出了社会共同需要的直接满足手段,这也代表着社会成员通过财政行为的目标与结果、财政资金的具体数额及其他可量化的指标对于社会共同需要进行直接的观测和度量;社会存续与发展则直接凸显出社会共同需要的根本目的。另一方面,预算支出管理满足社会共同需要的动态变化。预算支出管理的实质是依照人民对于美好生活的向往以及需要的不断变化而调整预算支出结构,也就是满足不断变化的社会共同需要。以上两方面要素决定了社会共同需要应作为预算理论的核心,而以社会共同需要为核心的预算理论具体满足中国式现代化的以下特征:有限财政资源满足社会共同需要以实现人口规模巨大的现代化;调整收入分配满足社会共同需要实现全体人民共同富裕;优化预算支出结构满足社会共同需要实现物质文明和精神文明相协调;贯彻绿色发展维持社会共同需要实现人与自然和谐共生;满足人类共同需要实现走和平发展道路现代化。

具体而言,预算支出情况与政府注意力是社会共同需要在实践层面的共同映射,是政府在满足社会整体共同需要时的现实表征。一方面,预算支出管理能够反映政府在满足社会共同需要时所作出的动态发展性的实践举措,从资金落脚点、投入方向等方面直接性地呈现社会共同需要的阶段重点。本部分主要从预算数据出发,从《中国财政统计》《中国财政年鉴》等获取 1950—2021 年的相关预算数据,构建了关于不同领域预算支出数据的翔实数据库。通过横向上时间动态变化、纵向上不同层级政府差异比较来整理、归纳社会共同需要的阶段重心和整体模式。另一方面,政府注意力本质上映射的是满足社会共同需要的重点领域,换言之,政策文本中的词频重点即为社会共同需要的表达。本部分主要通过政府工作报告中的词频占比作为政府注意力的体现,它揭示了政府在公共安全、民生保障、环境保护等关键领域的工作重心。高频词汇不仅凸显了政府对这些领域的持续关注,也反映了政府在制定政策和规划时优先考虑改善的方向。本研究从国务院网站以及各省官网手动搜集了 2007—2021 年共计 15 年的中央政府工作报告以及 31个省区市(不含港澳台)的政府工作报告,共计 480 份,并进行切词分析,构成了一个丰富完整的政策文本库。通过该文本库,我们可以洞察到不同层级政府的社会共同需要以及社会共同需要的变动。具体地,本部分首先通过对比文献、考察工作报告,最终将词频范围确定在国防、安全、民生、科技、区域均衡、环境、农业七个领域,并进一步依据相关文献建立各领域词频库(彭小兵、彭洋,2022;孔祥夫等,2023;文宏,2014;朱光喜、金东日,2012;吴宾、杨彩宁,2018;何振宇等,2019;梁茜、代蕊华,2018)①②③④⑤⑥⑦,其中国防领域包含"战备""军事"等词,安全领域包含"社会安全""预防"等词,民生领域包含"就业""补助"等词,科技领域包含"科技

---

① 彭小兵、彭洋:《乡村振兴中地方政府的注意力配置差异与治理逻辑研究——基于 410 份政策文本的扎根分析》,《中国行政管理》2022 年第 9 期。

② 孔祥夫、董波、徐可、陶永亮:《基于 BERT 的民生问题文本分类模型——以浙江省政务热线数据为例》,《北京大学学报(自然科学版)》2023 年第 3 期。

③ 文宏:《中国政府推进基本公共服务的注意力测量——基于中央政府工作报告(1954—2013)的文本分析》,《吉林大学社会科学学报》2014 年第 2 期。

④ 朱光喜、金东日:《政府工作报告中的绩效自评估——基于 2006—2010 年省级政府工作报告的分析》,《公共行政评论》2012 年第 3 期。

⑤ 吴宾、杨彩宁:《住房制度、住有所居与历年调控:自 1978—2017 年中央政府工作报告观察》,《改革》2018 年第 1 期。

⑥ 何振宇、白枚、朱庆华:《2013—2017 年我国养老政策量化研究》,《信息资源管理学报》2019 年第 1 期。

⑦ 梁茜、代蕊华:《我国区域教育均衡研究的主题及趋势——基于 CSSCI 来源期刊文献关键词的可视化分析》,《基础教育》2018 年第 3 期。

成果""创新体系"等词,区域均衡领域包含"城镇""攻坚"等词,环境领域包含"污染防治""生态环境"等词,农业领域包含"农业""耕地"等词,以此确立各个领域的词频占比情况。之后本研究利用 Python 进行数据处理,为了提高分词结果的准确性和相关性,去除了工作报告文本中的停用词(参考百度停用词表)和标点符号,对过滤后的分词结果进行统计,计算每个词在文本中出现的次数。该政策文本数据库通过统计得到每年政府工作报告中各领域的词频占比情况,可以了解文本中哪些词是关键词汇,哪些词出现的频率较高,从而得到哪些领域是政府注意力所在的关键领域,为接下来的分析提供数据支持。预算支出情况与政府注意力本质上都以满足社会共同需要为根本目的、根本使命,二者共同反映着政府满足社会共同需要的方式、途径及侧重点。综上所述,提出本章第一个核心观点。

核心观点 1:政策文本(如政府工作报告)是社会共同需要的表达方式,预算支出是社会共同需要的满足手段。

第二节 构建社会共同需要作为核心的预算理论

本节从以下三方面展开:一是从预算支出视角出发对社会共同需要动态变化的典型事实进行刻画,应用 1950—2021 年相关财政支出数据考察社会共同需要的动态变化牵引着预算支出管理重心的改变;二是对比中央与地方预算数据刻画不同层级政府之间社会共同需要的差异,并进一步比较不同区域地方政府社会共同需要差异;三是将中央政府工作报告以及 31 个省区市(不含港澳台)的政府工作报告分国防、安全、民生、科技、区域均衡、环境、农业七个领域进行切词,统计各个领域的词频占比数据,以此反映各级政府在不同领域的注意力分布。将各领域预算支出数据与词频占比数据相结合,通过全国与各省、不同省份之间的情况对比探究政策需要与实际预算响应情况。具体思路框架如图 1-1 所示。

一、预算支出视角下社会共同需要动态变化的事实刻画

新中国成立以来,随着我国经济水平提升和发展战略的变化,社会共同需要的现实映射围绕着内外环境、公共利益和人民需求不断发生改变。一方面,社会共同需要是人民群众共同意志的集中反映;另一方面,以人民为中心的发展思想贯彻了我国财政工作,由此决定了我国财政工作的根本目标在于持续满足不断变化的

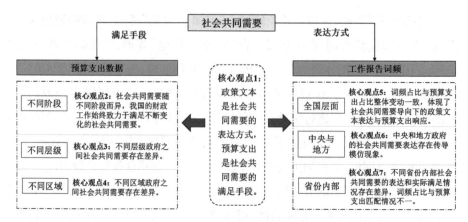

图 1-1　思路框架

资料来源:笔者自制。

社会共同需要,并在不同时期通过政府财政行为的手段和结果显现出实然社会共同需要不同的特征,合理安排预算支出是实现这一目标的重要手段,预算支出的总量和结构变化反映了政府对社会共同需要的认知和响应能力。本章进一步将预算支出重心变化划分为三个阶段:1950—1980 年,预算支出致力于加强国防建设和经济发展,满足人民对于恢复正常经济秩序、摆脱落后农业国境况的共同需要;1981—2006 年,预算支出致力于持续推动经济建设发展并逐渐关注民生,满足人民对于保障物质文明要求、提升生活水平的共同需要;2007 年至今,预算支出重心由经济建设转向民生领域,旨在推进共同富裕,满足人民对美好生活的向往和自由全面发展的共同需要。因此,本章以预算支出为例阐释我国财政工作始终聚焦满足不断变化的社会共同需要,具体从预算支出规模、支出占比、支出增速三个方面进行。

（一）加强国防建设,逐步发展经济(1950—1980 年)

新中国成立初期,我国百废待兴、百业待举。面对战乱带来的种种破坏,人民对基本的安全和生存需要有迫切要求,渴望国家安全、社会安定,能够开启"吃饱穿暖"的新生活。这一阶段政策文件和预算结构体现出明显的国防和经济并重特征,如 1951 年中国共产党第一次全国组织工作会议指出:国防第一,稳定市场第二,其他第三。后续多年的政策文件逐渐将重心转向发展经济。①

---

①　如 1965 年全国财贸工作会议指出,既要保证备战和三线建设的需要,又要保证人民正常生活的需要和市场物价的稳定;1975 年《政府工作报告》指出,在 1980 年以前,建成一个独立的比较完整的工业体系和国民经济体系。

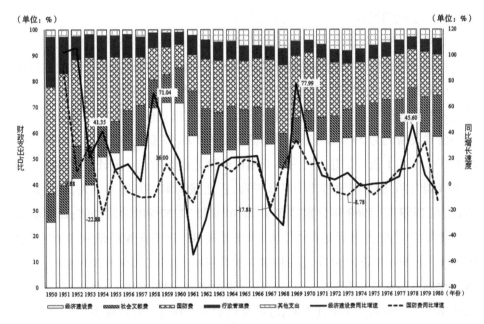

图 1-2　1950—1980 年国家财政支出功能分类比重及增速

注：由于 1949 年数据缺失，1950 年同比增长率不可比。

资料来源：中华人民共和国财政部综合计划司编：《中国财政统计（1950—1985）》，中国财政经济出版社 1987 年版，第 64—65 页。

　　1950—1952 年，在国民经济秩序长期被战争破坏的情况下，人民的首要需求是结束战时动荡状态，生活恢复到正常秩序并实现安定和谐。为满足人民愿望，财政致力于优先保障人民安全，在战局稳定的情况下推动经济发展。从预算支出来看，一是受限于当时经济水平情况及微薄的财政收入，支出规模较小，1950—1952 年平均经济建设费为 41.56 亿元，平均国防费为 46.16 亿元。二是支出占比以国防、经济建设为先，二者交替成为占比第一的项目。1950 年、1951年国防费用支出占比均超过了 40%，占比第一。国家也在着力推进经济建设，经济建设费占比不断攀升，于 1952 年超过国防支出成为占比第一的项目，高达 42.56%，相较 1950 年占比增加了 14.37%，系列数据表明这一时期政府支出集中在维护人民安全、保持经济稳定，着力于恢复正常的经济社会秩序，为人民提供一个平稳安宁的生活社会环境。三是从支出增速上来看，国防费趋于下降，同比增长速度明显下降；经济建设费趋于上升，同比增长速度基本都突破了100%。由此，这一阶段的实然社会共同需要呈现出以下特征：规模还相对较小，结构比较单一，基本围绕满足人民基本安全和生存需要展开，其转换趋势表现为向更进一步地满足人民生存生活需要靠拢。

1953—1980年,经历国民经济恢复期后,国内政治和经济环境相对稳定,但仍然面临国外帝国主义武装侵略的威胁和经济封锁,人们将安全保障放在需求前列的同时,也开始渴望摆脱贫穷和落后。应然社会共同需要的改变牵引着政府支出结构发生变化。对应到预算支出上,一是支出规模开始扩大,这一时期平均经济建设费约为343.32亿元,平均国防费为106.57亿元,相比上一时期分别增长了7倍和1倍。二是支出占比开始以经济建设为重。一五计划时期一直到五五计划时期,经济建设占比则显著提高,占比保持第一并遥遥领先,屡次超过六成,在1959年、1960年分别达到了71.68%和71.57%的阶段峰值;而国防支出占比随之呈现明显回落特征,从1950年的41.16%直线降低到1960年的9.01%,于1961年逐渐回升,直到1980年都持续稳定在15%—20%上下,但总体占比仍然能够维持在第二。同时,经济建设支出、国防支出一直保持在支出前二的水平。三是从支出增速上看,经济建设费偶有回落但整体保持增长趋势,国防费的支出增速则相对缓和。表明这一时间段我国财政主要在全力推进经济,在国内基本建设、工业等方面给予大力支持,同时国防领域的投入虽然相对减少,但能够保证稳定在适度占比,反映出政府适度发展国防军事力量,更加注重经济发展的追求取向,充分说明我国这一阶段的财政工作是围绕推动经济建设、保障人民安全展开的。由此,在政治决策和政府收支活动的刻画下,这一阶段实然社会共同需要的规模逐渐扩大,结构仍然单一但转换趋势逐渐以满足人民的基本生存需要为重,突出表现为向提高人民生活水平靠拢。

总体而言,新中国成立初期注重维护国家主权的政治需要以及群体共同生存与发展需要,应然社会共同需要的安全需求基本得到满足,生理需求逐渐被重视。反映在实然社会共同需要的特征上则表现为预算支出规模逐渐扩大,结构有所变动但层次性还不强,经济支出、国防支出为重点,整体转换以不断提高人民基准生活水平为目标。

(二)保障经济建设,逐渐关注民生(1981—2006年)

1978年党的十一届三中全会之后,随着一系列拨乱反正工作的展开,全国政治上安定团结,经济上克服重重困难,已开始走上稳步发展的健康轨道。改革开放之初,解放和发展生产力是首要工作。增收节支、保证财政收支平衡成为这个阶段反复强调的财政工作要求。在安全得以保障、基本温饱得以实现的基础上,人民渴望生活水平条件能够更上一层,对于物质文化的需要日益增长。预算方面表现在财政支出的范围进一步从生产竞争性领域开始转向改善社会民生的公共服务领域,以满足人民的物质精神需求。

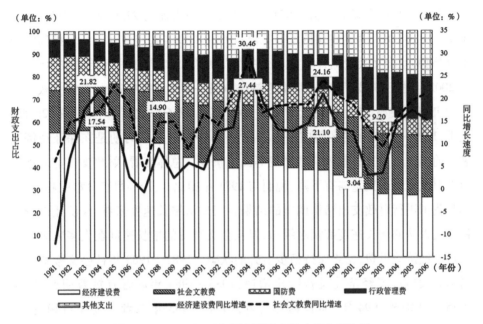

图1-3 1981—2006年国家财政支出功能分类比重

资料来源:中华人民共和国财政部编:《中国财政年鉴》(2007卷),中国财政杂志社2007年版,第383—384页。

随着改革的不断推进,我国经济体制逐渐从计划经济向社会主义市场经济体制转轨,政府减少对资源配置的直接干预、保障和改善民生成为这一阶段的主要任务。反映在预算支出项目上,一是支出规模大幅度增加,1981—2006年平均经济建设费为3479.6亿元,与上一时期相比增长了9倍;平均国防费为840.33亿元,增长了近7倍;社会文教费增长规模最多,平均为2734.735亿元,增长了34倍。二是从支出占比上看,1981—2006年重心开始从经济建设转向社会文教,2006年二者占比几乎相同。经济建设费占当年的财政支出比重继续下降,从1992年的43.1%下降至2006年的26.56%,社会文教费则从1981年的211.46亿元上升至2006年的10846.2亿元,增长近50.29倍。其中,由于八五计划进行了较大调整,可以进一步细分为两个阶段:1981—1991年,经济建设支出虽然整体呈下降趋势,但占比始终保持前二的位置,表明这一时期仍然在持续大力推进经济建设。具体来看,经济建设支出1981—1985年占比保持增长,

1985年后开始呈下降趋势,至1992年占比下降到43.1%,但占比仍然保持第一的位置,表明这一时期仍然在持续大力推进经济建设;同时,社会文教费支出占比开始稳步增长,1950—1980年社会文教费平均占比为13.09%,在迈入1981年后其占比数据有显著提升,1981—1991年平均占比为21.69%,在1985年开始正式突破20%,并始终保持增长态势;1992—2006年,经济建设费保持稳定的下降趋势,社会文教费上升明显。经济建设费从1997年正式开始跌破40%,并在2002年之后跌破了30%,基本维持在26%—28%。相对应地,社会文教费从1992年开始突破25%,并持续增长至2000年的27.6%,之后基本保持在26.5%上下,1992—2006年的区间内平均占比为26.56%。这一时期是在保证经济发展的前提下开始充分重视科教文卫等民生事业。总体来看,财政支出前六项占全部财政支出的比重略有下降,说明与1981年相比,支出项目有分散的趋势,这也是我国进行财政支出结构调整的结果。三是从增长速度来看,经济建设费和社会文教费的增长速度都相对缓和,但社会文教费的增长速度在大多数时期都超过了经济建设费,始终保持稳步上升的状态。1981—1983年社会文教费同比增速大大超过了经济建设费同比增速,1983—1984年后者有短暂回升,但从1985年开始至1994年,前者远超后者,1994—1995年二者一度保持相近,但1996—2006年社会文教费同比增速持续超过经济建设费同比增速,并保持良好的增长态势。

总的来看,这一阶段的预算支出着力满足群体共同生存与发展需要,注重保障民生。在应然状态下,人们对于物质生活和精神文化生活的渴望使得财政工作主要围绕提高经济效益、解放和发展生产力展开,实然社会共同需要的特征也发生了转变,进一步从生产竞争性领域开始转向改善社会民生的公共服务领域,预算支出的规模与上一阶段相比有了很大幅度的增加,社会共同成果被更多人分享;结构上更为丰富,开始重视精神产品供给能力的提升,以求极大地丰富人民群众的精神文化,显示出民生领域的发展趋势;转换方向上,预算支出逐渐由全力推进经济建设开始转向适应公共财政需要,注重改进民生,充分刻画出向满足人民物质和精神需要靠拢的整体趋势。

(三)推进共同富裕,实现美好生活(2007年至今)

随着经济建设的持续发展,人们的生活水平大步向小康迈进,"吃饱穿暖"的基础需求被满足后,不仅对物质文化需要提出了更高要求,自身发展需要以及社会福利水平的需要也不断增长,对美好生活的向往日益增加。由此,民生问题和区域均衡成为这一阶段发展的重中之重,财政支出用以满足人民对美好生活的需求。一方面,财政政策聚焦民生问题,持续改善民生。另一方面,注重公平,追求基本公共服务均等化以及各个区域之间的协调发展,主要落脚于城乡协调和区域均衡,逐步满足人民群众对缩小贫富收入差距,实现共同富裕的需要。

结合预算支出的动态变化,实然社会共同需要的特征出现显著转变。第一,实然社会共同需要的规模进一步扩大,发展成果开始更多更公平地惠及人民群众。一方面,这一阶段我国民生支出规模迅速增长,从 2007 年的 15458.08 亿元上升至 2021 年的 101481.46 亿元①,年均增长 17.2%。人均民生支出从 2007 年的 1169.92 元上升至 2021 年的 7043.49 元。民生性财政支出地位日益凸显,民生总支出占一般预算支出比重从 31.05% 上升至 40.50%,占 GDP 比重也从 5.71% 上升至 9.90%。另一方面,促进区域均衡方面的支出显著增加。农林水支出和城乡社区支出从 2008 年开始大幅增加,2007—2021 年的平均支出分别为 14481.45 亿元和 13377.05 亿元,财政支出不断推进公共资源在城乡间的均衡配置,推进基本公共服务均等化。

第二,实然社会共同需要的结构越来越复杂,并呈现出越来越强的综合性和动态性。一方面,民生支出显著增加。从具体民生项目支出占比的变动来看(见图 1-4),教育支出、社会保障和就业支出占比始终保持在第一、二位,教育支出围绕 40% 上下小幅波动,社会保障和就业支出则围绕 30% 上下小幅波动。卫生健康支出占比位列第三,从 2007 年的 12.87% 上升到 2021 年的 17.59%,呈持续增长态势。这一过程与新医改同步发生,体现了我国积极满足人民群众的健康生活需要。文化体育支出占比则相对稳定,在 4%—5% 的区间内波动。同时,与 2007 年相比,2008 年财政支出结构中出现了住房保障支出占比,其占比最小,但其规模的增长速度最快,年均增长率高达 21.69%,占民生支出规模也从 2008 年的 3.31% 上升至 2020 年的 7.14%,这与我国加强住房保障体系建设的过程相吻合。从总体财政支出项目变动来看,2007 年占比前五的财政支出中有三项与民生直接相关,2008 年及之后五项全部与民生相关。另一方面,城乡

---

① 民生支出计算口径参照财政部公布的口径,把教育、医疗卫生(现改称"卫生健康")、社会保障和就业、住房保障、文化体育 5 个科目的汇总数称为与人民群众生活直接相关的民生支出。

协调和区域均衡逐渐成为重点,如图 1-5 所示,与 2007 年相比,2008 年出现了明显的财政支出结构变动,农林水事务支出和城乡社区支出取代原排名第四、第五的国防和公共安全支出,成为这一阶段经济建设方面占比最大的两项支出,这充分说明我国财政开始加大对"三农"的投入,同时不断推进公共资源在城乡间的均衡配置,推进基本公共服务均等化,让发展成果更多更公平地惠及人民群众。这一阶段实然社会共同需要的结构是在不断丰富的,从原来仅仅围绕安全、生存需要到关注生活的方方面面,人民越来越多的需求可以被政治决策和政府收支活动反映出来,需求结构从单一的两三层到如今的多类型、多层次,呈现出动态变化的过程。

　　第三,实然社会共同需要的转换呈现出更加明显的民生趋势,从民生支出的增长速度更加能够识别出社会共同需要的转换。如图 1-5 所示,财政总支出与民生支出的同比增速变化相近,但后者的趋势变化更加明显,也相对更加贴合财政相关决策,切实解决人民群众的现实问题,进一步满足人们对于美好生活的需要。

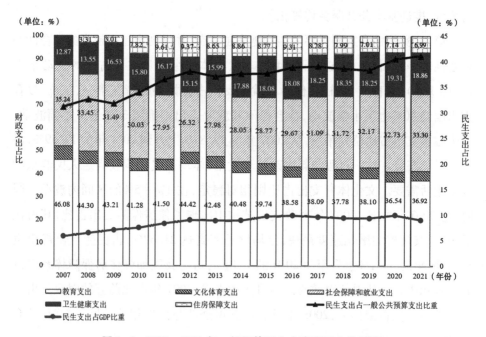

图 1-4　2007—2021 年一般预算民生支出项目占比组合

资料来源:多年数据来自《中国财政年鉴》(2008 卷—2022 卷),中国财政年鉴编辑部编:《中国财政年鉴》(2022 卷),中国财政杂志社 2022 年版,第 452 页等。

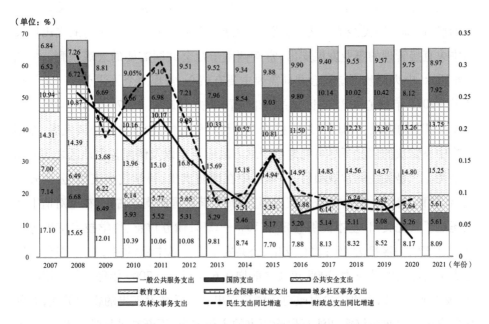

图 1-5 2007—2021 年占比前五的财政支出项目柱状图

资料来源：多年数据来自《中国财政年鉴》(2008 卷—2022 卷)，中国财政年鉴编辑部编：《中国财政年鉴》(2022 卷)，中国财政杂志社 2022 年版，第 452 页等。

综上所述，社会共同需要本质的转变与财政支出结构和预算支出管理的逻辑演变保持一致。政府的预算支出结构直接反映了其职能重心，也是不同时期下应然社会共同需要的具象化和量化。随着国家经济实力的增强和人民需求水平的变化，社会共同需要的层次逐步实现递进，从满足"吃饭穿衣"、摆脱贫困的基础性需要，到提升物质文化、追求自我发展、实现美好生活的发展性需要，财政工作重心和财政支出结构与之同步变化，始终致力于满足社会共同需要。只有以社会共同需要为根本目标，根据社会共同需要来调配财政资源，才能够赋予国家持久的生命力，真正保障最广大人民群众的利益。由此提出本章核心观点 2。

核心观点 2：社会共同需要随不同阶段而异，我国的财政工作始终致力于满足不断变化的社会共同需要。

二、预算支出视角下不同层级政府社会共同需要差异比较

（一）中央与地方政府社会共同需要差异比较

中央与地方财政由于承担的责任和把握的角度不同，社会共同需要的侧重

点也因此存在差异。中央财政主要承担国家安全、外交和中央国家机关运转所需的经费、调整国民经济结构、协调地区发展、实施宏观调控所必需的支出以及由中央直接管理的事业发展支出，常常侧重于社会共同需要的宏观视野。如图1-6所示，中央财政围绕社会共同需要主要有核心、常规两个关注点。一是针对2007—2021年核心关注的区域平衡问题，中央财政在2007—2021年至少有58%及以上的财政支出用于地方税收返还和转移支付，注重整体协调发展，在不影响中央财政的情况下尽可能地给予地方政府资金以及调配各个地区之间的相互平衡。二是关注的常规项目，基本集中在国防支出、科学技术支出、公共安全支出、教育支出、一般公共服务支出等方面，尤其是国防支出占比，在绝对值上远远超过了其他支出，基本能够稳定在10%—12%；债务付息、科学技术支出等能够超过3%，一度接近4%；教育支出、公共安全支出基本稳定在2%；一般公共服务支出占比的波动较大，2008年及之前均在6.5%以上，2009年经调整后锐减至2%及以下。可以看出中央财政对于国防支出和科学技术支出的密切关注，充分显现出中央财政始终密切注意保障国家的主权安全，不断推进科学技术发展，为提升人民安全感、幸福感提供了有力保证。

相比于中央财政，地方财政更加侧重于社会共同需要的微观角度，密切关注着人民生活的方方面面，与人民生活有着直接联系。地方财政担负着保证地方行政管理支出、发展地方经济、文化建设事业等重要任务，横跨省、自治区、直辖市级到乡、民族乡、镇级等各个预算体系。如图1-7所示，从占比前五的地方财政支出项目来看，主要集中在城乡社区支出、农林水支出、社会保障和就业支出、教育支出、一般公共服务支出等，尤其是教育支出占比，基本每年都能维持在16%—17%的水平，相对其他支出表现出了更强的倾向性；社会保障和就业支出占比稳定保持在13%左右，农林水支出次之，稳定在10%左右；城乡社区支出呈现稳定增长的趋势，从2007年的7.57%一路上涨至2020年的12.31%，2021年有所回落但仍超过了7%，显现出地方落实城乡区域协调的决心；一般公共服务支出占比则是有所回落的，从16.55%逐步下降并稳定在8%左右。在占比排名前五的项目中，有2个项目是直接与民生相关、3个项目与民生间接相关，由此显示出地方政府为人民能够拥有更加美好的生活作出了显著努力。

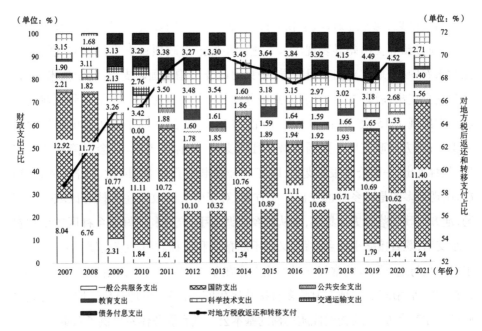

图 1-6　2007—2021 年占比前五的中央财政支出项目柱状图

注：柱状图显示的是除地方税收返还及转移支付外，占比前五的中央财政支出项目。由于地方税收返还
　　及转移支付的占比远超其余项目，故单独以折线图的形式列示出来。

资料来源：多年数据来自《中国财政年鉴》（2008 卷—2022 卷），中国财政年鉴编辑部编：《中国财政年鉴》
　　　　　（2022 卷），中国财政杂志社 2022 年版，第 452 页等。

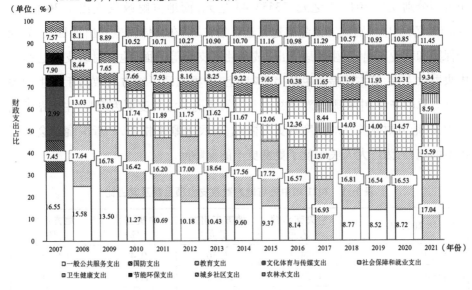

图 1-7　2007—2021 年占比前五的地方财政支出项目柱状图

资料来源：多年数据来自《中国财政年鉴》（2008 卷—2022 卷），中国财政年鉴编辑部编：《中国财政年鉴》
　　　　　（2022 卷），中国财政杂志社 2022 年版，第 452 页等。

由于中央、地方的财权、事权分配不同,其关注的社会共同需要是有所差异的,并通过预算支出差异表现出来。进一步通过财政项目支出占比前五的名单比对来看中央、地方支出项目差异,中央财政支出围绕国防支出、科学技术支出、公共安全支出、教育支出、一般公共服务支出五个方面展开,15 年间分别在前五名单中出现了 15 次、15 次、12 次、10 次、9 次,出现最多的是国防支出和科学技术支出;地方财政支出主要围绕城乡社区支出、农林水支出、社会保障和就业支出、教育支出、一般公共服务支出,15 年间分别出现了 15 次、14 次、14 次、14 次、13 次,出现最多的是城乡社区支出。一方面,对于中央财政关注的核心区域平衡问题,地方财政的落脚更加具体,多从城乡协调入手,充分利用好城乡社区支出和农林水支出,既直接缩小城乡差距,又在不断帮扶和支撑农村持续发展。另一方面,中央财政与地方财政的常规项目关注点存在差异,中央财政多从国防、公共安全、科技发展等角度切入,地方财政多直接从民生问题出发,更加具体。同时,两者也同样关注教育方面,为构建优质均衡的基本公共教育服务体系提供了双重保障。

从支出规模看,中央与地方也存在很大差异。以 2021 年预算数据为例,在中央财政支出远小于地方财政支出的情况下,有如下项目差异(见表 1-1):一是中央财政在外交、国防方面的支出远超地方财政,2021 年中央财政在外交、国防方面分别支出 504.14 亿元、13553.43 亿元,而地方财政仅支出 1.36 亿元、242.01 亿元,中央财政支出超出地方近百倍;二是在具体民生支出项目上,如社会保障和就业支出、卫生健康支出、城乡社区支出等方面,地方财政支出远高于中央财政支出,其占比差距也超过 3% 以上,着重强调了地方财政对于民生的关注度。总的来说,中央财政对于社会共同需要的关注角度更为宏观,主要贴近民生大义;地方财政关注的角度则更为微观,与民生紧密相连,二者围绕社会共同需要的核心,为广大人民织就了更密更牢的保障网。

表 1-1　2021 年中央与地方财政支出项目额及其占比

2021 年	中央支出额(亿元)	地方支出额(亿元)	中央占比(%)	地方占比(%)
外交支出	504.14	1.36	0.42	0.00063
国防支出	13553.43	242.01	11.40	0.11
科学技术支出	3227.1	6093.9	2.71	2.84
社会保障和就业支出	964.69	33462.56	0.81	15.59

续表

2021 年	中央支出额（亿元）	地方支出额（亿元）	中央占比（%）	地方占比（%）
卫生健康支出	226.4	18432.4	0.19	8.59
节能环保支出	228.6	6076.77	0.19	2.83
城乡社区支出	165.8	20035.49	0.14	9.34
农林水支出	407.65	24567.82	0.34	11.45
交通运输支出	732.67	11190.45	0.62	5.21
住房保障支出	627.03	6692.69	0.53	3.12

资料来源：多年数据来自《中国财政年鉴》（2008 卷—2022 卷），中国财政年鉴编辑部编：《中国财政年鉴》（2022 卷），中国财政杂志社 2022 年版，第 452 页。

综上所述，根据 2007—2021 年中央与地方政府预算支出数据，可以发现中央与地方财政在社会共同需要的关注点和支出规模上存在差异。中央政府侧重于宏观层面，特别关注国防和科技发展，而地方政府更侧重于民生层面，关注民生和地方发展，如社会保障和教育等，两者共同构筑了一个互相协作、互相协同的保障体系。从中央和地方的不同支出数据切入，可以发现预算资金的使用最终用于完成不同层级政府各自的社会共同需要。由此提出本章第三个核心观点。

核心观点 3：不同层级政府之间社会共同需要存在差异。中央政府侧重于宏观层面，特别关注国防和科技发展，而地方政府更注重民生和地方发展。

（二）不同区域地方政府社会共同需要差异比较

我国疆域辽阔，长江、黄河横贯东西，各地区的基础条件和发展状况各不相同，社会共同需要的着力点也因此存在差异。如图 1-8 所示，以 31 个省区市（不含港澳台）为横轴，各预算支出占比为纵轴，分别绘制了 2007—2021 年 31 个省区市（不含港澳台）主要支出占比散点图。

从横向差异程度看，一是各个地区都十分重视人民的基础人身保障需求和文化教育精神需求，公共安全支出、医疗卫生支出、教育支出地区的离散程度不大。对于公共安全支出，除个别省出于地理位置需求等原因外，地区之间支出占比水平普遍较为集中。对于医疗卫生支出和教育支出，除东北部略低一些外，东部、中部、西部支出占比水平都比较接近。二是东部地区在城乡社区支出、科学技术支出、文化体育支出方面表现较为强势，中部地区表现略次之。如图 1-8 所示，对于城乡社区支出，东部地区的支出占比显著高于其他地区，中部地区水平略高于西部、东北部,而西部、东北部的支出占比水平基本相持平。东部地区人民"衣食住行"的基本需求已经能够得到保障,区域协调问题成为主要矛盾。对于科学技术支出,东部地区支出占比水平依然显著高于其他地区,中部地区占比水平虽略逊色于东部地区,但远高于西部、东北部水平,西部、东北部水平整体偏低。对于文化体育支出,地区之间支出水平相近,东部地区的支出占比略高于其他地区。东部、中部区域由于基础条件优渥,发展程度更高,人们对于生活质量提出了更高的要求,亟须持续提升科学技术水平以助力国家社会的高质量发展。三是西部地区更加重视人民基础生活水平的提升,在住房保障支出、农林水支出方面相对其他地区占比较高(见图1-8)。对于住房保障支出,支出占比水平沿着东部、中部、西部逐层上升,不断提高的趋势明显,东北部水平则和中部水平相近,但均高于东部地区水平。对于农林水支出,东部整体水平最低,中部、西部、东北部水平则均处于相对较高的状态,尤其是西部、东北部地区,并且西部地区整体占比水平比东北部地区更高,充分说明了西部地区对于农业等基础行业发展和建设的着力推动,致力于首先做好人民生活的基本保障,夯实基础。四是东北部地区重视就业保障和农业发展。对于东北部地区,情况相对特殊,一方面,发展相对滞后,旧有的工业经济转型缓慢,无法拉动就业保障,人才流失严重,缺乏城市建设,由此东北地区十分重视社会保障和就业支出,如图1-8所示,其该项支出占比远远超过其他区域。另一方面,由于多个农业大省的存在,东北部地区始终密切关注农业发展,农林水支出占比虽不及西部地区高,但仍然远高于中部和东部地区。

进一步以2021年东部、中部、西部、东北部地区的预算数据为例,各个区域之间社会共同需要的静态差异主要通过支出项目结构体现。第一,从支出项目结构的具体构成来看,如图1-9所示,所有区域占比前十的支出项目基本都包含了一般公共服务支出、公共安全支出、教育支出、社会保障和就业支出等10个类目①,主要区别在于东部和中部地区在前十的项目中包含了科学技术支出,而西部和东北部地区在前十的项目中,住房保障支出占据了较高比例。由此可以看出,一方面,各个区域的社会共同需要都十分关注民生问题,涵盖了人民生活的方方面面;另一方面,东部、中部区域更加关注经济发展质量和高生活水平。由此,科学技术

---

① 一般公共服务支出、公共安全支出、教育支出、科学技术支出、社会保障和就业支出、卫生健康支出、城乡社区支出、农林水支出、交通运输支出、地方政府一般债务还本。

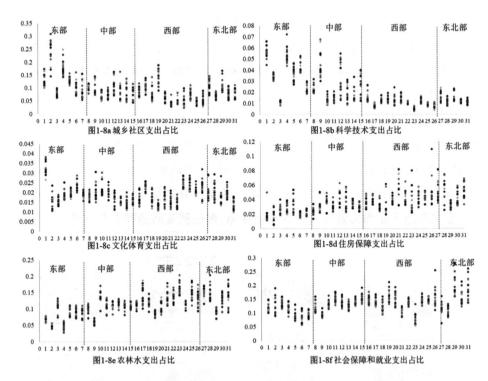

图 1-8　2007—2021 年各省分项财政支出占比散点图

资料来源:多年数据来自《中国财政年鉴》(2008 卷—2022 卷),中国财政年鉴编辑部编:《中国财政年鉴》
　　　　(2022 卷),中国财政杂志社 2022 年版,第 405—440 页等。

支出占比相对较多,2021 年东部地区占比 3.7%,中部地区占比 2.91%。相对于东部和中部地区,西部、东北部地区主攻的还是人民基础生活保障,尤其是近年来较为突出的住房问题,旨在改善城乡居民的居住条件和质量,2021 年西部地区住房保障支出占比 2.75%,东北部地区占比 3.56%,均在占比前十的支出项目行列之中。

　　第二,从支出项目结构的前后次序来看,各个区域的民生关注重点各不相同。如图 1-9 所示,东部、中部、西部地区占比第一、第二的支出项目均是教育支出、社会保障和就业支出,由此可知教育、社会保障和就业是这些区域社会共同需要关注的重中之重,支出占比都超过 10%。对于东部地区,人民"衣食住行"的基本需求已经能够得到保障,区域协调问题、医疗保障成为主要矛盾,2021 年城乡社区支出和卫生健康支出占比分别为 9.05%、7.20%,排在支出项目占比的第三、四位。对于中部地区,城乡平衡和医疗保障同样重要,但相对更加注重农业农村发展,2021 年农林水支出占比 9.72%,城乡社区和卫生健康支出占比为 8.29%、7.73%,分别位列支出项目占比的第三、四、五。对于西部地区,出于对农业的重视和维护,以及自身发展相对受限需要外援,2021 年其支出项目占比的第三、四名主要是农林水支出和地方政府一般债务还本支出,分别占比 12.01% 和 8.15%,卫生健康支出排名第五,占比 7.89%。对于东北部地区,一方面着重保障人才需求,2021 年支出项目占比第一的是社会保障和就业支出,占比约 18.52%,远高于其他区域;另一方面始终做好农业保障工作,2021 年农林水支出占比为 10.75%,位列第二。同时,地方政府一般债务还本支出占比为 10.11%,位列第三,教育支出和城乡社区支出分别位列第四、第五。不难看出,东北部地区在竭力做好人民的基础保障,聚焦就业问题和农业发展。

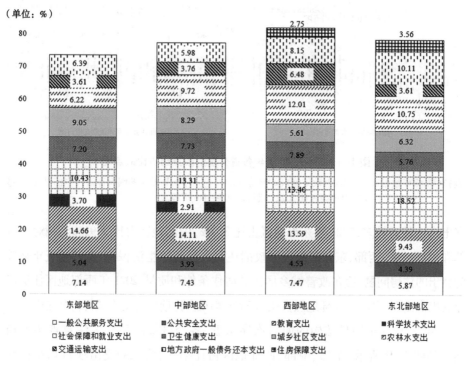

（单位：%）

图 1-9　2021 年各个区域占比前十的财政支出项目柱状图①

资料来源:多年数据来自《中国财政年鉴》(2008 卷—2022 卷),中国财政年鉴编辑部编:《中国财政年鉴》(2022 卷),中国财政杂志社 2022 年版,第 405—440 页等。

---

①　东部包括:北京、天津、河北、上海、江苏、浙江、福建、山东、广东和海南;中部包括:山西、安徽、江西、河南、湖北和湖南;西部包括:内蒙古、广西、重庆、四川、贵州、云南、西藏、陕西、甘肃、青海、宁夏和新疆;东北部包括:辽宁、吉林和黑龙江。划分依据参见国家统计局:《统计制度及分类标准》,见 https://www.stats.gov.cn/hd/lyzx/zxgk/202107/t20210730_1820095.html。

综上所述,根据不同区域的不同领域预算支出数据发现,不同区域的社会共同需要不尽相同,东部地区重在关注提升人民的生活质量和解决区域平衡发展问题,中部、西部、东北部地区相对东部地区更加注重农业发展和提升,贴近农民需求。其中,西部地区更注重基础经济发展,而东北部地区则在迫切努力地提升社会基础保障和解决就业问题。由此提出本章第四个核心观点。

核心观点4:不同区域政府之间社会共同需要也存在差异。东部地区重在生活质量提升和解决区域平衡,中西部及东北部地区侧重农业发展、基础经济和社会保障。

三、政策需要导向与预算支出响应共同反映社会共同需要

（一）全国范围内政策需要导向与预算支出响应情况

政治决策表达出实然社会共同需要的内容,通过财政满足社会共同需要后,社会成员可以实际观测到每一项财政行为所对应的目标与结果。相应地,社会共同需要能够被量化,其规模和结构可以从财政行为的规模和结构中观测。"结构"反映"规模"的组成比例,"规模"承载"结构"的存在基础。如果社会共同需要的"结构"发生了变化,那么反映"社会共同需要"的数量指标或总量也将随之变化。本研究通过量化"社会共同需要"的结构与规模,以政府工作报告中不同领域的词频占比排序体现各级政府社会共同需要结构,以不同领域的财政支出数据体现各级政府社会共同需要规模,研究政策需要与预算支出的关系。

本节首先绘制了国防、农业、科技、民生、安全、区域均衡和环境保护七个领域在2007—2021年的政府工作报告中词频占比与预算支出占比的热力图,如图1-10所示,其中,热力图的每一行代表一个年份,每一列代表一个领域,每个领域中的左侧一列代表工作报告中的词频占比情况,右侧一列代表预算支出的占比情况,每个格子的颜色深浅则根据词频出现频率或预算支出占比进行调整,颜色越深表示该年份该领域的关注度或预算支出占比越高。

热力图通过颜色变化可以直观地展示不同年份不同领域占比的高低,有助于观察政策关注度和预算支出占比随时间变化的整体趋势。在2007—2021年这段时间,民生领域与区域均衡领域在词频与预算支出数据中占比始终位于前列,政策关注与预算支出管理的变化相一致。在此期间,推进共同富裕,创造美好生活是政府与人民关注的热点,因此政府工作报告中多次提及"扶贫""就业"

等词,聚焦于改善民生、推进区域均衡,而预算分配作为政策辅助的重要工具,其变化趋势与词频占比相一致,预算支出的重点也转移到了民生与区域均衡。同时热力图可以有效地揭示两类数据之间的相关性,我们可以观察到一个领域的词频占比高,该领域的预算支出占比也高,反之亦然,这就说明两者之间的相关性较强,政策重点得到了财政的支持。

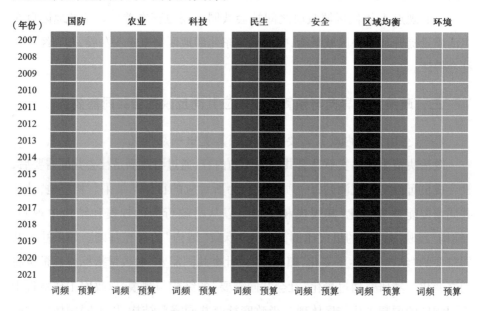

图1-10 词频占比与预算支出数据热力图

资料来源:多年数据来自《中国财政年鉴》(2008卷—2022卷),中国财政年鉴编辑部编:《中国财政年鉴》(2022卷),中国财政杂志社2022年版,第405—440页等;中央与各省政府工作报告。

在对政府工作报告与预算支出中各领域占比波动的相关性进行深入分析的过程中,为了直观地展示政府工作报告中关注的领域优先级与预算支出中投入的领域优先级之间的对应关系,本章构建了中央层面和省级层面两者的同时期对应矩阵。矩阵中每个单元格评估政府的工作报告关注领域优先级与预算支出投入领域优先级的对应关系,政策从制定到实施往往存在一定的时间滞后,为了更全面地理解政策与预算之间的关系,本章特别构建了滞后一期的对应矩阵,以期观察政策转变对预算支出的影响是否存在时间上的延迟。通过相关性分析,可以看到不同层级的政府在不同领域中的政策与预算支出之间的关系。不同领域中央与省级相关系数差异较大,一方面,部分领域系数为正,例如,在国防领域,中央级别的相关系数约为0.4,省级的相关系数达到0.7,这表明省级政府在国防领域的政策关注与预算支出之间具有较强的正相关关系。这可能是由于省级政府在制定国防政策时,能够更快速和有效地将政策转化为实际的财政支出,中央层面较低的相关系数可能是由于政策制定和执行之间存在更大的复杂性和延迟效应。另一方面,部分领域出现负相关系数,这可能表示在该领域中,政府工作报告中的高优先级并未及时转化为预算支出,或是由于数据的负向线性关系所致。然而,值得注意的是,负相关系数并不必然代表政策与支出之间存在不一致,因为在非线性关系中,两者可能仍具有一定程度的正相关。

预算词频	国防	农业	科技	民生	安全	区域均衡	环保
国防	0.467	-0.375	-0.345	-0.505	0.084	-0.824	-0.579
农业	0.761	-0.706	-0.368	-0.741	0.506	-0.855	-0.647
科技	-0.241	0.294	0.275	0.207	0.012	0.350	0.192
民生	0.091	-0.004	-0.277	-0.083	-0.342	-0.476	-0.172
安全	0.269	-0.178	-0.024	-0.295	0.022	-0.462	-0.054
区域均衡	0.332	-0.291	-0.139	-0.220	-0.131	-0.619	-0.568
环保	0.208	-0.225	-0.017	-0.182	0.241	-0.052	-0.174

预算词频	国防	农业	科技	民生	安全	区域均衡	环保
国防	0.417	-0.277	-0.443	-0.504	-0.038	-0.647	-0.464
农业	0.679	-0.691	-0.567	-0.793	0.265	-0.712	-0.453
科技	-0.381	0.072	0.042	0.262	0.182	0.344	0.290
民生	0.143	0.212	-0.037	-0.061	-0.361	-0.441	-0.419
安全	0.395	-0.126	0.251	-0.149	-0.102	-0.601	-0.300
区域均衡	0.190	-0.048	-0.735	-0.485	-0.260	-0.437	-0.280
环保	0.059	-0.337	-0.584	-0.225	0.239	0.016	-0.121

图 1-11　中央的工作报告和预算支出同时期(滞后一期)的对应矩阵

预算词频	国防	农业	科技	民生	安全	区域均衡	环保
国防	0.750	-0.518	-0.702	-0.537	0.137	-0.581	-0.227
农业	0.782	-0.839	-0.722	-0.827	0.654	-0.690	0.105
科技	-0.195	-0.356	0.002	-0.060	0.567	0.262	0.108
民生	0.634	-0.367	-0.830	-0.545	0.094	-0.168	0.048
安全	0.695	-0.612	-0.733	-0.721	0.454	-0.636	0.168
区域均衡	0.517	-0.197	-0.590	-0.200	-0.273	0.011	-0.251
环保	-0.283	0.097	0.067	0.251	-0.266	0.517	-0.209

预算词频	国防	农业	科技	民生	安全	区域均衡	环保
国防	0.744	-0.423	-0.768	-0.530	-0.009	-0.326	0.058
农业	0.740	-0.749	-0.807	-0.892	0.499	-0.598	0.303
科技	-0.257	-0.186	0.043	-0.139	0.740	0.274	0.388
民生	0.481	-0.212	-0.733	-0.526	0.108	0.072	0.248
安全	0.675	-0.564	-0.734	-0.769	0.443	-0.547	0.201
区域均衡	0.271	-0.025	-0.491	-0.138	-0.317	0.324	-0.008
环保	-0.352	0.460	0.126	0.349	-0.218	0.585	0.182

图 1-12　省级的工作报告和预算支出同时期(滞后一期)的对应矩阵

资料来源:多年数据来自《中国财政年鉴》(2008 卷—2022 卷),中国财政年鉴编辑部编:《中国财政年鉴》(2022 卷),中国财政杂志社 2022 年版,第 405—440 页等;中央与各省政府工作报告。

　　在分析预算支出受到社会共同需要影响的过程中,本章选取了 2007—2021 年各省及全国的一般公共预算支出分领域占比数据作为被解释变量,将政府工作报告中不同领域的词频占比数据作为解释变量,其中中央政府工作报告词频数据与全国一般公共预算支出各领域占比数据相对应,在此基础上进行回归分析。由于预算数据的体现具有滞后性,本章对整体、中央与省级预算支出占比数据进行一阶滞后,并进行了第二轮回归。回归结果如表 1-2 所示。

　　从回归结果可以看出,在整体层面、全国层面和省级层面,政府工作报告中的词频占比与预算支出占比之间都存在显著的正相关关系。在整体层面,在0.1%的显著性水平下,政府工作报告中各领域的关注程度对预算支出的影响具有较强的解释力;在全国层面和省级层面进行分组回归,进一步支持了上述结论。在考虑一阶滞后效应后,结果仍然表明词频占比对预算支出占比具有显著的正向影响。这一结果说明,即使考虑到预算支出的滞后效应,政府工作报告中领域关注度的变化依然能够显著影响预算支出的分配。上述结果说明,政府工作报告中的领域关注度确实能够反映到实际的预算分配中,政策制定者在编制工作报告时的优先级设置能够有效地指导财政资源的配置。具体而言,政府在编写政府工作报告时,会根据社会共同需要的变化,调整政策重点,以满足人民的期望和社会发展的需要。这种调整在政府工作报告中的体现,就是相关词汇使用频率的增减。政府"注意力"与"行动力"同步,其在各个领域的注意力分配与财政资源配置具有协同性。当政府对某个领域的关注增加时,该领域的预算支出占比也会相应提升,以确保有足够的资金支持社会共同需要的满足。同时,政策制定者在编制工作报告时的领域关注程度具有持续的影响力,能够为未来的财政资源配置提供指导。

表1-2　词频与预算支出数据回归

层级	(1)	(2)	(3)	(4)	(5)	(6)
	整体	全国	省级	滞后一期		
				整体	全国	省级
词频	0.729***	0.733***	0.729***	0.723***	0.733***	0.723***
	(0.044)	(0.185)	(0.045)	(0.045)	(0.188)	(0.047)
常数项	0.063***	0.048	0.063***	0.063***	0.046	0.063***
	(0.002)	(0.043)	(0.003)	(0.003)	(0.043)	(0.003)
观测值	3360	105	3255	3136	98	3038
adj. R^2	0.091	0.010	0.090	0.090	0.015	0.089

注:括号中为聚类标准误,* $p<0.05$,** $p<0.01$,*** $p<0.001$。

综上分析,本部分结合政府工作报告词频分布和预算支出,探究各级政府对社会共同需要不同领域关注程度变化。报告中不同领域的词频占比不仅是政府关注点的体现,更是社会共同需要的表达方式。而预算支出则是通过财政手段满足这些需要的手段,对比两者的变化可以充分说明政府在提升民生福祉和推动社会发展方面发挥了重要作用。并可以得出本章第五个核心观点。

核心观点5:词频占比与预算支出占比整体变动一致,体现了社会共同需要导向下的政策文本表达与预算支出响应。

（二）不同层级政府词频与预算情况对比

1. 中央与地方政府词频与预算情况对比

为探究中央与地方政府词频与预算情况异同,本研究通过分析 2007—2021 年中央及各个省份财政支出与词频占比分布的动态变化,可以观察到,一方面,政府工作报告中的词频变化与预算分配之间的关联性非常明显,这与上文的发现相一致。工作报告中特别强调了民生和区域平衡的建设,这两个词汇的使用频率都相当高。与此同时,财政支出也持续关注民生问题,追求公共服务的均等化和各区域间的和谐发展。从图 1-13 和图 1-14 的对比中可以发现,在政府工作报告中的词频分布与预算占比中,中央和地方分布的整体变动保持一致。在现有的七个领域中,中央和各省对区域平衡领域、民生领域的关注与投入最高。随着经济建设的持续发展,我国经济进入新常态,社会主要矛盾转化为人民日益增长的美好生活需要和不均衡不充分的发展之间的矛盾。"吃饱穿暖"的基础需求被满足后,人们不仅对物质文化需要提出了更高要求,对自身发展需要以及社会福利水平的需要也持续增长,对美好生活的向往日益增加。同时,伴随着改革开放以来中国经济的高速发展,地区之间贫富差距逐渐扩大。因此,民生问题和区域平衡成为这一阶段发展的重中之重。这一系列的变化反映了政府致力于逐步满足人民群众对实现共同富裕的需要,说明了政府关注重点和预算支出管理的逻辑演变与社会共同需要本质的转变是一致的。

另一方面,通过对比图 1-13 和图 1-14 中的左右两幅图表可以清晰地观察到,各个省份在政策焦点和财政支出方面都与中央政府保持了一致性,尤其在民生、农业农村以及公共安全等关键领域。一是无论是工作报告词频分布还是财政支出占比中,民生领域排序居前。民生是政府关注和财政支出的一大重点,涉及教育、医疗、社会保障等方面,各省市和中央都高度关注。各省市在民生支出上与中央的分布基本一致,反映出地方政府在改善民生方面的努力与中央政策相辅相成。二是农业作为基础产业,中央和地方都给予了关注,词频占比、支出占比排序相似度很高。各地在农业发展和农村建设方面与中央政策保持了一致步调。三是安全支出在中央和地方的两类占比次序较为一致,各地在维护社会稳定和公共安全方面的政策与中央一致。同时,区域均衡协调领域是此阶段的重点领域,其词频占比在中央和地方较为相似,在财政支出方面也较为接近,这说明中央和政府均致力于协调区域均衡,实现共同富裕。这种一致性不仅体现了中央政策对地方的指导作用,也反映了地方政府在满足社会共同需要时,采取了与中央类似的策略。

　　进一步研究各级政府在不同领域对社会共同需要关注程度优先级的变化,我们可以观察到地方政府呈现出模仿中央的倾向。从工作报告中的词频占比来看,中央和地方政府在工作报告中对各领域的关注度变化较小,这说明了社会共同需要在这一时期的一致性,即集中于改善民生、提高生活水平。从财政支出的占比来看,中央政府的财政支出在不同年度中各类目占比相对稳定。中央政府在财政支出上的优先级和策略具有持续性,主要的支出类别如国防、民生、科技等占比在各年之间波动较小。与此相对应,地方省市的财政支出占比在不同年度中表现出更大的变化,部分省市对特定类目的支出比例有显著调整。从支出优先级趋同的角度看,大多数省市的财政支出排序,与中央高度相似。地方政府在制定财政预算时,可能参考了中央的优先级,以满足相似的社会需求。从重点领域的一致性角度看,中央政府在民生、科技等领域的支出占比较高,民生、科技领域的词频占比也较高,反映了对社会共同需要的重视。地方省市对这些领域的关注度、在这些领域的支出比例也较高,尤其在经济较发达的地区,地方政府在满足社会共同需要时,一方面,参考了中央的政策方向,紧追中央的关注重点,另一方面,以财政支出配合政策导向,在教育、医疗、基础设施等民生领域参照中央,大力投入。具体而言,民生是满足社会共同需要的重要部分,中央和地方政府在这一领域的关注度与投入都占据较高比例,反映了政府对社会保障、医疗、养老等民生问题的重视。从数据中可以看到,中央和地方在民生领域的词频排序和财政支出占比排序较为一致,显示出对社会共同需要的响应相似。中央和地方在科技领域也都表现出了类似的情况。科技是第一生产力,中央政府一直保持对科技领域的关注,在科技领域的支出占比也较高,一些经济较发达的省市在科技支出上的占比也相对较高。这显示了地方政府在推动科技创新、提升区域竞争力方面的努力。地方政府对于中央的模仿倾向,表明了政府在提升国民素质、支持科技创新、促进共同富裕等方面有着共同的目标。

　　综上,从政策文本角度看地方政府确实存在一定程度上对中央政府的模仿,特别是在民生、教育、科技和公共安全等满足社会共同需要的领域。这种模仿一方面是由于地方政府在制定财政预算时参考了中央的政策优先级,另一方面也反映了地方政府在应对社会共同需要时采取了类似的策略。这种趋势表明,中

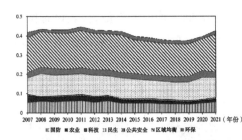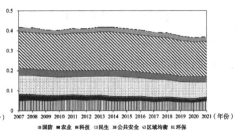

图 1-13　2007—2021 年中央、各省平均的工作报告分布

资料来源:中央与各省政府工作报告。

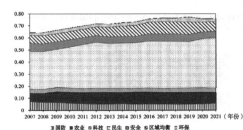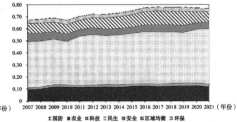

图 1-14　2007—2021 年全国、各省平均的预算支出分布

资料来源:多年数据来自《中国财政年鉴》(2008 卷—2022 卷),中国财政年鉴编辑部编:《中国财政年鉴》
(2022 卷),中国财政杂志社 2022 年版,第 405—440 页等;中央与各省政府工作报告。

央和地方政府在满足社会共同需要表达方面具有一致性,体现了政府在提升民生福祉、推动社会进步和经济发展方面的共同目标。同时,各省市根据自身的经济发展水平和社会需求,对财政支出比例进行调整,体现了因地制宜、灵活应对的策略。由此可得:

核心观点 6:中央和地方政府的社会共同需要表达存在传导模仿现象。

2. 不同省份词频与预算情况对比

各个省份之间由于禀赋、资源、位置的不同展现出不同的内部差异。本部分持续聚焦国防、农业、科技、民生、公共安全、区域均衡、环境保护七个领域,计算 2007—2021 年各省省内各个领域词频和预算支出占比的排名,分别通过均值对比阐述各省在政策、实际预算支出方面的差异,并进一步应用词频占比排名与预算支出占比排名之间的差距,绘制以上各领域各省的序差图,描述各省之间的内部差异情况,以此探究和细化全国预算与词频之间的差距情况和差异原因。

各个领域按省份获取各省均值,并与全国总均值进行比对。在以下各个图中,浅色柱状代表总均值,右边均为排名高于均值的省份,代表该省份在某领域的政策重视度高于全国平均水平;左边均为排名低于均值的省份,代表该省份在某领域的政策重视度低于全国平均水平。七个领域中,民生、区域均衡两个领域各省省内排名一致,故不再绘图。

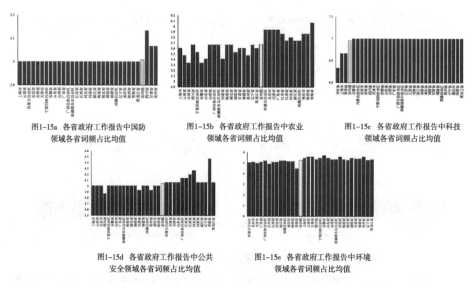

图1-15a 各省政府工作报告中国防领域各省词频占比均值　　图1-15b 各省政府工作报告中农业领域各省词频占比均值　　图1-15c 各省政府工作报告中科技领域各省词频占比均值

图1-15d 各省政府工作报告中公共安全领域各省词频占比均值　　图1-15e 各省政府工作报告中环境领域各省词频占比均值

图1-15　各省政府工作报告中词频占比情况

资料来源:中央与各省政府工作报告。

对于国防领域,各省之间政策重视度差异不大。大部分省份低于全国平均水平,只有四川省、甘肃省、贵州省三个领域排名显著高于总均值水平。其中,四川省排名均值相对最高,甘肃省、贵州省排名略高于均值水平。总体而言,各省在国防领域政策重视度基本一致。对于农业领域,各省之间政策重视度存在较大差异。如图1-15b所示,全国19个省份对农业政策的重视程度低于全国平均水平,12个省份高于均值水平。吉林省、安徽省、山东省、河南省、湖南省、贵州省等省份其排名相对靠后,显示出对农业领域的政策重视度更高。上海市、四川省、广西壮族自治区、新疆维吾尔自治区、海南省、湖北省、甘肃省、福建省、辽宁省、黑龙江省排名略低于均值水平。农业政策重视度相对高一些的省份主要包括内蒙古自治区、北京市、天津市、广东省、江苏省、江西省、河北省、浙江省、西藏自治区、重庆市、陕西省、青海省等,其中青海省农业政策的重视度最高。对于科技领域,各省之间政策重视度差异不大,只有个别省份重视度低于平均水平。其中,上海市、河北省、青海省对科技政策重视度较低,河北省重视度显著低于均值水平;其余省份基本和总均值水平持平。对于公共安全领域,各省之间政策重视度存在一定差异。其中四川省、甘肃省、贵州省政策重视程度相对更低,其他省份基本与全国平均水平持平。对于环境领域,各省之间政策重视程度差异不大,较多省份处于全国平均水平之下。13个省份对环境领域政策重视程度低于平均水平,其中青海省排名较低;18个省份对环境领域政策重视程度高于平均水平,但排名差异基本相差不大。

支出排序绘图思路同词频排序思路一致,浅色柱状代表总均值,右边均为排名高于均值的省份,代表该省份在某领域的实际预算支出高于全国平均水平;左边均为排名低于均值的省份,代表该省份在某领域的实际预算支出低于全国平均水平。七个领域中,国防、民生两个领域各省省内排名一致,故不再绘图。

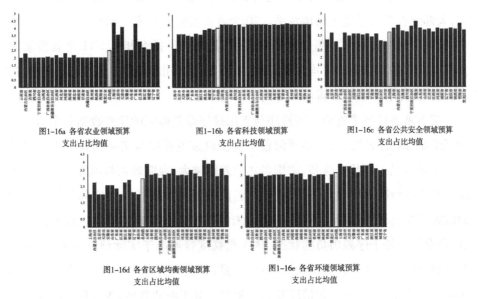

图1-16a 各省农业领域预算
支出占比均值

图1-16b 各省科技领域预算
支出占比均值

图1-16c 各省公共安全领域预算
支出占比均值

图1-16d 各省区域均衡领域预算
支出占比均值

图1-16e 各省环境领域预算
支出占比均值

图1-16 各省预算支出占比情况

资料来源:中央与各省政府工作报告。

对于农业领域,各省份实际预算支出排名差异较大,个别省份排名显著落后。20个省份在农业领域的实际预算支出低于全国平均水平,11个省份在农业领域的实际预算支出高于全国平均水平,其中上海市、北京市、天津市、广东省排名显著领先于全国平均水平。对于科技领域,各省之间实际预算支出差异程度不大,大部分省份水平略高于全国平均水平。10个省份实际预算支出水平低于全国平均水平,21个省份实际预算支出水平略高于全国平均水平,对于公共安全领域,各省实际预算支出水平存在一定程度的差异,显著领先和落后的省份均存在。14 个省份实际预算支出水平低于全国平均水平,其中云南省、天津市、广东省的排名相较其他省份处于落后位置。17 个省份实际预算支出水平高于全国平均水平,其中上海市、内蒙古自治区、宁夏回族自治区、安徽省、青海省显著高于平均排名,表现相对领先。对于区域均衡领域,各省份实际预算支出之间差异程度较大,大部分省份预算支出水平相对较高。12 个省份实际预算支出水平低于全国平均水平,其中上海市、北京市、天津市、江苏省、辽宁省、重庆市落后较多。19 个省份实际预算支出水平高于全国平均水平,其中云南省、新疆维吾尔自治区、海南省、甘肃省、西藏自治区、贵州省、青海省排名显著高于全国均值,相对处于较为领先的位置。对于环境领域,各省份实际预算支出水平差异程度不大,大部分省份水平低于均值水平。20 个省份实际预算支出水平低于全国平均水平,其中青海省排名显著低于其他省份,其他省份排名相近。11 个省份实际预算支出水平高于全国平均水平,其中上海市、北京市、天津市、安徽省、广东省、浙江省、江苏省 7 个省份排名显著高于平均水平。

接下来通过各个省份词频排序与支出排序做差得到的序差数据分别对 7 个领域绘制柱状序差图,进一步厘清各个省份政策重视度与实际预算支出之间的内部差异情况。柱状图越高,则排名之间差距越大,表明政策与预算支出之间存在不对应的情况。序差为正,即词频排名低于预算排名[①],代表实际预算支出远超政策需要;反之则表明实际预算支出未能够充分满足政策导向。对于国防领域,各个省均处于序差为负的状态,政策重视度普遍高于实际预算支出,二者不匹配情况较多。其中,河南省、四川省、宁夏回族自治区、福建省、广东省有个别年份序差略小一些,其余省份序差大小相当。对于农业领域,各省投入的注意力与实际预算支出之间存在较大差异,实际预算支出远超政策需要。部分省份序差相对稳定,序列排名相差多为 1—3 名,如湖南省、甘肃省、福建省、辽宁省、重庆市、陕西省等;其余省份序差存在较大差异,如上海市、云南省、内蒙古自治区、北京市等。其中,青海省、宁夏回族自治区、重庆市、甘肃省、陕西省、山西省、黑龙江省 7 个省存在个别年份差异程度为 0 的情况;西藏自治区、宁夏回族自治

---

① 以国防领域为例,假设 2009 年上海市国防领域词频排名为 7,预算排名为 5,则序差为 2,此时词频排名相较预算排名是处于落后位置的。

区、黑龙江省则存在部分年份序差为 5 的情况。对于科技领域,各省之间政策重视度与实际预算支出差异相对较小,实际预算支出能够满足乃至超过政策需要,大部分省份的差异都较为稳定,仅有个别年份的差异较大。其中,广西壮族自治区、江苏省、浙江省、海南省、湖南省、福建省等省份差异较小,仅有 1—2 年序差相对明显;其余省份差异相对较大,均有 3 年以上序差差异较为明显。对于民生领域,各省均处于序差为正的状态,实际预算支出能够满足政策需要,充分表现出我国对于民生领域的重视。同时,各个省份之间序差大小相当,排名差距基本维持在 1 名左右,表明民生领域政策重视度与预算支出基本匹配。对于公共安全领域,各个省份之间存在一定差异,省内词频与支出差异相对其他领域较小。从各个省份之间来看,部分省份序差出现较少且相对稳定,如上海市、安徽省、河北省、河南省等;部分省份序差出现较多,如四川省、天津市、宁夏回族自治区等。同时,基本所有省份均存在部分年份序差为 0 的情况,即省内词频与预算支出不存在差异,且对于存在差异的年份,各个省份的序差值相对其他领域也较小,基本只相差 1—2 名。对于区域均衡领域,各个省份均处于序差为负的状态,实际预算支出未能够充分满足政策导向,且各个省份之间存在较大差异。部分省份差异相对稳定,如上海市、云南省、内蒙古自治区、北京市、安徽省、新疆维吾尔自治区等,基本只有 1—3 年存在显著差异;部分省份差异较为频繁且显著,如吉林省、四川省、天津市、江苏省、江西省等。对于环境保护领域,各个省份之间存在一定差异,省内序差相差不大,大部分省份政策重视度与预算支出情况能够匹配。对于省份之间,部分省份序差出现较为频繁,且有正有负的情况较多,如上海市、云南省、内蒙古自治区等;部分省份序差出现则相对较少,如广西壮族自治区、江苏省、河南省等。对于省内序差,大部分省份在大多年份的排名相差不会超过 2 名,词频排名与预算排名能够基本匹配。

　　具体而言,本节以江苏省为例,国防、农业、区域均衡领域的政策引导与实际预算支出之间存在较大差异。其中,国防领域、区域均衡领域实际预算支出未能够充分满足政策需要,政策重视度高于实际预算支出;农业领域则是实际预算支出超过了政策所需,实际预算资金流向充分表明了江苏省对农业领域的重视,但与政策重视度不相匹配。而民生、公共安全、科技、环境领域排名差异不大,体现了政策导向与预算资金使用基本一致,二者情况相匹配。

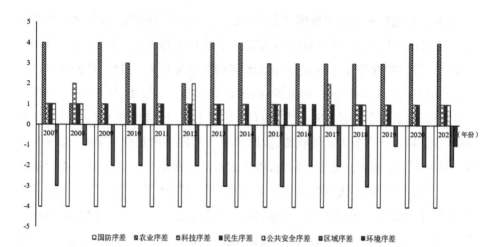

图 1-17　2007—2021 年江苏省各领域词频和预算支出占比排序差异

资料来源:多年数据来自《中国财政年鉴》(2008 卷—2022 卷),中国财政年鉴编辑部编:《中国财政年鉴》
(2022 卷),中国财政杂志社 2022 年版,第 405—440 页;中央与各省政府工作报告。

综上所述,各个省份在各个领域政府工作报告词频占比排序与预算支出占比排序存在一定差异,表明各省社会共同需要的表达和实际满足情况存在差异,由此提出本章第七个核心观点。

核心观点 7:不同省份内部社会共同需要的表达和实际满足情况存在差异。

本章深入探讨了以社会共同需要为核心的预算理论,通过构建 1950—2021 年各层级政府各领域的预算数据与政府工作报告词频数据库,揭示了预算决策过程不仅是政治决策的体现,也是社会共同需要满足的直接手段,词频占比与预算支出匹配情况不一。通过对预算数据进行分析,发现预算支出管理能够动态反映人民对美好生活的向往和需求的变化,是社会共同需要的满足手段;而政府工作报告中的词频分析则揭示了政府在公共安全、民生保障、环境保护等关键领域的工作重心,是社会共同需要的政策表达。本研究强调,政策文本词频占比与预算支出占比是社会共同需要表达与满足的两个重要方面,它们共同映射了政府在满足社会整体共同需要时的现实表征。社会共同需要随不同阶段而异,财政工作始终致力于满足这些不断变化的需求。不同层级和区域的政府在社会共同需要的表达上存在差异,反映了中央政府对宏观层面的重视和地方政府对民生及地方发展的关注。此外,政策文本与预算支出的关联性分析显示,政府工作报告中的高频词汇与预算支出的分配呈现出一致性,这体现了在满足社会共同需要为导向下政策文本表达与预算支出响应,同时也发现中央和地方政府在社会共同需要表达上存在传导模仿现象,不同省份内部社会共同需要的表达和实际满足情况存在差异。本章的研究不仅为理解预算理论提供了新的视角,也为实现中国式现代化提供了实践指导,强调了持续满足社会共同需要变化、优化资源分配、强化政策传导机制以及促进区域协调发展的重要性。

第二章 中国特色社会主义制度下的预算管理模式与特征

　　预算挂钩机制是我国预算制度的重要组成部分,深刻影响了我国政府的预算支出结构与财政资金使用效率,明晰预算挂钩机制的内涵、制度基础与运行逻辑对于解释我国特有的财政现象具有重要意义。为保障重点领域经费投入,从20世纪80年代开始,中央逐步通过法律法规或政策规定,要求各级预算将教育、科技等一些事关国计民生的投入同财政收支增幅或生产总值进行挂钩,这类支出一般称为"重点挂钩支出"或"法定支出"。挂钩支出具有强制性,能够预防重点领域资金被挪用挤占,迫使地方政府在观念上重视重点领域投入,并落实到预算安排上,这对于保障社会事业发展意义重大。预算支出挂钩机制在特定发展阶段为促进有关领域事业发展发挥了积极作用,但当纳入法定支出的领域越来越多,"被预先锁定"的内容也越来越广泛,也不可避免地导致财政支出结构固化僵化,肢解了各级政府预算安排,加大了政府统筹安排财力的难度。根据国家审计署2012年关于54个县财政性资金审计调查结果,为满足国家有关农业、教育、科技等法定支出的增长要求和中央有关部门出台的达标增支政策安排的支出,占当年公共财政支出的77.23%①。

　　2013年11月通过的《中共中央关于全面深化改革若干重大问题的决定》提出,"清理规范重点支出同财政收支增幅或生产总值挂钩事项,一般不采取挂钩方式",从制度上取消了"重点支出法定挂钩",但其增长态势及增长的"法定要求"并没有改变。并且,由于这些领域仍然属于促进当前和长期经济社会可持续发展的重要领域,因此最新修订的法律及相关领域深化改革的规定仍然保持

---

　　① 来自于审计署官方公布数据。中华人民共和国审计署办公厅:《54个县财政性资金审计调查结果》,2012年6月8日,见 https://www.gov.cn/zwgk/2012-06/08/content_2156392.htm。

了对其财政投入增长的要求。例如,近年来修订的《教育法》和《科技进步法》在支出增长比例的要求上,与 20 世纪 90 年代法律制定之初基本保持一致。此外,在法定支出领域的深化体制机制改革意见、中央和地方财政支出责任划分办法及重点发展规划中,也同样提出了对其投入增长的要求。2021 年,《国务院关于进一步深化预算管理制度改革的意见》再次提出,"调整完善相关重点支出的预算编制程序,不再与财政收支增幅或生产总值层层挂钩",可见重点领域的支出挂钩要求并没有从根本上发生改变。

基于预算挂钩机制在当前预算制度中的重要作用,进一步明确预算挂钩机制的含义、产生原因、运行逻辑及其对预算支出的影响具有重要意义。首先,地方政府的生产性支出偏向是预算挂钩机制产生的主要原因,自上而下的管理体制是保障预算挂钩机制运行的制度基础。本章从预算挂钩的含义、产生原因与制度基础,详细介绍了我国预算挂钩机制产生与运行的制度背景。其次,不同类型挂钩支出要求的运行机制差异明显,总体上,比例挂钩呈现出纵向分解的特征,增幅挂钩则呈现出省间差异的特征。通过搜集与整理中央层面与省级层面的预算挂钩文件,本章从具体的预算挂钩要求及其运行机制详细介绍了我国预算挂钩机制的特征,具体而言,预算挂钩要求包括比例挂钩与增幅挂钩两种类型,由于不同挂钩要求对支出责任划分的明确程度存在差异,赋予了地方政府在预算安排上不同的自由裁量权,导致各类挂钩要求的运行机制存在明显差异。最后,针对预算挂钩机制存在的问题,本章尝试从扩大地方财政自主权、强化绩效管理、采取分类管理等方面对完善预算挂钩机制提出相关政策建议。

第一节 我国预算管理制度与自上而下的 管理体制

一、预算挂钩的含义

预算挂钩是指重点财政支出同财政收支增幅或生产总值挂钩。教育、科技、农业等法定支出领域一直是全球公认的经济社会长期可持续发展动力,其财政投入的增长往往受到战略计划或支出承诺的影响。通过明确这些关键民生领域的财政投入指标挂钩要求,一方面,政府能够根据自身经济状况动态调整财政投入;另一方面,挂钩机制受到战略计划和政策承诺的指导,可以促进财政资源的分配既符合当前的经济需求,也符合长远的发展目标。

二、预算挂钩产生的原因

政府主要具有提供公共物品和公共服务,促进经济发展和维护社会稳定三大职能,其中提供公共物品和公共服务便是政府职能在财政上的一种体现。然而,教育、科技、卫生等公共品具有外溢性、时滞性、不确定性等特点,出于财政激励与政治激励,地方政府长期以来热衷于增大生产性投资来拉动 GDP 增长,缺乏发展和改善辖区公共服务的积极性,导致政府对这些涉及民生的重点领域投入不足。

一方面,地方政府的生产性投资偏好抑制了教育、医疗、文化等重点领域的财政投入(庞伟等,2022;张莉等,2018)[1][2]。根据美国经济学家马斯格雷夫(Musgrave)和罗斯托(Rostow)提出的"经济发展阶段论",在经济发展的早期阶段,政府投资在社会总投资中占有较高的比重,公共部门为经济发展提供道路、交通等社会基础设施,生产性投资对于处于经济与社会发展早期阶段的国家经济"起飞"以至进入发展的中期阶段必不可少。尤其在面临晋升压力时,地方政府存在通过大量生产性投资来获得当地高 GDP 增长率的动机(王贤彬等,2010;林江等,2011)[3][4],进一步降低教育等重点领域的公共品供给。地方政府独立的市场化利益取向,加之公共服务需求无限性与财政资源有限性之间的矛盾,导致部分经济欠发达地区在教育等重点领域的财政投入长期不足。因此,在经济发展的早期阶段,为了有效保障教育等重点领域的公共品供给,将重点领域支出同财政收支增幅或生产总值进行挂钩具有客观必然性与合理性。

另一方面,公共品的外溢性降低了地方政府投资公共品的积极性,导致相关领域的投资动力不足。单一治理主体在解决公共问题或公共物品供给过程中难

---

① 庞伟、孙玉栋:《地方政府财政支出的结构偏异——基于跨界公共事务的视角》,《经济理论与经济管理》2022 年第 6 期。

② 张莉、皮嘉勇、宋光祥:《地方政府竞争与生产性支出偏向——撤县设区的政治经济学分析》,《财贸经济》2018 年第 3 期。

③ 王贤彬、徐现祥、周靖祥:《晋升激励与投资周期——来自中国省级官员的证据》,《中国工业经济》2010 年第 12 期。

④ 林江、孙辉、黄亮雄:《财政分权、晋升激励和地方政府义务教育供给》,《财贸经济》2011 年第 1 期。

以改变公共物品外溢性的本质特性,不可避免地产生公共物品供给的正外部性和负外部性。根据利益外溢理论,公共品供给具有利益外溢效应(正外部性),能够同时惠及辖区内居民与辖区外居民,地方政府受到利益外溢效应的影响,会改变其财政政策的偏好。地方政府作为理性行动者,在公共物品供给过程中会相互影响,各方尽量规避负外部性成本,垄断正外部性收益,若地方政府的公共物品供给仅考虑使辖区内居民的边际收益与边际成本持平,忽略了辖区外居民的收益,则会使公共物品供给低于需求水平。同时,公共品的供给缺乏有效的利润考核机制和社会评价机制,会进一步降低地方政府提供公共品的积极性。因此,作为公共品提供的保障性条款,将教育等重点支出同财政收支增幅或生产总值挂钩具有重要的现实意义。

三、预算挂钩的制度基础:自上而下的管理体制

(一)自上而下的管理体制的概念界定

预算挂钩作为我国预算制度重要的组成部分,具有法定性和强制性的特征,重视引导我国财政通过加强民生等基本公共服务支出以实现政府职能。然而,预算挂钩作为一种上级对下级的制度安排,其挂钩要求与强度的顺利传达离不开相应制度体系的保障。

自上而下的管理体制作为我国独特的政府运行机制,为预算挂钩这一制度安排提供了良好的制度基础。"自上而下的管理体制"是指一级政府为了实现经济赶超、完成上级下达的各项指标而采取的数量化任务分解的管理方式和物质化的评价体系。为了完成经济赶超任务和各项指标,该级政府将这些任务和指标层层量化分解,下派给下级政府组织,责令其在规定的时间内完成。根据完成的情况进行政治和经济方面的奖惩。自上而下的管理体制在目标方向上具有显著的"自上而下"的特征,各级地方政府都必须承担被指派的国家和地方发展目标任务,包括经济发展、环境保护和社会管理等各个领域的许多目标任务,除此之外还有一些专项规划目标等待落实,这客观上也为中央在预算层面引导地方政府行为提供了制度渠道。

(二)自上而下的管理体制在预算挂钩中的表现形式

将自上而下的管理体制这一我国特有的政府运行模式聚焦于财政领域进行分析,可以发现,我国的财政分权实际上是建立在中央和上级政府委任制框架内的,地方政府的政策实施和预算决策都由中央和上级政府决定,包括政策制定、财力支持及其规模。并且,地方政府间预算支出互动受到自上而下的管理体制的驱动。

府际间纵向自上而下的管理体制与各级政府横向内部自上而下的管理体制相结合,形成任务传导型公共服务管理模式,并体现在地方预算中。其中,以预算挂钩机制的形成为重要表现形式。具体而言,在自上而下的管理体制中,任务的分解与传递过程同时伴有财政预算的安排,进而为下级政府完成任务提供经费保障;与此同时,上级政府也在财政拨款的方式以及分配中进行着对下级的督查与任务的传导,这也就形成了具体的预算挂钩要求。

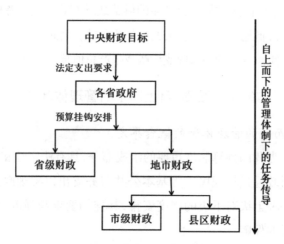

图 2-1 自上而下的管理体制在预算挂钩中的体现

资料来源:笔者自制。

第二节 自上而下的管理体制下的预算特征

自上而下的管理体制是保障地方政府执行中央政府预算挂钩要求的制度基础,但地方政府作为相对独立的经济主体也具备一定的自主性。由于中央在不同领域的预算挂钩要求各有不同,尤其在支出责任的明确程度方面存在差异,导致地方在不同领域预算挂钩要求的遵守与执行上具有不同的自由裁量权,故不同领域、不同类型的预算挂钩要求的运行机制也存在差异。

一、中国预算挂钩的具体表现

目前,与财政收支增幅或生产总值挂钩的重点支出即农业、教育、科技、文化、医疗卫生、社保、计划生育七大领域(见表 2-1)。教育、科技与农业三项支出的挂钩要求都有相应的法律条款予以规定,社保、文化、医疗卫生等挂钩支出要求则体现在中央部委的相关通知与意见之中。截至目前,我国与财政收支增幅或 GDP 挂钩的重点领域支出共 7 类,包括教育、科技、农业、文化、医疗、社保、计划生育。如图 2-2a 所示,从全国财政支出状况来看,挂钩类支出占一般公共预算支出的比重一直处于上升趋势,占比由 2007 年的 41.5%上升到 2023 年的51.7%。基于增长要求不同,挂钩机制可分为硬性挂钩与弹性挂钩两类。硬性挂钩是指以总量投入为参照,即比例挂钩,如《中国教育改革和发展纲要》要求20 世纪末国家财政性教育经费支出占 GDP 的比例达到 4%。其次,弹性挂钩以增量投入为参照,即增幅挂钩,如《财政部关于贯彻落实十七届六中全会精神做好财政支持文化改革发展工作的通知》要求文化体育与传媒支出的增长幅度高于财政经常性收入增长幅度,其在一定程度上考虑了地方的财政收支状况。理论上,某项支出越重要则挂钩要求越严格,当前教育、科技和医疗卫生三大领域的财政支出既有增幅挂钩要求也有比例挂钩要求,其他四大领域仅有增幅挂钩要求。其中,增幅挂钩要求以增量投入为参照,将某项重点领域投入增幅与相应经济指标增幅相挂钩;而比例挂钩要求则是指以总量投入为参照,规定某项重点领域投入达到相应经济指标的固定比例。

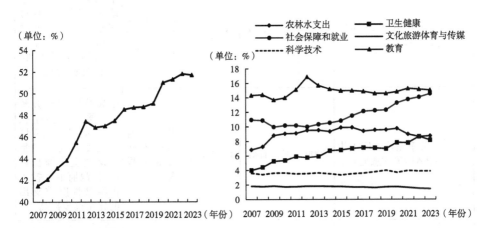

图 2-2a　重点领域挂钩类支出占财政总支出比重　图 2-2b　各类挂钩支出占财政总支出比重

注:挂钩类支出包括教育支出、科学技术支出、农林水支出、卫生健康支出、社会保障与就业支出、文化旅游体育与传媒支出。

资料来源:多年数据来自《中国财政年鉴》(2006 卷—2023 卷),中国财政年鉴编辑部编:《中国财政年鉴》(2023 卷),中国财政杂志社 2023 年版,第 402—412 页等。

表 2-1　中央层面关于重点领域支出的挂钩要求

领域	法律名称	发布年份	时效性	挂钩形式	涉及资金	支出要求
教育	《中华人民共和国教育法》	1995	现行有效	增幅挂钩	教育财政拨款	各级人民政府教育财政拨款的增长应当高于财政经常性收入的增长
	《国家中长期教育改革和发展规划纲要（2010—2020年）》	2010	现行有效	比例挂钩	财政性教育经费	提高国家财政性教育经费支出占国内生产总值比例，2012年达到4%
科技	《中华人民共和国科学技术进步法》	1993	现行有效	增幅挂钩	国家财政用于科学技术经费的增长幅度	国家财政用于科学技术经费的增长幅度，应当高于国家财政经常性收入的增长幅度
	《国家中长期科学和技术发展规划纲要（2006—2020年）》	2006	现行有效	比例挂钩	全社会研究开发投入	到2020年，全社会研究开发投入占国内生产总值的比重提高到2.5%以上
农业	《中华人民共和国农业法》	1993	现行有效	增幅挂钩	各级政府财政对农业总投入	中央和县级以上地方财政每年对农业总投入的增长幅度应当高于其财政经常性收入的增长幅度
医疗卫生	《关于完善政府卫生投入政策的意见》	2009	现行有效	增幅挂钩	中央政府和地方政府卫生投入	中央政府和地方政府都要增加卫生投入，政府卫生投入增长幅度要高于经常性财政支出增长幅度，使政府卫生投入占经常性财政支出的比重逐步提高
	《中共中央　国务院关于卫生改革与发展的决定》	1997	现行有效	比例挂钩	全社会卫生总费用	到2000年，全社会卫生总费用占国内生产总值的5%左右

领域	法律名称	发布年份	时效性	挂钩形式	涉及资金	支出要求
文化	《关于加强公共文化服务体系建设的若干意见》	2007	现行有效	增幅挂钩	中央和省级财政每年对文化建设的投入	中央和省级财政每年对文化建设的投入增幅不低于同级财政经常性收入的增幅
	《关于贯彻落实十七届六中全会精神　做好财政支持文化改革发展工作的通知》	2012	失效	增幅挂钩	各级政府财政文化体育与传媒支出(不含基本建设支出)	各级财政年初预算安排公共财政文化体育与传媒支出(不含基本建设支出)的增长幅度应高于同级财政经常性收入的增长幅度
计划生育	《中共中央　国务院关于全面加强人口和计划生育工作统筹解决人口问题的决定》	2006	现行有效	增幅挂钩	人口和计划生育财政投入	人口和计划生育财政投入增长幅度要高于经常性财政收入增长幅度
社保	《人力资源和社会保障事业发展"十二五"规划纲要》	2011	现行有效	增幅挂钩	社会保障支出	逐步提高社会保障支出占财政支出的比重

与此同时,地方政府也会参照中央的挂钩要求,并结合地方实际,针对重点领域制定对应的挂钩要求,通过整理我国省级层面的挂钩支出文件发现,地方政府的挂钩要求更为多样化,不同领域都存在比例挂钩要求与增幅挂钩要求。同时,本章发现各省份文件中关于挂钩要求的表述存在差异,部分文件仅仅提及比例挂钩和增幅挂钩中的一项,部分文件同时规定了增幅挂钩要求和比例挂钩要求,图2-3展示了各省份不同领域政策文件中预算挂钩要求的构成情况。不同于中央仅在教育、科技和医疗卫生三大领域设定比例挂钩要求,地方政府可能基于实际情况,对不同领域的财政支出设定相应的比例挂钩要求,且主要针对特定领域支出占财政总支出的比重进行规定。

以文化领域为例,中央针对财政文化支出设定了增幅挂钩要求,地方政府也参照中央的规定设定了相应的增幅挂钩要求,但在表述上存在差异,如《浙江省文化事业发展"十一五"规划》规定"加大财政对文化事业的经常性投入,每年增长幅度应不低于经常性财政收入的增长幅度",《湖北省"十二五"时期文化改革发展规划纲要》规定"公共财政对文化建设投入的增长幅度高于财政经常性收入增长幅度",二者与中央的增幅挂钩要求表述基本一致,但《江西省文化事业发展"十一五"专项规划》规定"各级政府每年对文化事业拨款的增长幅度要高于当年地方财政收入增长幅度的1—2个百分点",明显异于中央的增幅挂钩表述。与此同时,部分省份则会在增幅挂钩的基础上对文化支出占财政支出的比重进行规定,如《江苏省"十二五"文化发展规划》规定"保证财政文化支出增幅高于财政一般预算支出增幅、占财政总支出比重达到 2%以上";《新疆维吾尔自治区文化事业发展第十二个五年规划》规定"自治区财政对文化事业投入要随着经济的发展逐年增加,增加幅度不低于年财政收入增长幅度。每年对文化基本建设投入应达到自治区基建总投资的 3%,文化事业费占各地财政总支出的比例达到 0.8%";《广东省文化事业发展"十二五"规划》规定"各级财政的文化事业经费投入要随着当地经济社会发展和财政增长逐步增加。从 2011 年起,全省财政的文化事业经费支出占财政总支出的比例达到 1%以上"。

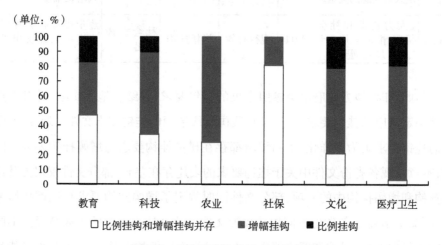

图 2-3　地方政府挂钩要求文件分布

资料来源:笔者自制。

二、中国预算挂钩要求的运行机制

根据前文分析可知,在自上而下的管理体制下,地方政府应当严格执行中央政府制定的挂钩支出要求,但文件搜集与整理的结果却表明我国中央政府的预算挂钩要求与地方政府的预算挂钩要求存在明显的差异,且不同领域挂钩要求表述在央地政府之间、省际政府之间的差异程度不一,本节尝试通过明晰不同类型预算挂钩要求的运行机制来解释上述现象产生的原因。在当前的挂钩支出要求中,增幅挂钩作为一种预算编制原则,是各级政府在预算编制过程中需要遵循的基本规范;比例挂钩则作为一种阶段性的政策目标,体现了政府对某一具体领域的高度重视,亟须在短期内解决这一领域投入短缺的问题,但缺乏具体实施细则,需要配套政策措施辅助实现。因此,比例挂钩机制与增幅挂钩机制的运行逻辑存在明显差别,比例挂钩机制呈现出纵向分解的特征,增幅挂钩机制则呈现出省际分化的特征。与此同时,在增幅挂钩内部,不同领域增幅挂钩的表述对支出责任的明确程度也存在差异,导致不同领域增幅挂钩的运行机制也不同。

（一）比例挂钩要求的运行机制：纵向分解

比例挂钩要求的目标明确,但是目标本身并不能直接界定各级政府的支出责任,如果缺乏必要的配套措施,难以有效激励和引导地方加大相应的财政投入,且长期以来我国地方政府具有生产性支出偏向,故科学合理的激励约束机制是顺利实现比例挂钩目标的根本保障。具体而言,完整的比例挂钩要求遵循纵向分解逻辑,即从中央到市县逐级核定目标比例,通过自上而下向各级财政分解任务以实现全国性的比例目标（见图2-4）。虽然当前我国在教育、科技与卫生三大领域都存在明显的比例挂钩要求,但教育领域的比例挂钩要求最为严格。可能的原因是,科技与卫生领域比例挂钩要求涉及的支出包含全社会的相关费用,并不仅仅涉及财政性支出。如图2-5所示,全社会研究与开发（R&D）经费支出增速明显高于政府研究与开发经费支出。其中,全社会研究与开发经费支出中政府资金占比从2002年的30.87%降低至2022年的17.77%,一直到2022年全社会研究与开发经费支出占GDP的比重才超过2.5%。同时,政府卫生支出占卫生总费用比重长期不足三成。故二者对应的比例挂钩要求并不仅仅要求加大政府投入,同时更注重调动社会资金注入,对政府预算的影响有限。但教育领域则直接将财政性教育经费与GDP挂钩,其对政府预算编制的影响更大。故本章以教育领域的比例挂钩机制为例,简要阐述比例挂钩机制的运行逻辑。

教育投入是发展教育事业的物质基础,为保障教育经费投入水平,20世纪90年代党中央就提出"国家财政性教育经费支出占国内生产总值比例达到4%"的目标,但是迫于发展经济的需要,使得这一目标的实现不得不后延。随着我国经济社会发展环境得到了较大改善,发展教育事业、加大教育投入再次提上了党和国家的议程。2010年,中央印发《国家中长期教育改革和发展规划纲要

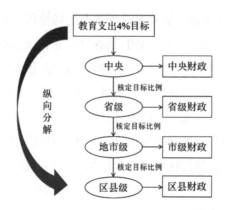

图 2-4　比例挂钩要求的纵向分解机制

资料来源:笔者自制。

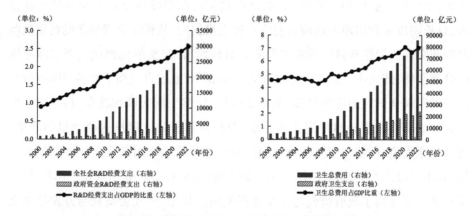

图 2-5　科技与医疗卫生领域相关支出变动趋势

资料来源:多年数据来自《中国财政年鉴》(2001 卷—2023 卷),中国财政年鉴编辑部编:《中国财政年鉴》
　　　　(2023 卷),中国财政杂志社 2023 年版,第 325—412 页等。

(2010—2020 年)》,提出到 2012 年要实现国家财政性教育经费支出占国内生产
总值比例达到 4%的目标(以下简称"教育支出 4%目标")。为保障比例目标的
顺利实现,国务院 2011 年颁布《关于进一步加大财政教育投入的意见》,要求各
级政府严格执行法定增长的要求,提高教育财政支出占整个财政支出的比重,提
高预算内基建投资用于教育的比重,积极拓宽财政性教育经费的来源渠道。
"教育支出 4%目标"是一个全国性指标,在当时的财政体制下,由于各地获得转
移支付和返还性收入的水平不同,各地财政性教育经费支出占地区生产总值比
例不具有可比性,难以客观反映各地财政教育投入的实际水平和努力程度,不宜

直接作为分析评价的指标。为了进一步明确各地的责任,按照国务院的要求,财政部专门印发了《关于加强对各地 2011—2012 年财政教育投入状况分析评价的通知》,制定了"分省核定任务,分年考核评价"的办法。首先,依据"教育支出 4%目标"新增经费需求与省情差异,核定各省 2011 年、2012 年财政教育支出占财政支出比例应达目标,并单独下发。省核定的比例目标见图 2-6,同时制定了包括财政教育支出的增幅、财政教育支出占公共支出的比例、教育费附加的征收率、土地出让收益教育资金计提率的量化指标,以便中央进行问责与监督。从各省核定的目标比例来看,经济发展水平高的东部省份和教育大省核定的目标比例较高,而经济发展水平较低和教育公共品需求较少的省份相应核定的目标比例较低。

　　为响应与执行中央任务,地方政府也将"教育支出 4%目标"纳入本地区中长期教育改革和发展规划纲要之中,并且在中央发布《关于进一步加大财政教育投入的意见》后,地方政府也出台相关实施意见与通知予以响应。同时参照财政部做法,各省级政府将中央任务分解至了本级财政与市级财政,市级政府则再将其分解至区县级财政。例如,财政部核定山西省财政教育支出占一般预算支出的比例为 2011 年 15.8%、2012 年 16%。山西省出台《山西省人民政府办公厅关于加强对我省 2011—2012 年财政教育投入状况分析评价的通知》,根据各市的教育投入及一般预算情况将这一任务分解至各县(市、区),比如其下辖的忻州市核定比例为 16.5%,基本与省级核定比例相接近。忻州市随之出台《忻州市人民政府办公厅关于加强对我市 2011—2012 年财政教育投入状况分析评价的通知》,根据各县(市、区)的教育投入及一般预算情况对这一任务进一步分解。再如,安徽省由省财政厅比照中央做法,采取因素法对全省目标任务进行分解,核定各市、县的教育投入任务。此外,部分省份(如辽宁省)则直接以全省比例目标作为各市预算的核定比例。因此,比例挂钩要求的运行机制呈现出自上而下的纵向分解特征。

　　图 2-2b 中清晰展示出,我国教育支出占一般公共预算支出的比重从 2010 年的 13.96%上升至 2012 年的 16.83%,国家财政性教育经费占 GDP 比例从 2010 年的 3.66%上升至 2012 年的 4.28%,成功实现 4%的突破。在"一个不低于、两个只增不减"的要求下[①],我国教育经费支出占 GDP 比例连续 11 年保持

----

　　① "一个不低于"是保证国家财政性教育经费支出占国内生产总值的比例一般不低于 4%。"两个只增不减"是确保财政—般公共预算教育支出逐年只增不减,确保按在校学生人数平均的一般公共预算教育支出逐年只增不减。

（单位：%）

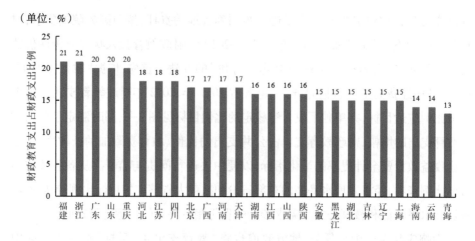

图 2-6　2012 年中央核定各省份财政教育支出占财政支出比例应达目标

资料来源：中国财政年鉴编辑部编：《中国财政年鉴》(2013 卷)，中国财政杂志社 2013 年版，第 418—449 页等。

在 4%以上（见图 2-7）。因此，虽然比例挂钩要求的纵向统筹机制是暂时性的，但是辅以相应的配套要求巩固改革成果，保持适度的支出刚性，比例挂钩要求对政府预算编制与财政支出行为的影响却是长期的。

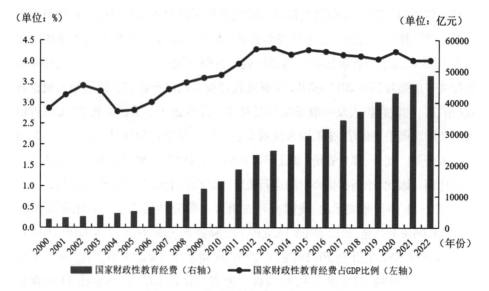

图 2-7　国家财政性教育经费增长趋势

资料来源：多年数据来自《中国财政年鉴》(2001 卷—2023 卷)，中国财政年鉴编辑部编：《中国财政年鉴》(2023 卷)，中国财政杂志社 2023 年版，第 325—412 页等。

(二)增幅挂钩要求的运行机制:省间差异

根据挂钩机制的要求不同,地方政府对不同类别支出的自由裁量权存在差异。本节以省级政府为例,探讨挂钩机制的省间差异。与比例挂钩要求"一刀切"的阶段性目标管理模式不同,增幅挂钩机制要求各级政府在预算编制与执行过程中保证某项重点支出增长幅度不低于(或高于)财政经常性收入(或支出)的增长幅度,其为地方政府重点领域的预算编制提供了明确的长期性操作原则。同时,增幅挂钩要求考虑了地方政府经济发展水平、财政状况等特征的时空差异,兼顾了强制性与灵活性。然而,中央只是对重点领域的财政支出增幅作出了最低的原则性要求,在中央规定的增幅挂钩要求基础上,地方政府拥有一定的自由裁量权,地方政府会根据自身经济发展目标与财力状况等,制定具体的增幅挂钩要求,导致增幅挂钩要求呈现出"横向分化"的特征。与此同时,由于责任明确程度不同,各个领域增幅挂钩要求约束力度也存在差异。表 2-1 显示,科技、医疗卫生、计划生育、社保领域的增幅挂钩要求相对较粗,只是规定了全国层面对应支出增幅不低于(或高于)财政经常性收入的增幅;而农业、教育、文化则规定了各级政府的支出增幅不低于(或高于)财政经常性收入的增幅。可见,后者的要求更加明确,其对各级政府预算编制与财政支出行为的约束性更高,而前者实际责任并不明晰,导致地方政府的自由裁量权更高,其对应的增幅挂钩要求的分化特征应更加明显。本章分别以科技与农业为例,来分析二者"省际分化"程度的差异。

在农业领域,我国挂钩机制并不存在显著的省间差异。由于《中华人民共和国农业法》直接规定了"中央和县级以上地方财政每年对农业总投入的增长幅度应当高于其财政经常性收入的增长幅度",明确了各级政府关于农业财政支出的预算编制原则,故地方政府对此类挂钩要求的调整并未出现较大差异。通过整理各省份农业领域的支出挂钩要求发现,各省份基本严格遵循《中华人民共和国农业法》的规定,将各级政府的农业支出增幅与财政经常性收入增幅挂钩,并不存在明显的"省际分化"特征。

在科技领域,我国挂钩机制在省间差异较大,具体表现在挂钩对象、挂钩强度与挂钩层级三个方面。《中华人民共和国科学技术进步法》要求"国家财政用于科学技术经费的增长幅度,应当高于国家财政经常性收入的增长幅度",这一要求自该法出台以来,经历两次修订都未改变,但这增幅挂钩要求的统计口径是全国性的,并非各级地方政府增幅挂钩要求,地方政府科技领域的增幅挂钩要求普遍存在地方科技进步条例之中。通过搜集整理各省份科技进步条例文件中关于增幅挂钩的具体要求,可以发现科技领域的增幅挂钩要求存在明显的"横向分化"特征。一是增幅挂钩对象不同。各省科学技术进步条例对于增幅挂钩对象的规定有两类:一是与财政经常性收入进行挂钩,二是与财政收入进行挂钩。然而,随着中央对地方的两税增量返还比例呈逐步递减态势,以财政收入作为增幅挂钩对象应是更为严格的挂钩标准。① 各省份历次的科技进步条例文件显示,以财政经常性收入为挂钩对象的省份有 22 个(如河北、吉林、江苏和安徽等),以财政收入为挂钩对象的省份有 8 个(山西、内蒙古、上海、浙江、河南、湖北、广东和四川)。可能的原因在于,一是多数省份选择以较为宽松的挂钩对象(即经常性财政支出)作为增幅挂钩标准,有利于缓解自身财政支出压力,一定限度内提升财政自主权。二是增幅挂钩强度不同。少数省份明确了财政科技支出增幅高于财政经常性收入(或财政收入)的具体标准,大部分省份并未明确比例。在以财政收入作为增幅挂钩对象的 8 个省份中,仅有内蒙古对于挂钩强度作出具体要求,将挂钩强度设置在 3%—5%;而在以财政经常性收入作为增幅对象的 22 个省份中,有 3 个省份在科学技术进步条例中明确了挂钩强度,河北设置为 2%、江苏设置为 3%—5% 以及宁夏设置为 1%。② 三是增幅挂钩层级不同。大多数省份对县以上各级政府的财政科技支出作出了增幅挂钩要求,但部分省份仅要求省级政府的科技支出增幅与财政经常性收入增幅挂钩,如福建③、河

---

① 财政经常性收入与财政收入存在统计口径上的区别,总体而言,财政经常性收入是剔除城市维护建设税、行政性收费、罚没收入、专项收入以及国有资产经营收益等一次性收入后的一般预算收入,加上税费返还和一般性转移支付收入之后的部分。

② 《内蒙古自治区科学技术进步条例(2014)》要求:自治区科学技术三项费增长速度要高于年度财政收入增长速度 3 至 5 个百分点;盟市、旗县科学技术三项费增长速度高于财政收入增长速度 2 到 3 个百分点。《河北省科学技术进步条例》要求:省级一般预算安排的科学技术经费增长幅度,应当高于当年财政经常性收入增长幅度 2 个百分点;设区的市、县(市、区)财政科学技术经费支出占财政预算支出的比重应当高于 2%。《江苏省科学技术进步条例(2002)》要求:各级财政支出的科技经费必须以高于财政经常性收入增长的速度增长。其中科技三项费用(重大科研项目、中间试验、新产品试制补助费)和科学事业费必须以比财政经常性收入增长速度高 3 至 5 个百分点的速度增长。《宁夏回族自治区科学技术进步条例(1996)》要求:各级人民政府财政用于科学技术经费的增长幅度,应当高于地方财政经常性收入的增长幅度。自治区财政用于新产品试制费、中间试验费、重大科学研究项目补助费和科学事业费,以高于财政经常性收入增长幅度 1 个百分点的比例稳定增长。

③ 《福建省科学技术进步条例(2012)》要求:省级财政用于科学技术经费的预算编制和预算超收分配的增长幅度,应当高于本级财政经常性收入的增长幅度。设区的市、县(市、区)财政安排的科学技术经费占本级财政一般预算支出比例应当达到国家科学技术进步考核指标的要求。

北,也有省份仅要求全省财政每年用于科学技术投入的增长速度要高于财政收入的增长速度,并未对省以下各级政府的科技支出施加增幅挂钩要求,如山西①。表2-2是本节依据各省《科学技术进步条例》梳理得到的挂钩特征统计。值得注意的是,虽然如前文所述各省科技支出以增幅挂钩作为挂钩的主要形式,但同时部分省份也存在比例挂钩的政策要求②,但位置处于整体的增幅挂钩之后,基本作为附属补充要求存在。因此,本节增设"补充要求(比例挂钩)"一列进行梳理,以充分体现我国科技支出挂钩机制的特征。

理想状态下,即使各地方政府的增幅挂钩要求完全一致,由于地区之间经济发展水平、财力状况存在固有差异,明确严格的增幅挂钩要求会固化地区之间的财政支出差异。加之,科技、卫生、社保等领域增幅挂钩要求并不明确,挂钩要求的省际分化特征明显,会导致预算支出结构的省际差异更为明显。

表2-2　各省《科学技术进步条例》挂钩机制特征③

省份	挂钩形式	挂钩对象	挂钩层级	挂钩强度	补充要求(比例挂钩)	
					挂钩对象	挂钩强度
上海	增幅挂钩	财政收入	各级	无		
浙江					财政支出	3%
河南					财政预算支出	6%
湖北					财政支出	1%
广东						
四川						
山西			全省		(省本级)预算支出	2%
内蒙古			省级	3%—5%		

①　《山西科学技术进步条例(1995)》要求:全省财政每年用于科学技术投入的增长速度要高于财政收入的增长速度。

②　以浙江省为例,其关于比例挂钩要求的表述为:省、市、县(市)财政科技投入的年增长幅度应当高于财政收入的年增长幅度。到2000年,全省财政科技投入的比重达到财政支出的3%以上,置于本省科技支出的增幅挂钩之后。

③　本节笔者手工收集了现有的30个省区市(除西藏自治区外,不含港澳台)的《科学技术进步条例》,部分省份因政策规划有法例更新情况。为统一呈现挂钩机制特征、保证科技支出领域挂钩机制特征梳理的全面性,除表格中"挂钩对象""挂钩层级"各省各版本均一致外,"挂钩强度"遵循可得原则(即整理可得的挂钩强度表述),"补充要求(比例挂钩)"均根据各省最初版本进行梳理。

省份	挂钩形式	挂钩对象	挂钩层级	挂钩强度	补充要求（比例挂钩）	
					挂钩对象	挂钩强度
宁夏				1%		
江苏				3%—5%		
吉林					财政预算支出	1%
安徽					（县级以上）本级财政支出	1%
山东					财政预算支出	1%
辽宁						
黑龙江						
湖南						
广西						
贵州						
云南	增幅挂钩	财政经常性收入	各级	无		
陕西						
甘肃						
青海						
新疆						
海南						
江西						
天津						
重庆						
河北				2%	财政预算支出	2%
福建			省级	无	国内生产总值	1.50%
北京						

第三章　地方政府预算支出的类型、特征与影响因素

　　财政支出结构能够反映一个国家的经济发展需求和政府职能重心。2009年,全国财政工作会议提出要"优化财政支出结构,推进财税制度改革"。2019年,中央经济工作会议仍提出要"大力优化财政支出结构"。2020年5月,李克强同志做政府工作报告时,依然强调要"大力优化财政支出结构"。2023年12月,中央经济工作会议再次提出要"优化财政支出结构,强化国家重大战略任务财力保障"。为实现优化财政支出结构的长期目标,我们首先需要回答财政支出结构是什么、受什么因素影响的基本问题。

　　已有文献多基于一般公共预算支出中各功能性支出的占比来刻画和描述财政支出结构,并进一步分析了支出占比的影响因素。较新的研究还关注经济建设和科教文卫支出占比的省际差异,指出该差异显著存在并且在特定阶段内具有一定的稳定性(姚东旻等,2020)[①]。但是预算支出结构的稳定性差异是否促使部分省份的预算支出结构趋同,最终表现为不同的预算支出模式这一问题尚未得到充分讨论。对整体支出结构的典型模式、具体特征展开直接分析[②],不仅为后续研究地方预算支出结构提供了新的视角,有助于我们进一步归纳分属不同模式的政府支出的一般性规律,也为评估预算支出结构效率高低提供了研究对象和必要基础。明确地方政府预算支出模式的影响因素,就找到了调整和优化财政支出结构的有力抓手,这对于解决目前财政支出结构固化问题、促进政府

---

　　① 姚东旻、许艺煊、高秋男、赵江威:《省际预算支出结构的差异及其主要来源》,《财贸经济》2020年第9期。

　　② 已有研究还发现我国省级政府间预算支出结构确实存在明显差异,并且具有阶段性稳定的特点。那么,稳定差异的存在是否又能促使各省份分化出不同的预算支出模式也值得进一步研究。

职能转变、有力推进政府公共服务的供给侧结构性改革均有所助益。

为系统回答"我国地方政府预算支出模式有哪些、具有什么特点?""什么因素影响了地方政府支出属于某一种模式而非其他?"两个核心研究问题,我们重点关注我国省级政府预算支出模式。特别注意的是,这里的省级政府预算支出并非省本级预算支出,而是指省及省以下政府预算支出的加总数。首先,本章展开省级政府预算支出模式的类型分析,依据两个描述性维度——经济建设和科教文卫预算支出,划分出了四种不同的预算支出模式。其次,基于相关政策文本,分析不同的支出模式表现出了怎样的经济特征。最后,综合借助固定效应模型、工具变量法、Probit 模型和反事实的数据模拟法,从解释性维度寻找省级政府预算支出模式的直接影响因素。

本章结构安排如下:第一节划分出省级政府预算支出结构的四种模式类型,并且讨论了模式的具体特征;第二节详细阐述了地方政府预算支出的具体影响因素及作用机制;第三节是研究设计、数据和变量介绍;第四节明确了我国省级政府预算支出模式的直接影响因素;最后是本章的结论。

第一节　地方政府预算支出模式的类型与特征

模式划分可以依托类型学的研究范式,将研究对象的重要特征进行整合分析,以期在概念形成、完善测度、组织解释等多个方面发挥作用(Collier,Seawright,2012)①。类型学将多个单一维度指标结合起来、通过交叉形成具有解释力的新概念(Lowi,1972)②。首先,我们基于已有文献确定了经济建设和科教文卫支出占比——两个描述预算支出模式的重要维度;其次,基于定序的层级类型划分标准,对经济建设和科教文卫支出占比两个维度进行中位数划分,定义了经济建设偏向型、科教文卫偏向型、高均衡支出型和低均衡支出型四种预算支出模式;最后,通过梳理政策文本寻找对应预算支出模式的政策,并概括其经济特征。

---

① D.Collier,I. P. Seawright,"Putting Typologies to Work:Concept Formation, Measurement, and Analytic Rigor",*Political Research Quarterly*,Vol.65,No.1,2012,pp.217-232.

② Lowi,Theodore J.,"Four Systems of Policy,Politics,and Choice",*Public Administration Review*,Vol.32,No.4,1972,pp.298-310.

一、地方政府预算支出模式的类型分析

(一)预算支出模式的现实背景

在我国地方政府预算正式编制前,中央会组织召开中央经济工作会议和全国财政工作会议,分析国内外经济形势,部署下一年度经济社会、财政工作重点。基于我国各地区经济发展、功能定位、资源禀赋等方面明显存在差异的客观现实,会议往往强调各地区要立足自身实际来贯彻会议精神。进一步地,各省会召开省委常委会扩大会议或经济工作会议来传达和贯彻中央经济工作会议精神,并结合自身实际,具体落实本省经济社会、财政工作重点。如表3-1所示,以2010年为例,本章梳理了中央以及代表省份政府经济工作会议、财政工作会议中的相关要求。本章发现各省在强调严格贯彻中央精神的同时,会结合本省发展状况提出不同的经济目标和工作重点,例如,青海省更注重经济发展,将财政工作发力重点确定为现代农业、重点产业;同样地,辽宁省作为东北老工业基地,也强调经济振兴、改善民生;河北省在强调经济发展和保障民生基础上,提出要抓好节能减排;而广东省作为东南沿海省份,对外开放程度高,经济发展水平居全国前列,更为强调通过自主创新来提高发展质量。由于各地经济发展侧重点不完全一致,地方政府预算支出结构在政治决策中也有所差异,并表现出不同的预算支出模式。基于此,本章将确定预算支出结构中的重要维度,进而对地方政府预算支出模式进行类型划分。

表3-1　地方政府经济、财政相关会议工作要求(以2010年为例)

省份	会议名称	相关内容
北京	领导干部大会	创新驱动发展;改善民生;社会安全稳定
天津	中共天津市第九届委员会会议	建设宜居城市;经济结构调整;保障民生
河北	经济工作会议	经济平稳较快发展;保障民生;节能减排;自主创新
山西	省委常委(扩大)会议	推进工业新型化、农业现代化、城乡生态化
辽宁	省委常委(扩大)会议	保持经济振兴势头,发展保障改善民生
吉林	经济工作会议	发展三次产业;加大基础设施建设;保障民生
上海	经济工作会议	创新驱动发展;改善民生,扎实在教育、社保等方面做实事
江苏	领导干部会议	增强自主创新能力;保障和改善民生

省份	会议名称	相关内容
安徽	领导干部会议	保持经济增长;中部崛起;工业化、城镇化;农业现代化
江西	经济工作会议	新型城镇化;解决"三农"问题;保障和改善民生
山东	经济工作会议	经济结构调整;自主创新;节能环保;保障民生
河南	经济工作会议	中原经济区战略;新型城镇化;保障民生
湖南	全省财政工作会议	经济发展提质增效;农村建设;保障民生
广东	全省财政工作会议	支持自主创新、新兴产业;保障改善民生、发展社会事业
四川	全省财政工作会议	转变经济增长方式,加大民生保障和社会建设投入
西藏	经济工作会议	经济基础;新农村建设;发展特色产业;保障民生;社会稳定
陕西	全省财政工作会议	保障和改善民生;现代农业和城镇化建设
青海	省委常委(扩大)会议	推进发展现代农业、改善民生、创新社会管理的政策重点
宁夏	经济工作会议	发展特色优势产业,夯实发展基础;改善民生,生态移民
新疆	领导干部会议	保证经济发展;维护社会和谐稳定;特色产业体系

(二)预算支出模式的划分

预算支出模式划分的前提基础是明确预算支出结构中的维度。预算支出结构①的概念在财政学研究中被广泛使用。现有研究多基于支出的功能性分类对政府支出结构进行研究。傅勇和张晏(2007)②最早从省级预算内财政支出中基本建设和科教文卫支出所占的比例对地方政府的预算支出结构进行考察,更多的研究也从经济建设和科教文卫支出占比两个维度采用不同的数据口径对政府支出结构进行研究(林敏、余丽生,2011;张宇,2013)③④,也有学者将行政管理或公共安全支出占比纳入预算支出结构的描述性维度进行研究(付文林、沈坤荣,2012;曾康华、唐卓,2013)⑤⑥。虽然现有研究中,数据口径和研究目的不同

---

① 文献中类似的概念表述包括财政支出结构、政府支出结构和公共支出结构等。

② 傅勇、张晏:《中国式分权与财政支出结构偏向:为增长而竞争的代价》,《管理世界》2007年第3期。

③ 林敏、余丽生:《参与式预算影响地方公共支出结构的实证研究》,《财贸经济》2011年第8期。

④ 张宇:《财政分权与政府财政支出结构偏异——中国政府为何偏好生产性支出》,《南开经济研究》2013年第3期。

⑤ 付文林、沈坤荣:《均等化转移支付与地方财政支出结构》,《经济研究》2012年第5期。

⑥ 曾康华、唐卓:《财政模式、预算执行与财政支出结构优化》,《中央财经大学学报》2013年第11期。

导致政府支出结构描述维度的具体指标略有差异,但多是从与经济发展和公共服务相关的政府支出占比的角度展开。① 基于此,本章从影响本地区经济发展的经济建设支出占比和与地方社会福利水平相关的科教文卫支出占比两个重要维度对我国地方政府的预算支出模式进行划分。②

基于经济建设和科教文卫支出这两个重要维度,采取定序尺度划分得到我国预算支出模式的单元格类型,从而捕捉省级政府预算支出的偏向特征。为了剔除不同年份的不同省份和不同年份的同一省份的时间混杂影响,本章使用了研究区间内我国各省分项预算支出占比均值数据,绘制散点图并展开类型学分析,如图 3-1 所示。本章基于排序(划分标准为中位数)划分方式对地方政府预算支出模式的类型进行划分。具体地,定义分项支出占比均值从高到低排名在全国前 15 名的省份为该项支出上的"高"支出省份,后 16 名的省份为该项支出上的"低"支出省份,划分结果如图 3-1a 所示。为了检验模式划分的稳健性,我们还以两项预算支出占比的全国均值为排序标准重新进行划分,结果如图 3-1b 所示。直观来看,全国 31 个省区市(不含港澳台)被划分为四个类型,且两种划分的结果仅有新疆、陕西、云南 3 个省份的类型归属发生了改变(但处于两个类型的边界处),这说明类型划分的结果是相对稳健的。图 3-1a、3-1b 划分出的四组省份,分别对应着经济建设和科教文卫预算支出占比高或低的四种组合方式。

(三)四种类型的预算支出模式

图 3-1 直观展示了基于经济建设和科教文卫支出占比两个层级类型划分得到的分类结果,考虑到排序(中位数)划分的方式能够更加直接地描述不同省份间预算支出结构的差异,本章的预算支出模式划分结果将基于全国各省份分项支出的排序高低,而非预算分项支出占比均值大小的直接比较。如图 3-2 所示,本章最终归纳出"高均衡支出型""经济建设偏向型""科教文卫偏向型"和"低均衡支出型"四种类型的省级政府预算支出模式:(1)"高均衡支出型"模式,突出表现为经济建设和科教文卫支出占比都相对较高,代表省份包括贵州、

---

① 现有研究对于功能性支出分类的表述略有差异,与经济发展相关的财政支出表述有经济建设支出、基本建设支出和生产性支出等,与公共服务相关的财政支出表述有科教文卫支出、民生性支出、福利性支出和保障性支出等。

② 公共安全支出因其主要包括公检法支出,在各省之间表现出均衡特征,所以不适合作为省级政府预算支出结构类型划分的描述性维度。行政管理费支出因为其在 2007 年预算科目改革前后变动较大,较难统一口径进行匹配,所以也未纳入类型划分的维度。

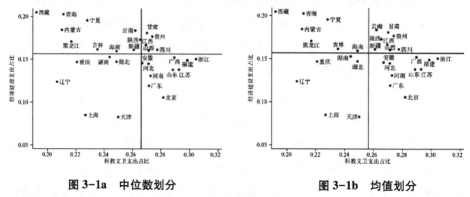

图 3-1a　中位数划分　　　　　　　　图 3-1b　均值划分

资料来源:多年数据来自《中国财政年鉴》(1996 卷—2017 卷),中国财政年鉴编辑部编:《中国财政年鉴》(2017 卷),中国财政杂志社 2017 年版,第 267—272 页等。

山西和甘肃等 5 个省份,这些省份均位于我国的中部和西部地区,自然环境复杂,经济发展水平较低,经济发展需求和民生性需求均相对较高。(2)"经济建设偏向型"模式,突出特征表现为经济建设支出占比相对较高,并且科教文卫支出占比相对较低,代表省份包括了新疆、宁夏、黑龙江、海南等 7 个省份。其中多数省份为少数民族聚居地区,整体经济发展水平较低,人口密度低,市场化程度较低。与其他省份相比,这些省份将本省更多的财政资金投入基本建设等经济发展领域。(3)"科教文卫偏向型"模式,指科教文卫支出占比相比全国其他省份较高,代表省份包括了北京、福建、广东等 10 个省份。这些省份多分布于东南沿海,整体经济发展水平较高,并且人口密度大,河南、广东、山东和河北均为典型的"高考大省"①。因此,这些省份将更多的财政资源投入科教文卫领域。(4)"低均衡支出型"模式,突出特征为经济建设和科教文卫支出占比均相对较低,代表省份包括了重庆、天津、上海、湖南等 6 个省份。这些省份的经济发展水平相对较高(全国 4 个直辖市中 3 个均属于此类型模式),并且民生性公共品需求相对均衡,故与贵州、山西等"高均衡支出型"省份完全相反,表现出整体低均衡的预算支出结构。

　　需要说明的是,"高均衡支出型"和"低均衡支出型"两种模式类型的存在主要受到省份其他预算支出项的影响。直观来看,经济建设支出和科教文卫支出存在一定的替代关系,但在各省份经济建设和科教文卫支出占比的横向比较时,

---

　　① 李刚、王汉超:《高考大省考生增减都烦恼》,《人民日报》2013 年 6 月 4 日。

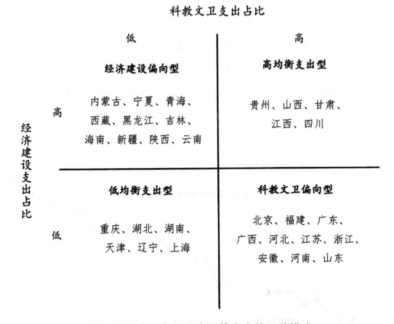

图 3-2 我国省级政府预算支出的四种模式

资料来源:多年数据来自《中国财政年鉴》(1996 卷—2017 卷),中国财政年鉴编辑部编:《中国财政年鉴》(2017 卷),中国财政杂志社 2017 年版,第 267—272 页等。

也会受到其他支出项目的影响,例如,公共安全、行政管理费用等支出项,即"高均衡支出型"和"低均衡支出型"模式的存在具有现实合理性。

在上述静态视角下,本章通过对预算支出均值进行类型学划分得到了四种具有代表性的预算支出模式及其代表省份,但研究期间各省的预算支出占比并不是固定不变的。为检验地方政府预算支出模式的稳定性,本章逐年对 31 个省区市(不含港澳台)的经济建设和科教文卫预算支出占比进行排序,通过类型划分得到了各省每一年的预算支出模式。① 通过计算研究区间内每个省份动态模式与静态模式不一致的比例,本章绘制了反映省级政府预算支出模式波动性的散点图,如图 3-3 所示。图中横轴为 31 个省区市(不含港澳台),图例为省份对应的静态预算支出模式,纵轴代表研究区间内动态模式与静态模式不一致的比例。若纵轴为 0,则表示该省份每一年的预算支出模式都与静态结果一致,预算支出结构相对稳定。若纵轴数值越大,表示动态模式与静态模式的差异越大,该

---

① 动态视角下逐年进行的类型划分采用与静态视角下相同的排序(中位数)划分方式。

省份的预算支出结构则存在较大波动。由图3-3可知,上海、江苏、辽宁和内蒙古4个省份的动态预算支出模式与静态预算支出模式完全一致,表明这4个省份的预算支出结构在整个研究区间内都非常稳定,与静态视角下的预算支出模式完全相同。而包含宁夏、陕西等20个省份在研究区间内的动态支出模式也与静态结果保持了50%以上的一致比例,反映出预算支出结构的相对稳定。

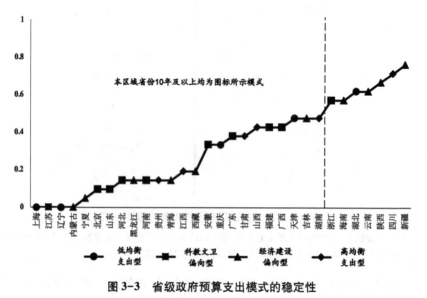

图3-3 省级政府预算支出模式的稳定性

资料来源:多年数据来自《中国财政年鉴》(1996卷—2017卷),中国财政年鉴编辑部编:《中国财政年鉴》(2017卷),中国财政杂志社2017年版,第267—272页等。

二、预算支出模式特征的政策文本分析

通过类型学的研究方法定义四种代表性的预算支出模式类型后,各类型预算支出模式表现出了怎样的经济特征? 表3-2分别对各预算支出模式省份的全省财政工作会议报告和政府工作报告等政策文本中关于经济建设支出和科教文卫支出的政策目标和支出要求进行了梳理,发现预算支出模式有以下的经济特征[①]:(1)"经济建设偏向型"省份的预算支出相对更加强调经济增长与经济转型,推进工业化与城镇化,支持重点产业以及中小企业发展,加强基础设施建

---

① 本章类型划分为横向对比,因此预算支出模式的经济特征同样为省份之间的相对侧重程度,而非本省自身的对比。

设等。(2)"科教文卫偏向型"省份的预算支出相对重点领域主要在科技创新与民生建设,并且更加具体地提出社会民生方面的支出重点。(3)相较于两个"偏向型"模式省份,"高均衡支出型"省份的预算支出在经济建设和科教文卫两个支出领域中均表现为相对重的特点,而"低均衡支出型"省份的预算支出均表现为相对轻的特点。

表3-2 预算支出模式特征

	经济建设领域	科教文卫领域
重点支出要求	保证经济增长;加快经济结构调整;加强基础设施建设;加快新型工业化进程;发展优势产业等	全面发展各项社会事业,保障和改善民生;提高自主创新能力,加快科技创新体系建设;加快教育文化、医疗卫生事业建设等
高均衡支出型	相对重	相对重
经济建设偏向型	相对重	相对轻
科教文卫偏向型	相对轻	相对重
低均衡支出型	相对轻	相对轻

接下来,我们选取陕西省作为"经济建设偏向型"的代表省份,江苏省为"科教文卫偏向型"的代表省份,展示其研究期间部分年份的政府支出重点领域与支出要求。陕西省政府支出重点领域与支出要求更多在经济建设领域,强调经济目标的实现。2005年陕西省财政工作会议强调"继续实施项目带动战略,抓好重大项目建设"。2008年陕西省政府工作报告中强调"要加大支持非公有制经济和县域经济的发展。加强基础设施建设,进一步提升城镇功能和承载能力"。2015年陕西省政府工作报告强调"把保持经济运行在合理区间摆在首位"。江苏省政府支出重点领域与支出要求更多在科教文卫等领域,强调保障和改善民生。例如,2005年江苏省政府工作报告中明确提出"加快科技创新体系建设,科教投入安排99.8亿元,增长28.5%"。2011年江苏省政府工作报告中强调"更大力度保障和改善民生。大力发展社会事业;加大文化强省建设力度;加快教育现代化步伐;加快医疗卫生事业发展"。

综上所述,我国省级政府间预算支出结构具有经济建设和科教文卫支出占比两个重要的描述性维度,本章基于定序的层级类型划分标准,对上述两个维度进行中位数划分,定义出了"高均衡支出型""经济建设偏向型""科教文卫偏向型"和"低均衡支出型"四种代表性的预算支出模式类型,并基于政策文本概括出其经济特征。接下来,本章将从描述性维度转向解释性维度,即需要回答预算支出模式的影响因素是什么、什么因素影响了地方政府在预算支出模式上存在差异。

第二节　预算支出的影响因素及作用机制

遵循类型学的研究范式,从经济建设和科教文卫支出占比两个描述性维度划分出我国省份存在的四种预算支出模式后,下文将具体阐述是何种因素导致不同省份分化为这四种模式。回顾已有研究,学术界已经就地方政府多个维度的特征因素对预算支出的影响展开研究并积累了大量成果,主要集中考察具体影响因素是什么以及其作用方向如何。这是本章探究预算支出模式的影响因素的重要前期基础。

一、地方政府单项预算支出的影响因素

如表 3-3 所示,在经济建设支出方面,傅勇、张晏(2007)①使用财政支出分权指标考察了其对地方经济建设支出的影响,研究发现分权程度越高的地方政府,基本建设支出占比越高。通过构建财政支出分权的不同度量指标,诸多研究均发现了财政支出分权对基本建设支出存在正向影响(张宇,2013;黄国平,2013;刘小勇、丁焕峰,2015;吴延兵,2017)②③④⑤。基于地方财政收入的研究发现,转移支付率越低、税收分成比例越高和财力资源越丰富的政府倾向于将更多的财政资金投向生产性领域当中(付文林、沈坤荣,2012;张宇,2013;马光荣等,2019)⑥⑦⑧。同时黄国平

① 傅勇、张晏:《中国式分权与财政支出结构偏向:为增长而竞争的代价》,《管理世界》2007年第 3 期。

② 张宇:《财政分权与政府财政支出结构偏异——中国政府为何偏好生产性支出》,《南开经济研究》2013 年第 3 期。

③ 黄国平:《财政分权、城市化与地方财政支出结构失衡的实证分析——以东中西部六省为例》,《宏观经济研究》2013 年第 7 期。

④ 刘小勇、丁焕峰:《邻里竞争、财政分权与政府财政支出偏向研究——基于三层分权框架的角度》,《当代财经》2015 年第 7 期。

⑤ 吴延兵:《中国式分权下的偏向性投资》,《经济研究》2017 年第 6 期。

⑥ 付文林、沈坤荣:《均等化转移支付与地方财政支出结构》,《经济研究》2012 年第 5 期。

⑦ 张宇:《财政分权与政府财政支出结构偏异——中国政府为何偏好生产性支出》,《南开经济研究》2013 年第 3 期。

⑧ 马光荣、张凯强、吕冰洋:《分税与地方财政支出结构》,《金融研究》2019 年第 8 期。

(2013)①指出人口的结构性特征也会影响政府的经济建设支出,城市化率越高地区的基本建设支出占比越高。关于地方官员的影响,王贤彬等(2013)②探究了地方领导官员对于经济建设支出的影响,发现地方政府基本建设支出占比随着地方领导官员的任期增加而呈下降趋势。而杨良松、庞保庆(2014)③则发现地方政府的基本建设支出占比与省长任期时间呈现倒 U 形关系。

在科教文卫支出方面,乔宝云等(2005)④研究发现支出分权导致了地方政府对于教育经费的投入不足,基础设施建设领域挤占了教育经费的支出。潘镇等(2013)⑤发现支出分权显著促进了地方财政中的科技领域支出,并且市场化程度的加深进一步强化了分权体制下地方政府提高科技支出的倾向。黄国平(2013)⑥发现支出分权对于地方政府本级预算支出中的教育和卫生支出占比都有显著的负向影响,同时指出城市化率越高,地方政府财政支出中教育和卫生占比也会越低。付文林和沈坤荣(2012)⑦研究发现转移支付率越高的地区,文教卫生支出占比越低。关于地方经济特征的影响,王蓉和杨建芳(2008)⑧发现第一产业比重越大的地区,财政教育支出占比越低。加雷特(Garret)和米切尔(Mitchell)(2001),考夫曼(Kaufman)和塞古拉—乌比尔戈(Segura – Ubiergo)(2001)分别基于经济合作与发展组织国家和拉美国家数据,发现贸易开放程度会降低政府的社会保障支出。更多基于经济合作与发展组织国家数据的研究却发现贸易开放度提高了政府预算中的社会福利性支出(Hicks, Swank, 1992;

---

① 黄国平:《财政分权、城市化与地方财政支出结构失衡的实证分析——以东中西部六省为例》,《宏观经济研究》2013 年第 7 期。

② 王贤彬、张莉、徐现祥:《什么决定了地方财政的支出偏向——基于地方官员的视角》,《经济社会体制比较》2013 年第 6 期。

③ 杨良松、庞保庆:《省长管钱?——论省级领导对于地方财政支出的影响》,《公共行政评论》2014 年第 4 期。

④ 乔宝云、范剑勇、冯兴元:《中国的财政分权与小学义务教育》,《中国社会科学》2005 年第 6 期。

⑤ 潘镇、金中坤、徐伟:《财政分权背景下地方政府科技支出行为研究》,《上海经济研究》2013 年第 1 期。

⑥ 黄国平:《财政分权、城市化与地方财政支出结构失衡的实证分析——以东中西部六省为例》,《宏观经济研究》2013 年第 7 期。

⑦ 付文林、沈坤荣:《均等化转移支付与地方财政支出结构》,《经济研究》2012 年第 5 期。

⑧ 王蓉、杨建芳:《中国地方政府教育财政支出行为实证研究》,《北京大学学报(哲学社会科学版)》2008 年第 4 期。

Huber 等,1993;Bretschger,Hettich,2002)①②③。

表3-3　地方政府单项预算支出的影响因素

支出分项	特征维度	影响因素
经济建设	财政	支出分权
		地方财力
		转移支付率
	人口	城市化率
		人口密度
	官员	官员任期
科教文卫	财政	支出分权
		转移支付率
		直接税比重
	经济	市场化
		产业结构
		贸易开放程度
	人口	城市化率
	官员	官员任期

二、具体因素影响预算支出的作用机制

由于忽视地方政府预算支出模式存在差异的现实,已有研究未能详细考察众多因素对预算支出的影响程度,因而无法给出预算支出模式的影响因素。姚东旻等(2020)④尽管在对单项预算支出影响因素梳理归纳的基础上,综合考量了地方特征四个维度(共13项)对于省际预算支出结构差异的解释力度,但也没有就存在相互作用的众多因素如何对预算支出产生影响进而分化出四种预算支出模式这一问题进行回答。

---

① Alexander M. Hicks, Duane H. Swank, " Politics, Institutions, and Welfare Spending in Industrialized Democracies,1960-82", *American Political Science Review*, Vol.86, No.3, 1992, pp.658-674.

② Evelyne Huber, Charles Ragin, John D. Stephens, "Social Democracy, Christian Democracy, Constitutional Structure, and the Welfare State", *American Journal of Sociology*, Vol.99, No.3, 1993, pp.711-749.

③ Lucas Bretschger, Frank Hettich, "Globalisation, Capital Mobility and Tax Competition: Theory and Evidence for OECD Countries", *European Journal of Political Economy*, Vol.18, No.4, 2002, pp.695-716.

④ 姚东旻、许艺煊、高秋男、赵江威:《省际预算支出结构的差异及其主要来源》,《财贸经济》2020 年第 9 期。

为进一步厘清影响因素作用于地方政府预算支出的机制路径,本章将其划分为直接和间接影响因素,即哪些因素可以直接作用于预算支出导致其变化,哪些因素通过作用于直接因素间接地影响预算支出。通过相关文献梳理,本章总结了影响因素间相互作用并最终作用于预算支出的机制路径,如图3-4所示。首先,对于省际预算支出结构差异始终保持高度解释力的影响因素为地方财政维度的支出分权和地方财力两项指标,本章将其定义为预算支出的直接影响因素。朱恒鹏(2004)①也发现随着我国市场化程度的提升,非国有经济的发展通过带动地方经济和就业的增长对地方财政收入产生了巨大贡献,即市场化水平的提升带来了地方财力的增长,进而作用于预算支出,于是地方官员能力和市场化水平被划分为预算支出的间接影响因素。除此之外,支出分权作为地方财政的重要特征,除了直接对预算支出产生影响外,还会影响产业结构、城市化率等经济和人口特征作用于预算支出(甘行琼等,2020;杨志辉、李卉,2021)②③。现有研究还发现以第三产业占比升高为特征的产业结构高度化会导致地方人口密度的提升,进一步影响预算支出(王莹莹、童玉芬,2015)。故本章将城市化率、第三产业占比以及人口密度三项指标划分为预算支出的直接影响因素。

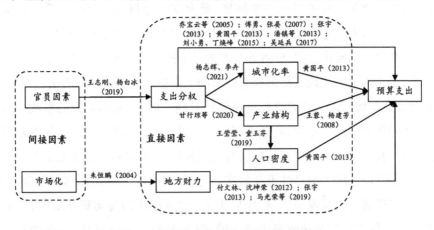

图3-4　预算支出的影响因素及作用机制

资料来源:笔者自制。

---

①　朱恒鹏:《分权化改革、财政激励和公有制企业改制》,《世界经济》2004年第12期。

②　甘行琼、李玉姣、蒋炳蔚:《财政分权、地方政府行为与产业结构转型升级》,《改革》2020年第10期。

③　杨志辉、李卉:《财政分权是否促进了新型城镇化》,《经济问题》2021年第3期。

现有研究还停留在影响省份单项预算支出的具体因素及其作用路径,文献涉及地方财政、经济、人口多个领域,但没有回答地方政府预算支出的众多影响因素中,什么是省份分化为四种预算支出模式的具体影响因素,而这恰恰是本章的一大研究重点。

第三节　影响预算支出模式的实证证据

为回答什么因素影响了预算支出模式、为什么不同省市的预算支出模式有所差异,本章借助 1996—2016 年中国 31 个省区市(不含港澳台)的省级面板数据,主要采用工具变量法、固定效应模型、Probit 模型和数据模拟法展开实证分析。考虑到已有文献发现的能够影响预算支出的具体因素数量较多,并且彼此之间存在一定的中介传导关系,将其纳入同一计量模型可能存在多重共线问题,本章重点分析其中潜在的直接影响因素,即支出分权、城市化率、第三产业占比、地方财力和人口密度对我国省级政府预算支出模式的影响。

如图 3-5 所示,在解释性维度,第一,综合应用固定效应模型和工具变量法,尽可能地克服潜在的反向因果问题,研究支出分权、城市化率、第三产业占比、地方财力和人口密度如何影响省级政府经济建设、科教文卫预算支出占比。第二,本章采用 Probit 模型,分析五个因素对不同预算支出模式的影响。特别注意的是,五个因素的代理指标选择直接影响了本章研究结论。以支出分权举例,杨其静和高雄伟(2021)①的研究关注到针对同一问题,采用不同的财政分权指标,得到的回归结论不尽相同,甚至相悖。为保证研究结论稳健、可信,在稳健性检验部分,我们替换了可能存在偏误的支出分权、产业结构和地方财力的代理指标,再次展开以上两个解释性维度的实证分析,以排除代理指标选择偏误问题。此外,我们还通过数据模拟法,将原属于某一类模式(如高均衡支出型)的省份的直接影响因素数据替换成属于另一模式(如科教文卫偏向型)省份的相应数据,观察替换数据后的省份的预算支出模式变化是否符合预期。

---

① 杨其静、高雄伟:《财政联邦主义与财政分权指标——基于合约理论视角的再审视》,《中国人民大学学报》2021 年第 1 期。

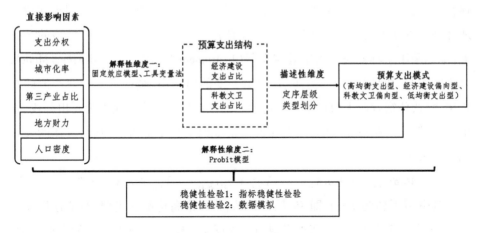

图 3-5　研究设计

资料来源:笔者自制。

一、计量模型介绍

本章通过建立固定效应模型(Fixed Effect Model,简称"FE 模型"),探究研究期间内支出分权、城市化率、第三产业占比、地方财力和人口密度对各省份的经济建设支出占比和科教文卫支出占比的影响。

本章首先建立固定效应模型如式(3-1)所示,以预算支出项的占比作为被解释变量。其中,$FS_{i,t}$ 表示研究期间省份 i 在第 t 年的经济建设支出占比和科教文卫支出占比。X_1—X_5 是解释变量,分别代表潜在影响因素支出分权、城市化率、第三产业占比、地方财力和人口密度。与之对应,β_1—β_5 为各解释变量的估计系数,即本章关注的重点参数。α 是常数项,ε 表示误差项。

$$FS_{i,t} = \alpha + \beta_1 X_{1i,t} + \beta_2 X_{2i,t} + \beta_3 X_{3i,t} + \beta_4 X_{4i,t} + \beta_5 X_{5i,t} + \xi_i + \gamma_t + \varepsilon_{i,t}$$

$$(3-1)$$

进一步地,本章的一大研究困难在于潜在的反向因果问题:支出分权与预算支出之间有可能存在双向因果关系。对于城市化率和第三产业占比,既可能是城市化率和第三产业占比影响了政府预算支出结构,也可能预算支出结构影响了城市化的进程和产业结构变迁,以城市化与科教文卫支出占比为例,现实中科教文卫支出占比高,使得城市相比农村的吸引力更强,越来越多的农村居民迁入城市,城市人口占比——城市化率的常见指标也就越高;与之类似,人口密度也存在此潜在的反向作用关系;对于地方财力,经济建设支出占比高也可能使得当地经济发展更好、地方财力更充实。为解决这一问题,在式(3-1)模型的基础上,本章采用工具变量—固定效应模型(Instrument Variable-Fixed Effect Model,简称"IV-FE 模型"),以官员履历、滞后一期的出生率、全国第三产业产值的增长率、餐饮住宿就业人数比重和取对数后的人口规模排序依次作为支出分权、城市化率、第三产业占比、地方财力和人口密度的工具变量再次检验,具体的公式见式(3-2)。

$$Mode_{j,i,t} = e + c_1X_{1i,t} + c_2X_{2i,t} + c_3X_{3i,t} + c_4X_{4i,t} + c_5X_{5i,t} + \zeta_{i,t} \qquad (3-2)$$

其中,j 赋值为1—4,即 $Mode_1$—$Mode_4$ 分别指高均衡支出型、经济建设偏向型、科教文卫偏向型、低均衡支出型四类预算支出模式,是四个二元的虚拟变量,所以选用 Probit 模型形式。以高均衡支出型——$Mode_1$ 为例,若省份 i 在第 t 年属于高均衡支出型模式,取值为 1,否则为 0。c_1 — c_5 是需要关注的重点参数。e 为常数项,$\zeta_{i,t}$ 是残差项。解释变量的含义与前式一致。

最后,我们采用基于回归方程的数据模拟法再次分析五个直接因素是否为省级政府预算支出模式的主要影响因素。该方法的步骤是:首先将被替换模式中所有省份的五个影响因素分别替换为目标模式省份的数值,省份匹配主要遵循地缘相邻以及经济水平相近原则;然后依托混合效应模型中各解释变量对经济建设和科教文卫支出占比的影响系数以及被替换模式省份数据,计算经济建设和科教文卫支出占比的平均预测值;最后使用预测数据绘制出省级政府预算支出结构均值散点图(除被替换模式省份外,其他省份仍为真实值),观察被替换数据省份是否成功地变化为目标模式。

二、数据与变量介绍

为回答什么因素影响了预算支出模式、为什么不同省市的预算支出模式有所差异,本章借助全国 31 个省区市(不含港澳台)的省级面板数据,主要采用工具变量法、固定效应模型、Probit 模型和数据模拟法展开实证分析。文中涉及的数据来源于《中国财政年鉴》《中国统计年鉴》,以及中国经济与社会发展统计数据库、国家统计局官方网站等在线资源。其中,省级政府预算支出数据采用全省的加总数而非省本级预算数。对于缺失的部分预算支出数据,本章还借助各省的统计年鉴进行补充。考虑到已有文献发现的能够影响预算支出的具体因素数量较多,并且彼此之间存在一定的中介传导关系,将其纳入同一计量模型可能存在多重共线问题,本章重点分析其中潜在的直接影响因素,即支出分权、城市化率、第三产业占比、地方财力和人口密度对我国省级政府预算支出模式的影响。①

被解释变量为省级政府预算支出结构与模式,具体由各省经济建设和科教文卫支出占一般公共预算支出的比例构成。值得注意的是,我国于 2007 年进行了政府收支科目改革②。为了改革前后的数据可以匹配,本章依据财政部预算司编制的《财政部关于印发政府收支分类改革方案的通知》和《政府收支分类改革问题解答》,逐一对照改革前后年份的具体支出分类科目,将财政预算划分为经济建设、科教文卫两类支出③。依据目前公开数据和资料,本章尽最大可能地确保改革前后经济建设和科教文卫支出科目涵盖事项的具体数据在加总之后是对应的。根据匹配后的预算支出数据,经济建设偏向型省份的经济建设支出占比均值最大,为 0.1798;均值最低的为低均衡支出型省份,仅为 0.1231。对于科教文卫支出占比,科教文卫偏向型支出省份均值最大为 0.2837,最低的仍为低均衡支出型省份,占比均值仅为 0.2328。

解释变量主要是已有文献指出的能够直接影响地方预算支出的 5 个指标。(1)政财分权表现在收入和支出两个方面。由于本章的研究重点在于支出,且现有研究多分析支出分权对单项预算支出的影响,因此我们选择支出水平来衡量财政分权状况。对于财政支出分权,本章借鉴张晏和龚六堂(2005)以及傅勇和张晏(2007)的计算方法,采用预算内人均本级财政支出/中央预算内人均本

---

① 考虑到 2016 年以来,全面"营改增"、大规模减税降费与政府债务治理等外生政策冲击较多,都可能影响地方政府的财政支出行为,进而对本章的回归结果造成偏误,且本章后续使用的重要工具变量——官员履历,相关数据在最近几年也存在严重缺失,因此本章将研究区间前置到 1996—2016 年,但这并不会影响研究结果的稳健性。

② 改革之前,我国是以支出部门作为预算项目的分类依据,以农林水气象等部门事业费为例,该预算支出科目在 2007 年改革之后虽然大部分保留在农林水事务支出,但也有部分划分至国土资源气象等事务、资源勘探电力信息等事务。

③ 1996—2006 年,属于经济建设支出的财政支出科目为农林水气象等部门的事业费、工业交通等部门的事业费、商业部门事业费类以及农业综合开发四项科目,2007 年改革后对应的政府支出科目为农林水事务支出、环境保护支出、国土资源气象等事务支出决策数、资源勘探电力信息等事务支出、交通运输支出以及商业服务业等事务六项科目;对于科教文卫支出,改革前具体包括科学事业费类、文教卫事业费类两项,2007 年改革后包含科学技术支出、文化体育与传媒支出、教育支出、医疗卫生支出、地震灾后重建支出五项科目。

级财政支出进行计算。（2）对于城市化率,本章采用城市人口数/总人口数予以衡量。（3）由于不同产业对于财政资源的需求不同,并且产业结构能够影响地方政府预算支出,本章将第三产业产值占比纳入解释变量予以分析。（4）地方财力指地方政府可以调用的财政资源,为了控制人口规模的影响,本章采用人均财政收入来刻画。低均衡支出型的省份,地方财力均值最高,为7.5439万元/人,均值水平最低的高均衡支出型省份仅为6.7469万元/人。（5）对于人口密度,本章采用该省年末总人口/省级行政区划面积予以衡量。人口密度的均值水平差异较大,最高的低均衡支出型省份为0.0890万人/平方千米,最低的经济建设偏向型仅为0.0092万人/平方千米。具体的变量描述性统计见表3-4。

表3-4　主要变量描述性统计

预算支出模式	高均衡支出型		经济建设偏向型		科教文卫偏向型		低均衡支出型	
	均值	标准差	均值	标准差	均值	标准差	均值	标准差
经济建设支出占比	0.1693	0.0941	0.1798	0.1014	0.1375	0.0866	0.1231	0.0873
科教文卫支出占比	0.2723	0.0404	0.2329	0.0360	0.2837	0.0413	0.2328	0.0355
支出分权	3.1673	1.603	5.6666	4.0553	3.9802	2.6921	5.6469	3.7641
城市化率	0.3692	0.1148	0.4246	0.116	0.5064	0.1736	0.5294	0.1961
第三产业占比	0.3956	0.0485	0.4052	0.0585	0.4124	0.1111	0.4407	0.0673
地方财力	6.7469	1.0934	6.9918	1.0768	7.3511	1.1709	7.5439	1.4468
人口密度	0.018	0.0069	0.0092	0.0083	0.0524	0.0234	0.089	0.1052

第四节　预算支出模式的直接影响因素

一、固定效应与工具变量检验

表3-5给出了支出分权、城市化率、第三产业占比、地方财力和人口密度各自对两类预算支出占比影响的工具变量—固定效应模型一阶段回归结果,这些结果均满足工具变量法的相关性假设。需要注意的是,在研究单一因素的具体影响时,其他4个因素均被视作控制变量。具体地,工具变量 $IV1$,即省长和省

委书记的履历对支出分权具有正相关关系。由于履历为分类变量①,官员履历取值越大则表明省长和省委书记的中央工作履历越新,其能够在与中央的谈判博弈中发挥更大的作用,支出分权程度也就越高,这一结论符合预期(王志刚、杨白冰,2019)②。参考陆铭和陈钊(2004)③的做法,针对城市化率选取的工具变量 $IV2$ 是上一年的出生率,其与城市化率也存在显著正相关关系。第三产业占比的工具变量 $IV3$ 为第三产业占比合成工具变量④,由于单个省份的第三产业发展趋势与全国第三产业增长的总体趋势保持相对一致,所以可以用全国第三产业的增长水平很好地衡量单个省份的第三产业发展水平,列(3)的结果支持了这一合理性,同时构造工具变量时使用的全国增长趋势并不会直接影响单个省份的预算支出(周茂等,2018)⑤。选择餐饮住宿就业人口占总就业人数的比重作为地方财力工具变量 $IV4$ 是因为餐饮住宿业是地方自有财政收入的主要来源之一,如列(4)餐饮住宿就业人数比重越高,地方财力越充实,并且该具体产业的就业比不会直接影响地方财政支出状况(郭婧、贾俊雪,2017)⑥。最后观察列(5),$IV5$ 即取对数后的人口规模在全国各省的排序,是人口密度的工具变量,就相关性来看,通常来说人口规模排名越高的省份其人口密度也越大(Ahlfeldt,Pietrostefani,2019)⑦,列(5)的一阶结果符合预期。

---

①　赋值情况为:如果其在该地任省长和省委书记的前一届也是在本地,并且之前两届不来自于中央直属单位,则取值为1;前一届是在外省任职,取值为2;前一届不来自中央直属单位,但之前两届来自中央直属单位,取值为3;在前一届来自于中央直属单位,取值为4。

②　王志刚、杨白冰:《财政分权、积极财政政策与预算支出偏离度》,《宏观经济研究》2019年第8期。

③　陆铭、陈钊:《城市化、城市倾向的经济政策与城乡收入差距》,《经济研究》2004年第6期。

④　以1990年为基准,首先计算1996—2016年全国(去除该省)的总产值和第三产业产值的年增长率,将全国(去除该省)的增长率水平作为该省产值和第三产业产值增长率的替代,计算该省每年总产值和第三产业产值的预测值,最后使用两者相除得到的第三产业占比的预测值作为第三产业占比的工具变量。

⑤　周茂、陆毅、李雨浓:《地区产业升级与劳动收入份额:基于合成工具变量的估计》,《经济研究》2018年第11期。

⑥　郭婧、贾俊雪:《地方政府预算是以收定支吗?——一个结构性因果关系理论假说》,《经济研究》2017年第10期。

⑦　Gabriel M. Ahlfeldt, Elisabetta Pietrostefani, "The Economic Effects of Density: A Synthesis", *Journal of Urban Economics*, Vol.111,2019,pp.93-107.

表 3-5 工具变量法的一阶段回归结果

变量	支出分权	城市化率	第三产业占比	地方财力	人口密度
	（1）	（2）	（3）	（4）	（5）
$IV1$：省长履历	0.063 *** (3.221)				
$IV1$：书记履历	0.117 *** (4.283)				
$IV2$：滞后一期的出生率		0.115 *** (5.234)			
$IV3$：第三产业占比合成工具变量			0.868 *** (13.449)		
$IV4$：餐饮住宿就业人数比重				7.296 *** (5.226)	
$IV5$：Ln.人口规模排序					0.024 *** (5.944)
支出分权		−0.007 ** (−2.498)	−0.004 *** (−3.859)	0.132 *** (11.927)	0.000 (0.431)
城市化率	−0.211 (−0.354)		−0.013 (−0.955)	1.096 *** (6.277)	0.050 *** (11.314)
第三产业占比	−6.560 *** (−4.283)	−0.097 (−0.966)		0.711 (1.542)	0.087 *** (7.419)
地方财力	1.598 *** (13.759)	0.095 *** (9.067)	−0.000 (−0.109)		−0.005 *** (−4.489)
人口密度	−5.031 (−1.010)	2.875 *** (8.841)	0.833 *** (7.384)	−6.075 *** (−3.738)	
观测值	628	625	629	629	629
R^2	0.713	0.504	0.530	0.888	0.357

注：* $p<0.1$，** $p<0.05$，*** $p<0.01$，括号内为 T 值，下表同。

表 3-6 第（1）—（5）列依次汇报了支出分权、城市化率、第三产业占比、地方财力和人口密度对经济建设支出占比影响的工具变量法的二阶段回归结果。容易发现，除城市化率和地方财力外，工具变量—固定效应模型的估计结果不仅与固定效应模型估计结果基本一致，也和已有研究结论相符，即省份支出分权度越高，其经济建设支出占比就越高（傅勇、张晏，2007；吴延兵，2017）[1][2]；人口密度

① 傅勇、张晏：《中国式分权与财政支出结构偏向：为增长而竞争的代价》，《管理世界》2007年第 3 期。

② 吴延兵：《中国式分权下的偏向性投资》，《经济研究》2017 年第 6 期。

越高的省份,其经济建设支出的占比会越小(黄国平,2013)[1]。第三产业占比对经济建设支出占比无显著影响。在克服了内生性问题后,列(2)和列(4)的结果显示了城市化率越高,经济建设支出占比也就越高。城市化过程既是人口向城市集中的过程,也是基本建设加快发展的过程(黄国平,2013)[2],这一实证结果反映了此特点。地方政府可支配的财政资金越多,其经济建设支出占比也越高(张宇,2013)[3]。

表3-6 直接因素如何影响经济建设支出占比(工具变量—固定效应模型)

变量	基准	(1)	(2)	(3)	(4)	(5)
工具变量	—	支出分权	城市化率	第三产业占比	地方财力	人口密度
支出分权	0.006*** (4.538)	0.009* (1.764)	0.012*** (9.208)	0.014*** (11.136)	−0.012* (−1.890)	0.013*** (8.447)
城市化率	−0.196** (−2.432)	0.013 (0.747)	0.213** (2.424)	0.010 (0.594)	−0.192*** (−3.331)	0.169*** (3.789)
第三产业占比	0.031 (0.624)	0.011 (0.215)	0.063 (1.324)	−0.205 (0.248)	−0.135 (−1.332)	0.311*** (3.508)
地方财力	−0.032*** (−2.687)	0.047*** (5.164)	0.044*** (4.984)	0.041*** (10.440)	0.216*** (5.538)	0.033*** (6.107)
人口密度	−0.569*** (−2.720)	−0.087 (−0.596)	−0.667** (−1.975)	0.165 (1.025)	0.426 (1.321)	−3.221*** (−4.000)
时间固定效应	控制	控制	控制	控制	控制	控制
省份固定效应	控制	控制	控制	控制	控制	控制
Cragg-Donald 检验	NA	28.558	27.395	180.864	27.315	35.326
观测值	629	628	625	629	629	629
R^2	0.944	0.864	0.848	0.861	0.377	0.756

注:列(1)过度识别检验对应的 Sargan 统计量为 0.888,P 值为 0.346,不能拒绝不存在过度识别的原假设。列(2)—(5)分别为一个工具变量对应一个内生变量,恰好识别。Cragg-Donald 检验值均大于可得出无效结论的相应阈值。

---

[1] 黄国平:《财政分权、城市化与地方财政支出结构失衡的实证分析——以东中西部六省为例》,《宏观经济研究》2013 年第 7 期。

[2] 黄国平:《财政分权、城市化与地方财政支出结构失衡的实证分析——以东中西部六省为例》,《宏观经济研究》2013 年第 7 期。

[3] 张宇:《财政分权与政府财政支出结构偏异——中国政府为何偏好生产性支出》,《南开经济研究》2013 年第 3 期。

我们再来看这五个直接影响因素对科教文卫支出占比的影响。类似地,表3-7第(1)—(5)列是工具变量—固定效应模型的估计结果,将其与基准结果比较,可以发现这五个因素对科教文卫支出占比影响的程度和作用在方向上无明显差异。具体地,支出分权和城市化率对省份的科教文卫支出占比存在明显的负向影响,即省份支出分权度和城市化率越高,其科教文卫支出占比就越低(黄国平,2013)。列(3)—(5)显示第三产业占比、地方财力和人口密度分别对科教文卫支出占比具有明显的正向影响。地方财力充足,不仅提升了经济建设支出占比,也提升了科教文卫支出占比,整体来看,这可能导致公共安全等其他支出占比相对降低;而人口密度大的省份由于医疗卫生和教育等公共服务的供给压力较大,相应的科教文卫支出占比较高。最后,第三产业占比较高的省份需要对较多的社会文体活动提供配套支持,这导致科教文卫支出占比相对较高,且产业结构高度化也会导致人口密度提升间接提高科教文卫支出占比(王莹莹、童玉芬,2015)①。

表3-7 直接因素如何影响科教文卫支出占比(工具变量—固定效应模型)

变量	基准	(1)	(2)	(3)	(4)	(5)
工具变量	—	支出分权	城市化率	第三产业占比	地方财力	人口密度
支出分权	−0.008*** (−6.326)	−0.001*** (−2.164)	0.000 (0.192)	−0.002 (−1.435)	−0.012*** (−3.344)	−0.001 (−0.770)
城市化率	−0.150* (−1.923)	0.019 (1.190)	−0.484*** (−4.024)	0.014 (0.852)	−0.073** (−2.141)	0.074** (2.252)
第三产业占比	0.073*** (2.526)	−0.016 (−0.333)	0.043 (0.659)	0.309*** (3.516)	−0.093 (−1.564)	0.081 (1.239)
地方财力	0.014 (1.187)	0.022*** (2.593)	−0.007 (−0.592)	0.024*** (6.351)	0.100*** (4.377)	0.019*** (4.939)
人口密度	0.596*** (2.948)	0.284** (2.091)	−1.315*** (−2.838)	0.552*** (3.559)	0.501*** (2.642)	0.834*** (4.407)
时间固定效应	控制	控制	控制	控制	控制	控制
省份固定效应	控制	控制	控制	控制	控制	控制

① 王莹莹、童玉芬:《产业集聚与结构高度化对北京人口规模的影响:膨胀还是收敛?》,《人口学刊》2015年第6期。

续表

变量	基准	（1）	（2）	（3）	（4）	（5）
Cragg-Donald 检验	NA	28.558	27.395	180.864	27.315	35.326
观测值	629	628	625	629	629	629
R^2	0.543	0.178	0.994	0.105	0.498	0.179

注:列(1)过度识别检验对应的 Sargan 统计量为 0.297,P 值为 0.586,不能拒绝不存在过度识别的原假
　设。列(2)—(5)分别为一个工具变量对应一个内生变量,恰好识别。Cragg-Donald 检验值均大于可
　得出无效结论的相应阈值。

二、Probit 模型的再估计

综合以上研究发现,表3-8直观地列出了五个因素对经济建设和科教文卫支出占比的作用方向。在此基础上,我们综合分析,得出了这些因素的数值高低将驱使该省是怎样的预算支出模式的结论。以支出分权和地方财力为例,一个省份的支出分权程度越高,则经济建设支出占比较高,同时科教文卫支出占比较低,即为经济建设偏向型模式;支出分权程度越低,则经济建设支出占比较低,科教文卫支出占比较高,即为科教文卫偏向型模式。一个省份的财力越充足,经济建设和科教文卫支出占比都高,即为高均衡支出型模式;反之财力越少,两类支出占比都低,是低均衡支出型模式。对应到现实中来,以湖北省为例,研究期间其支出分权较低(排名 23)、城市化率较高(排名 15)、第三产业占比较高(排名 15)、地方财力较低(排名 19)和人口密度较高(排名 1),在五项因素分别作用下,湖北省会形成科教文卫偏向型、低均衡支出型、科教文卫偏向型、低均衡支出型和低均衡支出型模式,而综合来看,最终湖北省的真实模式是低均衡支出型。再以青海为例,其支出分权较高(排名 5)、城市化率较低(排名 21)、第三产业占比较低(排名 17)、地方财力较低(排名 17)和人口密度较低(排名 30),在五项因素分别作用下,青海省会形成经济建设偏向型、高均衡支出型、经济建设偏向型、低均衡支出型和高均衡支出型预算支出模式,而综合来看,最终青海省的真实模式是经济建设偏向型。参照以上分析,可以分析各因素如何影响全国各省预算支出模式。

表3-8　直接因素对省级政府预算支出模式的预期影响

支出项		支出分权	城市化率	第三产业占比	地方财力	人口密度
经济建设	作用方向	正	正	无影响	正	负
科教文卫	作用方向	负	负	正	正	正
预期模式	指标高	经济建设偏向型	经济建设偏向型	科教文卫偏向型	高均衡支出型	科教文卫偏向型
	指标低	科教文卫偏向型	科教文卫偏向型	低均衡支出型	低均衡支出型	经济建设偏向型

Probit 模型假设了一个潜在的连续变量,通常服从标准正态分布。它通过概率转换函数(如累积分布函数)将潜在变量映射为二元选择概率。这使得 Probit 模型适用于对二元离散变量进行建模和推断。表3-9 分别以四种预算支出模式的二元虚拟变量为因变量,直接采用 Probit 模型研究五个因素对预算支出模式的影响,同时检验表3-8 预期的预算支出模式是否与现实相符。需要说明的是,在 Probit 模型中五个影响因素的系数大小在因素与因素之间不具有可比性,但是由于数据、解释变量和基本模型设定一致,在列(1)—(4)四个子模型中,同一因素的影响系数大小是可比的。首先,表3-8 中支出分权分别对经济建设和科教文卫支出占比产生显著的正向和负向影响,所以预期的预算支出模式是:支出分权程度越高,越可能是经济建设偏向型,然后是高均衡支出型和低均衡支出型,最不可能是科教文卫偏向型。分析表3-9 中支出分权在(1)—(4)四个模型中的影响系数,可以得知支出分权对经济建设偏向型模式的影响为正,且数值最大,对科教文卫偏向型模式的影响为负,且数值最小,即分权程度越高,是经济建设偏向型模式的概率就越大,是科教文卫偏向型的概率就越小,这与预期相符。与之类似,城市化率对经济建设偏向型模式的影响系数为正且数值最大,对科教文卫偏向型模式的影响系数为负且数值最小,也符合表3-8 预期。第三产业占比、地方财力和人口密度的影响系数无论是在四个模型中各自的作用方向,还是系数数值的大小排序,都与表3-8 预期相符。

表 3-9 直接影响因素对预算支出模式的影响

变量	高均衡支出型 (1)	经济建设偏向型 (2)	科教文卫偏向型 (3)	低均衡支出型 (4)
支出分权	−0.849*** (−4.710)	0.670*** (3.769)	−0.964*** (−8.767)	−0.108 (−1.462)
城市化率	−2.031*** (−3.345)	7.077*** (2.649)	−3.471*** (−4.338)	5.975*** (3.611)
第三产业占比	5.499** (2.168)	−0.311 (−0.121)	6.910*** (4.224)	−3.638** (−2.373)
地方财力	2.314*** (5.193)	−0.464** (−2.037)	1.423*** (5.936)	−1.588*** (−3.850)
人口密度	−53.725*** (−4.402)	−85.564*** (−5.661)	8.780*** (4.560)	6.619*** (2.817)
观测值	629	629	629	629

三、稳健性检验一:替换影响因素的代理指标

影响因素的分析结果很大程度上依赖于代理指标选择的合理性。就城市化和人口密度两个因素而言,已有文献近乎一致地采用城镇人口占比和单位面积人口予以衡量,然而支出分权、产业结构和地方财力的测度方法则存在多样性。首先,中国财政分权的复杂性使得任何一种衡量财政分权的方法都存在争议。除前文采用的"预算内人均本级财政支出/中央预算内人均本级财政支出"方法外,另一种衡量分权的方法是边际保留率。它重点反映了地方政府对财政分权的激励程度。然而本章的研究重点不在于激励,同时为避免与地方财力重合,本章的支出分权不需要反映地方政府对财政资源的控制程度。鉴于此,我们最终采用国际通行的测度方法,即一个省的人均财政支出占人均总财政支出的份额,将其作为支出分权的第二个代理指标。对于产业结构,一方面,第一产业占比是产业结构的重要组成;另一方面,第三产业占比与第一产业占比存在一定的负相关关系。王蓉和杨建芳(2008)[①]还发现第一产业比重越大的地区,财政教育支出比越低。因此,本章将使用第一产业占比作为产业结构的新代理指标。对于地方财力,前文采用的省人均预算收入是较为常见的代理指标。但考虑到地方

---

① 王蓉、杨建芳:《中国地方政府教育财政支出行为实证研究》,《北京大学学报(哲学社会科学版)》2008 年第 4 期。

政府的最主要收入来源是税收与土地出让金,我们在此将财力的范围缩小,采用地方自有财力指标再检验,即税收与土地出让金的加总值(李升、宁超,2017)①。地方自有财力数据 1996 年和 1997 年两年的数据不可得,因此,本节实证的研究区间为 1998—2016 年,新的代理指标数据来源于《中国国土资源年鉴》与《中国统计年鉴》。

表 3-10 展示了采用支出分权、产业结构和地方财力的新代理指标后,五个因素对经济建设和科教文卫支出占比的影响。对比之前所用的模型,我们重点观察替换代理指标的三个因素的结果变化,可以发现支出分权对经济建设支出占比仍然是存在明显的正向影响,对科教文卫支出占比的影响为负;克服潜在的内生性问题后,第一产业占比对经济建设支出占比无明显影响,但对科教文卫支出占比存有明显的负向影响。这不仅与第三产业占比的影响方向完全相反,符合研究预期,也与已有发现相符;地方自有财力越充足,经济建设和科教文卫支出占比均较高,这和前文的结果也是一致的。此外,本章虽未展示未替换代理指标的、针对城市化率和人口密度进行的工具变量法结果,但通过基准列可知,二者对经济建设和科教文卫支出占比的影响,在变更了其他变量的衡量指标后不变。

表 3-11 展示了采用新代理指标后,五个因素对四类预算支出模式的影响。我们同样重点观察支出分权、第一产业占比和地方自有财力的影响,可以发现其均符合预期。支出分权程度越高,越倾向于经济建设偏向型支出模式,然后依次是低均衡支出型和高均衡支出型,最不可能是科教文卫偏向型;第一产业占比越高,最可能的支出模式是低均衡支出型,最不可能的是科教文卫偏向型模式,这与第三产业占比的结果完全相反,符合预期;地方自有财力越充足,越可能是高均衡支出型的模式,不太可能是低均衡支出型的模式,这也与表 3-8 一致。

表 3-10　指标稳健性检验(固定效应模型、工具变量—固定效应模型)

变量	经济建设支出占比				科教文卫支出占比			
	基准 1	(1)	(2)	(3)	基准 2	(1)	(2)	(3)
工具变量	—	支出分权 2	第一产业占比	地方自有财力	—	支出分权 2	第一产业占比	地方自有财力

———————

① 李升、宁超:《中国地方政府自有财力区域差异分析》,《经济与管理评论》2017 年第 6 期。

续表

变量	经济建设支出占比				科教文卫支出占比			
	基准 1	（1）	（2）	（3）	基准 2	（1）	（2）	（3）
支出分权 2	0.597*** (5.393)	1.017** (2.063)	0.294 (1.288)	2.030** (2.521)	-0.390*** (-4.693)	-0.691*** (-3.975)	0.496 (1.460)	0.036 (0.125)
城市化率	0.376*** (4.068)	-0.196 (-1.366)	-0.080 (-0.775)	-0.142** (-2.450)	-0.121* (-1.738)	0.069 (0.696)	0.072 (0.909)	0.002 (0.108)
第一产业占比	0.279** (2.104)	0.399* (1.899)	-1.190 (-1.433)	1.432*** (3.024)	-0.184* (-1.848)	-0.148 (-1.022)	-1.163* (-1.840)	-0.153 (-0.900)
地方自有财力	0.055*** (6.340)	0.050** (1.980)	0.058*** (4.799)	0.298*** (3.711)	0.021*** (3.247)	-0.028 (-1.602)	0.012 (1.323)	0.019*** (4.677)
人口密度	-1.378*** (-5.264)	-1.985*** (-4.740)	-1.936*** (-5.751)	-2.740** (-2.251)	1.237*** (6.297)	1.274*** (4.410)	1.010*** (3.940)	0.209 (0.479)
时间固定效应	控制	控制	控制	控制	控制	控制	控制	控制
省份固定效应	控制	控制	控制	控制	控制	控制	控制	控制
Cragg - Donald 检验	NA	18.973	18.641	19.012	NA	18.973	18.641	19.012
观测值	567	566	567	567	567	566	567	567
R^2	0.847	0.818	0.764	0.358	0.312	0.307	0.390	0.296

注：基准 1 列过度识别检验对应的 Sargan 统计量为 7.394，P 值为 0.361，基准 2 列过度识别检验对应的 Sargan 统计量为 5.071，P 值为 0.243，二者不能拒绝不存在过度识别的原假设。列（1）—（3）分别为一个工具变量对应一个内生变量，恰好识别。Cragg-Donald 检验值均大于可得出无效结论的相应阈值。

表 3-11　指标稳健性检验（Probit 模型）

变量	高均衡支出型	经济建设偏向型	科教文卫偏向型	低均衡支出型
	（1）	（2）	（3）	（4）
支出分权 2	-22.805*** (-7.463)	18.664*** (4.973)	-23.993*** (-11.229)	-1.904 (-1.435)
城市化率	-0.580*** (-0.831)	2.545*** (3.255)	-3.774*** (-3.608)	1.263 (1.311)
第一产业占比	-4.651*** (-2.747)	5.030*** (2.848)	-14.089*** (-5.492)	13.773*** (6.971)
地方自有财力	1.657*** (9.500)	-0.323** (-2.555)	1.533*** (6.360)	-1.047*** (-3.530)
人口密度	-86.653*** (-7.257)	-87.357*** (-5.105)	7.418*** (3.879)	-3.267** (-2.192)
观测值	567	567	567	567

四、稳健性检验二:数据模拟

本章发现我国省级政府预算支出模式直接受到了支出分权、城市化率、第三产业占比、地方财力和人口密度五个因素的影响。接下来,我们采取反事实分析的思路,采用基于回归方程的数据模拟法,并对此展开稳健性检验:将某一预算支出模式省份的五个因素数据分别替换成另一种模式省份的真实数据,检验数据被替换省份的预算支出模式是否由原模式转化为目标模式(替换数据省份所属的模式)。例如,我们将属于科教文卫偏向型模式的江苏省的支出分权替换为高均衡支出型模式的四川省的数据,检验江苏省的预算支出结构是否由科教文卫偏向型转化为高均衡支出型。为避免重复,本章以科教文卫偏向型和低均衡支出型向高均衡支出型数据模拟为例分析[①]。有关科教文卫偏向型省份四项指标数据的替换,具体是北京、江苏和广东替换为四川,福建、浙江和安徽替换为江西,河北、河南和山东替换为山西,广西替换为贵州,结果如图3-6[②] 所示。属于科教文卫偏向型模式类型的省份共十个,替换支出分权、人口密度、城市化率、第三产业占比和地方财力五个变量后多数省份的模式转化为高均衡支出型,总计转化成功率达60%[③]。特别是替换城镇化率,使得原属于科教文卫偏向型模式的七个省份转化为高均衡支出型模式。

考虑低均衡支出型模式的省份向高均衡支出型转化,具体地,重庆替换为贵州,河北、湖南和上海替换为江西,天津和辽宁替换为山西,结果如图3-7 所示。容易发现,预算支出结构属于低均衡支出型模式的省份共有六个。分别替换支出分权、人口密度和第三产业占比三个指标后,多数情况均有一半的省份成功由低均衡支出型模式转化为高均衡支出型模式;而替换城镇化率和地方财力后,共有三个省份成功地转化了模式。需要说明的是,在由低均衡支出型向高均衡支出型转化的特殊情境下,尽管个别省份没有直接转化为高均衡支出型模式,但这些省份都转化为经济建设偏向型或科教文卫偏向型这两个中间过渡模式类型。

---

① 对于其他模式间的转化结果,尽管转向目标模式的成功率略有差别,但都相对一致地支持了五个因素对预算支出模式转化的有效性。具体结果略,备索。

② 图中带正方形框的散点代表数据被替换的省份。

③ 包括没有转换到高均衡支出型但经济建设支出占比有所提高,且科教文卫支出占比依旧保持较高水平的省份,共八个。

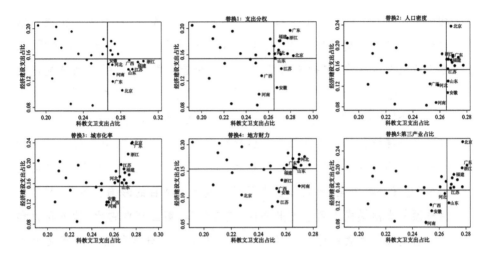

图3-6 科教文卫偏向型向高均衡支出型转化的数据模拟

资料来源:笔者自制。

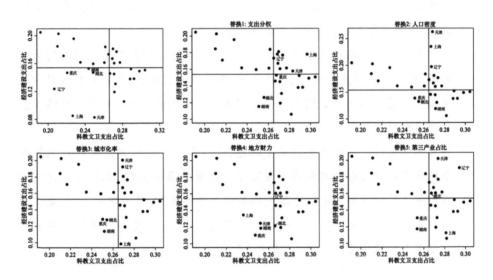

图3-7 低均衡支出型向高均衡支出型转化的数据模拟

资料来源:笔者自制。

调整和优化政府预算支出结构,前提是要明确政府预算支出结构的现有模式有哪些类型、如何表现以及受什么影响。本章研究发现:第一,我国省级政府预算支出结构能够被划分为经济建设偏向型、科教文卫偏向型、高均衡支出型和低均衡支出型四种代表性的模式。第二,就预算支出模式的特征来看,"经济建设偏向型"支出模式更多强调经济增长与经济转型,推进工业化与城镇化,支持重点产业以及中小企业发展,加强基础设施建设等。"科教文卫偏向型"支出的重点领域主要在科技创新与民生建设。相较于两个"偏向型"模式省份,"高均衡支出型"和"低均衡支出型"支出模式在经济建设和科教文卫两个支出领域没有明显的偏向,对于经济建设和科教文卫领域的重视程度相近。当然,是"高均衡支出型"还是"低均衡支出型"也受公共安全、行政管理费用等其他支出项目的影响。第三,某省是何种预算支出模式受到了支出分权、城市化率、第三产业占比、地方财力和人口密度五个因素的综合影响。一个省份的支出分权程度和城市化率越高、人口密度越低,则越倾向于经济建设偏向型支出模式;支出分权程度和城市化率越低、第三产业占比和人口密度越高,越倾向于科教文卫偏向型支出模式;第三产业占比越低、地方财力相对较弱,越倾向于低均衡支出型模式;地方财力越充实,越倾向于高均衡支出型模式。

本章定义了四种代表性的预算支出模式类型。延续着从何而来的研究思路,进一步发现支出分权、城市化率、第三产业占比、地方财力和人口密度对地方政府预算支出结构的综合影响表现为怎样的模式,同时还明确了五个因素单独变化后支出模式的转变方向。这一方面直接回答了我国地方政府预算支出模式受何影响的重要问题,也为如何优化地方政府财政预算支出结构这一重大理论与现实问题奠定了必要的研究基础,之后对财政支出结构效率的研究可以在以上结论的基础上继续深入;另一方面,了解直接影响因素单独变动对预算支出模式的具体作用,也就能为地方政府调整和优化预算支出结构提供具体的"着力点"。

第四章　地方政府预算支出的结构差异与差异的主要来源

一直以来,优化财政支出结构是我国财政发展的重要目标和工作方向。1995 年,全国财政工作会议首次提出将"合理调整支出结构"作为财政工作的重点;2000 年,全国财政工作会议进一步提出要建立财政支出"比重适当"的公共财政框架;2007 年,中央工作会议就支出结构优化的具体内容提出要"较大幅度增加对社会保障、卫生、教育、住房保障等方面的(财政)支出"。2024 年,党的二十届三中全会强调要"加强财政资源和预算统筹"。由此可见,为了落实地方财政支出结构的优化工作,中央经常通过每年召开的中央经济工作会议、全国财政工作会议引导地方达成统一的工作精神。[1] 那么在中央对地方财政工作的一致指示下,各省级政府的预算支出结构是否也相对一致?

为回答这一问题,本章首先从直观表现和动态变化两个角度确认了我国省际预算支出结构存在差异这一典型事实,然后通过对相关财政理论和已有文献提及的财政支出的影响因素进行梳理和归纳,得到地方财政状况、经济状况、官员和支出目标特征四个分解维度和分解指标体系,最后利用夏普利值分解法和不平等指数要素分解法对差异进行综合分解。研究地方政府预算支出的一般规律需要先完成刻画我国省际预算支出结构差异的典型事实以及寻找差异的主要来源这一基础性工作,并以此为实现优化地方财政支出结构这一目标提供重要的事实基础和明确可行的政策方向。

---

① 姚东旻、许艺煊、高秋男、赵江威:《省际预算支出结构的差异及其主要来源》,《财贸经济》2020 年第 9 期。

第一节　我国省际预算支出结构差异的典型事实

一、我国省际预算支出结构差异的直观表现

为直接观察我国省际预算支出结构差异是否存在,本章首先绘制了我国 31 个省区市(不含港澳台)经济建设、科教文卫和公共安全支出占比均值和取值区间(最大值与最小值)的时间序列图。省级政府预算支出数据来自《中国财政年鉴》及各省财政年鉴,采用全省预算加总数而非省本级预算数;对于缺失的部分省份、年份数据,本章借助各省统计年鉴进行补足。其中,取值区间越大,占比最高省份与最低省份的差距就越大。由图 4-1 直观可知,各省在三项预算支出占比上均存在明显差异。就各项预算支出占比极差最大的年份来看,经济建设支出占比极差在 2009 年最大,占比最高的西藏高出最低的上海 24.3%;科教文卫支出占比极差在 2002 年最大,占比最高的福建与最低的黑龙江相差 27.1%;公共安全支出占比极差在 2004 年最大,占比最高的广东高出最低的甘肃 6.7%,相较于均值仍属于较大差异。

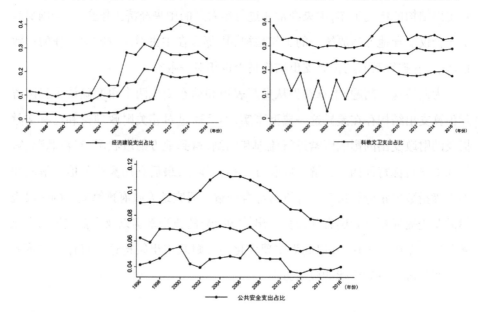

图 4-1　全国经济建设、科教文卫和公共安全预算支出极值和均值

资料来源:笔者自制。

接下来,本章在图 4-1 的基础上不考虑时间维度,具体以省份为横轴,各预

算支出占比为纵轴,分别绘制 1996—2016 年 31 个省区市(不含港澳台)的经济建设、科教文卫和公共安全支出占比散点图。如图 4-2 所示,经济建设支出占比横向分布的离散程度最高;而科教文卫和公共安全支出占比尽管离散程度相比经济建设较小,但也表现出了显著的横向分布差异。

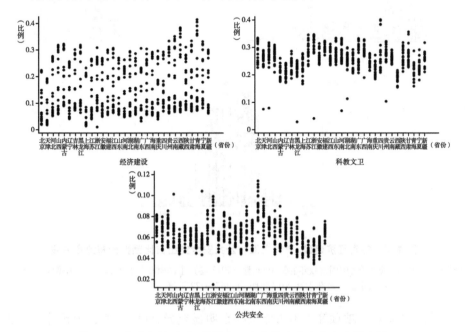

图 4-2　各省经济建设、科教文卫和公共安全支出占比散点图

资料来源:多年数据来自《中国财政年鉴》(1996 卷—2017 卷),中国财政年鉴编辑部编:《中国财政年鉴》
　　　　(2017 卷),中国财政杂志社 2017 年版,第 267—272 页等。

最后,为考察经济建设、科教文卫和公共安全三项预算支出占比的直观分布差异,同样不考虑时间和省份维度,本章绘制了 31 个省区市(不含港澳台)的三项预算支出占比频数分布拟合曲线,如图 4-3 所示。容易观察到经济建设支出占比呈现出双峰分布的特点,并且存在明显的厚尾特征,其离散程度也最大。科教文卫支出占比分布的整体位置在经济建设支出占比分布"左峰"的右侧,离散程度小于经济建设支出。公共安全支出占比分布在科教文卫的左侧,即各省公共安全支出占比整体来看均较小,并且其离散程度也是最小的。

综上所述,本节通过比较我国 31 个省区市(不含港澳台)经济建设、科教文卫和公共安全支出占比的差异,绘制三项支出占比散点图以比较其横向分布差异,绘制支出占比频数分布拟合曲线以比较其纵向分布差异这三个角度,再次证

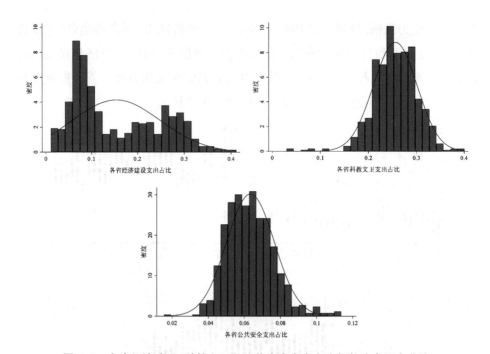

图 4-3　各省经济建设、科教文卫和公共安全支出占比频数分布拟合曲线

资料来源:多年数据来自《中国财政年鉴》(1996 卷—2017 卷),中国财政年鉴编辑部编:《中国财政年鉴》(2017 卷),中国财政杂志社 2017 年版,第 267—272 页等。

实了我国各省在三项预算支出占比上存在明显差异,同时表明三项预算支出占比的直观分布也同样存在差异。

二、我国省际预算支出结构的动态差异

在直观差异客观存在的基础上,本章测算每一年地区间不平等指数以尝试描述我国省际预算支出结构差异的动态变化规律。不平等指数被广泛用以验证是否存在差异(曲兆鹏、赵忠,2008;鲍辉,2010;潘家华、张丽峰,2011)[1][2][3],本章具体测算了样本区间内每一年各省三项预算支出占比的不平等指数,分别采用相对平均离差、变异系数、对数标准差、基尼系数、平均对数离差和泰尔指数 6 种计算方式,绘制图 4-4。具体展示 6 种指数的计算公式与特点见表 4-1。

---

[1]　曲兆鹏、赵忠:《老龄化对我国农村消费和收入不平等的影响》,《经济研究》2008 年第 12 期。

[2]　鲍辉:《中国四大经济区经济差异分析——基于泰尔指数的分解分析》,《中国发展》2010 年第 4 期。

[3]　潘家华、张丽峰:《我国碳生产率区域差异性研究》,《中国工业经济》2011 年第 5 期。

表4-1　不平等指数的计算公式、指标特点与应用

指标名称	相对平均离差	变异系数	对数标准差	基尼系数	平均对数离差	泰尔指数
计算公式	$\dfrac{1}{n}\sum\left[(y_i-\bar{y})/\bar{y}\right]$	$\sigma/\bar{y}$	$\left(\dfrac{1}{n}\sum(\log y_i-r)^2\right)^{1/2}$	$\dfrac{1}{2n^2\bar{y}}\sum\sum|y_i-y_j|$	$\sum\log\left(\dfrac{\bar{y}}{y_i}\right)/n$	$\dfrac{1}{n}\sum\dfrac{y_i}{\bar{y}}\log\left(\dfrac{y_i}{\bar{y}}\right)$
指标特点	均值上的相对离散程度，考虑相对离差方向	均值上的相对离散程度，不考虑离差方向	对数的均值上的离散程度	考虑序列的排序状态，对分布中部的差异变动更为敏感，具有一定社会福利含义	考虑对数的均值上的偏离程度，是广义熵指数的一种，不考虑偏离方向	考虑信息敏感度，是广义熵指数的一种，对分布中部的差异变动更为敏感

注：表中 n 为序列样本个数；y_i 为序列取值，其中 $i,j=1,2,\cdots,n$；$\bar{y}$ 为序列均值；σ 为序列标准差；r 为取对数后序列均值。

　　首先需要说明的是,在样本区间内的每一年,各省三项预算支出占比的不平等指数都显著不为 0,即我国省际预算支出结构差异客观存在。然后对于差异的动态变化,从图 4-4 可以看出,经济建设、科教文卫、公共安全支出占比的 6 种不平等指数的变化趋势基本一致。考虑到学术界尚未就不平等指数的静态标准达成共识,即"不平等指数达到什么水平才可以称为不平等"(程永宏,2007;罗楚亮,2010)①②,因此本章以应用最为广泛的基尼系数为例展开分析,主要从

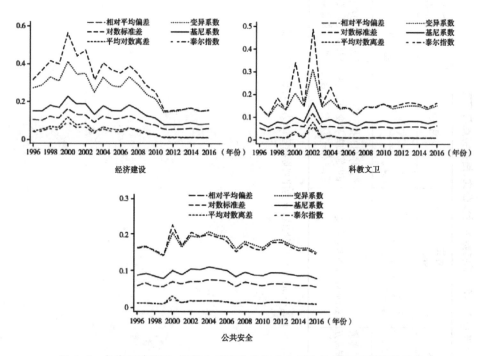

图 4-4　各省经济建设、科教文卫和公共安全支出占比的不平等指数变化

资料来源:笔者自制。

不平等指数的动态变化角度分析差异的变化规律。就经济建设支出占比来看,其基尼系数在 1996—2000 年呈上升趋势,反映了经济建设支出占比的省际差异在不断加大;而在 2001—2011 年,基尼系数呈现出波动下降的趋势,随后一直稳定在 0.1 上下,反映出经济建设支出占比省际差异逐渐减小并最终趋于稳定。类似的,在科教文卫支出占比方面,1996—2005 年其基尼系数有一定规律地上

---

① 程永宏:《改革以来全国总体基尼系数的演变及其城乡分解》,《中国社会科学》2007 年第 4 期。
② 罗楚亮:《农村贫困的动态变化》,《经济研究》2010 年第 5 期。

下波动并且在 2002 年达到最高值,2005 年之后一直稳定在 0.08 上下小幅度变化;在公共安全支出方面,其基尼系数始终稳定在 0.1 上下小幅度波动,公共安全支出占比的省际差异变化基本稳定。综合以上描述,经济建设、科教文卫和公共安全支出占比的省际差异虽在不同的时期内有不同的变化趋势,但都在特定阶段内表现出一定的稳定性,这就是我国省际预算支出结构差异的动态变化事实。

综上所述,我国省际预算支出结构一直存在差异,并且在特定阶段内还具有相对稳定的变化规律。立足于我国省际预算支出结构差异的典型事实,本章需要进一步探究省际预算支出结构差异的主要成因究竟是什么? 其中,哪些始终在发挥作用,哪些仅发挥了阶段性的作用? 本章接下来从财政基础理论和相关文献出发,归纳和总结能够影响地方政府财政支出结构的具体因素,然后借助两种回归分解法予以回答。

第二节　影响地方政府预算支出的相关理论

在确认了我国省际预算支出结构差异的典型事实后,为探究典型事实背后的主要成因,本章首先从理论和已有文献入手,具体基于经典的瓦格纳法则、经济发展阶段论、公共选择理论、内生增长理论以及财政分权理论并结合已有实证研究结论,梳理、总结、分类得到了地方财政状况、地方经济状况、地方官员和支出目标特征四方面的影响因素,这同样也是后文实证分解的具体指标。

一、地方政府预算支出的影响因素

在财政基础理论中,瓦格纳法则、经济发展阶段论、公共选择理论、内生增长理论以及财政分权理论均涉及地方政府预算支出的具体影响因素。其中,瓦格纳法则于 19 世纪 80 年代首先被提出,具体论述了城市化率、产业结构、市场化程度、人口密度和人均受教育程度五个能够影响政府预算支出的因素(Wagner,1883)[1]。20 世纪 60 年代,罗斯托(Walt Whitman Rostow)和马斯格雷夫(Richard

---

① Wagner, A., *Three Extracts on Public Finance*, New York: Macmillan Press, 1883.

Abel Musgrave)在共同提出的经济发展阶段论中再次提及了作为政府支出目标的人均受教育程度可以影响政府财政支出(罗斯托,1960;马斯格雷夫和皮科克,1967)①②。同样在 20 世纪 60 年代,布坎南(James Mcgill Buchanan)在公共选择理论中提出公共部门中的政府官员在实现自身利益最大化的过程中会对政府公共支出结构有影响(布坎南,1967)③。20 世纪 90 年代初,巴罗(Barro)又在加入了政府支出的内生增长模型中以税收作为财政收入衡量指标,发现了财政收入规模能够影响政府财政支出(巴罗,1990)④。然后从 20 世纪 90 年代末开始,财政分权理论提出财政分权程度可以影响地方财政支出(Keen,Marchand,1997;Qian,Roland,1998;Heine,2006)⑤⑥⑦。综上所述,财政基础理论百余年来的研究围绕"什么因素能够影响政府预算支出"这一核心问题积累了丰富的研究成果。本章在对以上具体因素进行梳理和分类后,提出地方财政状况、地方经济状况和支出目标特征这三个主要维度,构建了如图 4-5 所示的分解指标体系。

　　具体来看,地方财政状况能够影响政府预算支出结构。在这一维度上,首先,支出分权指标反映了中央与各地方政府在支出责任划分上的差异,是地方财政分权程度的具体衡量指标之一。钱颖一、罗兰(Qian,Roland,1998)认为,财政分权所引发的财政竞争会导致基础设施投资的边际区域价值大于边际社会价值,从而会激励地方政府不断增加基础设施的支出占比以提升其区域价值⑧。

① Rostow, W. W., *The Stages of Economic Growth: A Non - communist Manifesto*, Cambridge University Press, 1960.

② Musgrave, R.A., Peacock, A.T., *Classics in the Theory of Public Finance*, Macmillan Press, 1967.

③ Buchanan, J.M., *Public Finance in Democratic Process: Fiscal Institutions and Individual Choice*, The University of North Carolina Press, 1967.

④ Barro, R.J., "Government Spending in a Simple Model of Endogeneous Growth", *Journal of Political Economy*, Vol.98, No.5, 1990, pp.103-125.

⑤ Keen, M., Marchand, M., "Fiscal Competition and the Pattern of Public Spending", *Journal of Public Economics*, Vol.66, No.1, 1997, pp.33-53.

⑥ Qian, Y., Roland, G., "Federalism and the Soft Budget Constraint", *The American Economic Review*, Vol.88, No.5, 1998, pp.1143-1162.

⑦ Heine, K., "Interjurisdictional Competition and the Allocation of Constitutional Rights: A Research Note", *International Review of Law and Economics*, Vol.26, No.1, 2006, pp.33-41.

⑧ Qian, Y., Roland, G., "Federalism and the Soft Budget Constraint", *The American Economic Review*, Vol.88, No.5, 1998, pp.1143-1162.

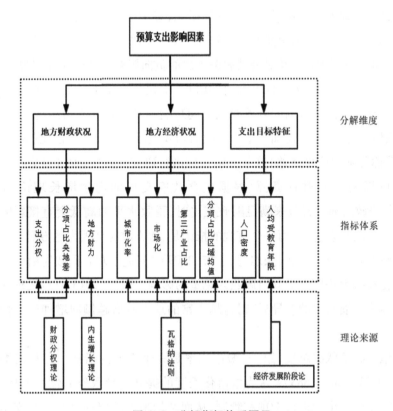

图 4-5　分解指标体系图示

资料来源：笔者自制。

柯音、马钱德（Keen，Marchand，1997）[1]以及海涅（Heine，2006）[2]将财政分权与要素流动性联系起来，发现由于资本流动性大于劳动力流动性，地方政府会通过增加资本偏好的生产性财政支出吸引资本流入，相应地会减少居民偏好的福利性财政支出。在实证研究方面，傅勇、张晏（2007）[3]最早使用财政支出分权指标考察了其对中国省际政府支出结构的影响，发现分权程度越高的省级政府，基本建设支出占比越高，但科教文卫的支出比例并不会对应减少。更多从财政分权

①　Keen，M.，Marchand，M.，"Fiscal Competition and the Pattern of Public Spending"，*Journal of Public Economics*，Vol.66，No.1，1997，pp.33-53.

②　Heine，K.，"Interjurisdictional Competition and the Allocation of Constitutional Rights：A Research Note"，*International Review of Law and Economics*，Vol.26，No.1，2006，pp.33-41.

③　傅勇、张晏：《中国式分权与财政支出结构偏向：为增长而竞争的代价》，《管理世界》2007年第 3 期。

角度研究其对地方政府预算支出结构的研究,集中于构建财政支出分权的不同
度量指标(黄国平,2013;吴延兵,2017)①②,他们都发现了财政支出分权对基本
建设支出的正向影响,以及对公共服务支出的负向影响。就财政分权视角来看,
除支出分权外,由于中央与地方政府的财权、事权与支出责任划分,中央政府与
省级政府预算支出结构的固有差异也可能影响各省的预算支出结构,所以本章
在地方财政状况维度上还加入了中央政府与省级政府分项支出占比的绝对差值
(以下简称分项占比央地差)这一分解指标进行研究。其次,地方财力衡量了地
方政府可以调用的财政资源,根据包含政府支出的内生增长理论(巴罗,
1990)③,当政府通过税收来满足财政支出时,税收水平的高低会直接影响财政
支出的经济增长效应,因而一个直观的推论是:地方政府会因为地方财力高低改
变而调整财政支出。对此,张志超、丁宏(2009)④研究发现各国政府财政支出结
构的变化在很大程度上受其财政收入总量的影响。张宇(2013)⑤也发现在控制
地区间经济发展水平的差异后,财力越丰富的地方政府越倾向增加生产性财政
支出。

在地方经济状况维度,第一,城市化率是一个重要的指标。在瓦格纳法则
中,瓦格纳(Wagner,1883)⑥认为城市化程度的提升会导致外部性和拥挤现象,
这些都需要政府出面进行干预和管制,从而增加地方政府的公共安全支出。黄
国平(2013)⑦的实证研究进一步指出,城市化率越高地区的基础建设支出占比
越高,教育和卫生支出越低。第二,市场化程度能够在一定程度上反映一个地区
的基本经济状况,瓦格纳(1883)⑧提出了随着经济的工业化,市场主体间关系愈

---

① 黄国平:《财政分权、城市化与地方财政支出结构失衡的实证分析——以东中西部六省为
例》,《宏观经济研究》2013 年第 7 期。

② 吴延兵:《中国式分权下的偏向性投资》,《经济研究》2017 年第 6 期。

③ Barro,R.J.,"Government Spending in a Simple Model of Endogeneous Growth", *Journal of
Political Economy*,Vol.98,No.5,1990,pp.103-125.

④ 张志超、丁宏:《优化政府财政支出结构的理论思考》,《经济学动态》2009 年第 4 期。

⑤ 张宇:《财政分权与政府财政支出结构偏异——中国政府为何偏好生产性支出》,《南开经
济研究》2013 年第 3 期。

⑥ Wagner,A.,*Three Extracts on Public Finance*,Macmillan Press,1883.

⑦ 黄国平:《财政分权、城市化与地方财政支出结构失衡的实证分析——以东中西部六省为
例》,《宏观经济研究》2013 年第 7 期。

⑧ Wagner,A.,*Three Extracts on Public Finance*,Macmillan Press,1883.

加复杂,会引起对商业法律的需要,需要政府将更多的财政资源用于维护市场治安的和制定商业法律。尹恒、杨龙见(2014)①的实证研究也发现地方民营经济份额越大、市场集中度越低,地方政府福利性支出的占比越大。第三,瓦格纳(1883)②还指出政府对经济活动的干预和直接从事的生产性活动会随着经济结构的变化而变化,换言之,三大产业产值的占比能够影响政府的生产性活动支出。除以上三个具体影响因素外,考虑到区域发展一体化以及地理、历史禀赋对于地方政府预算支出结构的可能影响,分项支出占比的区域均值也可能是地方政府预算支出结构的重要影响因素之一。

在地方维度上,公共选择理论将经济学中的交易分析运用到政治过程中,发现政治过程中会显著影响政府支出(布坎南,1967)③。公共选择理论并没有提及具体的政治过程影响指标,但结合现有相关实证文献中的做法,本章构建了四项分解指标④⑤⑥。

在支出目标特征维度,首先,反映地方支出目标特征的指标是人均受教育年限,马斯格雷夫(1973)⑦的经济发展阶段论提出随着经济发展进入成熟阶段,政府支出的主要目标将由提供社会基础设施转向提供教育等民生性支出。李振宇等(2015)⑧通过实证研究发现在 1999—2006 年和 2006—2011 年,高校在校生数目对地方普通高校教育事业费支出占比分别具有负向和正向影响,表现出明显的阶段性特点。而李振宇、李涛(2020)⑨指出 2010—2016 年地方高校数、专任

①　尹恒、杨龙见:《地方财政对本地居民偏好的回应性研究》,《中国社会科学》2014 年第 5 期。

②　Wagner,A.,*Three Extracts on Public Finance*,Macmillan Press,1883.

③　Buchanan,J.M.,*Public Finance in Democratic Process. Fiscal Institutions and Individual Choice*,The University of North Carolina Press,1967.

④　王贤彬、张莉、徐现祥:《什么决定了地方财政的支出偏向——基于地方官员的视角》,《经济社会体制比较》2013 年第 6 期。

⑤　龚璞、俞晗之、吴田、吴洵:《地方官员更替、任期与支出政策变动——基于 1980—2011 年省级面板数据的实证研究》,《公共管理评论》2015 年第 1 期。

⑥　刘芩玲、任斌、任文晨:《官员交流对社会保障事业发展的影响——来自省长、省委书记交流的经验证据》,《南方经济》2015 年第 10 期。

⑦　Musgrave,P.,Musgrave,R.A.,*Public Finance in Theory and Practice*,McGraw-Hill,1973.

⑧　李振宇、彭从兵、袁连生:《省际地方普通高校教育经费支出结构差异》,《高等教育研究》2015 年第 12 期。

⑨　李振宇、李涛:《财政分权视角下地方政府高等教育投入的竞争效应分析》,《中国高教研究》2020 年第 3 期。

教师数以及在校学生数的提高均显著增加了地方政府的高等教育经费投入。其次,对于人口密度这一指标,在瓦格纳法则中,瓦格纳(1883)[①]认为高居住密度产生的负外部性,如人员拥挤等问题会增加政府的公共安全支出。黄国平(2013)[②]还通过实证研究发现地区人口密度越高,地方政府的基础建设支出占比越小。

综上所述,在对相关财政理论和现有研究结论梳理后,本章在地方财政状况、地方经济状况、地方官员和支出目标特征四个分解维度上构建了具有一定理论和经验研究支撑的分解指标体系,这是本章研究的重要基础。但需要指出的是,以上分析是以一个个能够具体量化的要素来回答"什么能够影响地方政府预算支出结构"这一问题。而事实上,现实中难以用单独指标来简单量化的地方政府预算编制流程也能够影响预算支出结构。

二、地方政府预算编制流程的一致性

为了探究我国地方政府的预算编制流程是否引致了省际预算支出结构差异,本章从正式预算编制程序开始前中央对地方的规划指示和地方政府的正式预算决策程序两个方面予以分析。首先需要注意的一个事实是:在我国省级政府正式的预算编制程序前,中央通常会召开中央经济工作会议和全国财政工作会议以明确各省政府在次年或下一个时期[③]的经济和财政工作重点,这直接影响政府预算的最终决定。如图4-6所示,每年11—12月,我国定期召开中央经济工作会议,各省省委书记和省长等均需要到会,按照中央对下一时期全国经济工作的统一部署安排工作。中央经济工作会议后,每年的12月中下旬,我国定期召开全国财政工作会议,在贯彻党的全国代表大会和中央经济工作会议精神基础上,总结本年或本时期的财政工作,分析财政改革发展面临的形势,研究并部署次年以及今后一个时期的财政工作。全国人大常委会预工委主任以及各省财政厅(局)长等均需要参会,统一接受全国财政工作会议关于下一时期财政工作的重点规划和指示。总之,在我国地方政府预算正式编制前,中央定期组织召

---

① Wagner, A. , *Three Extracts on Public Finance*, Macmillan Press, 1883.

② 黄国平:《财政分权、城市化与地方财政支出结构失衡的实证分析——以东中西部六省为例》,《宏观经济研究》2013年第7期。

③ 从1953年开始,我国每五年进行一次国家的中短期规划,以2015年全国财政工作会议为例,其总结"十二五"时期的财政工作情况,分析"十三五"时期财政改革发展面临的新形势。

开中央经济工作会议和全国财政工作会议,统一各省主要领导与财政部门负责人的工作精神,强化各地方政府预算决策程序的一致性。

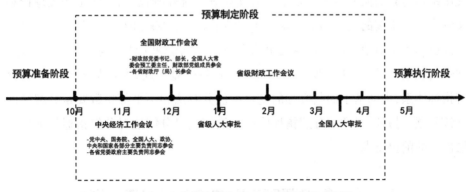

图4-6 两个会议与省级政府预算决策时间轴

资料来源:笔者自制。

随着预算制定相关法律法规和行政条例的不断完善,以及近几年以部门预算改革为核心的政府预算管理制度的创新,我国预算制定过程的法治化程度不断提高。各省级政府预算决策的程序约束是相同的,具体体现在预算制定时间和决策流程上。首先,《中华人民共和国预算法》和国务院规章①对地方政府的预算制定时间有明确规定,各地方政府均遵守了上述预算编制的时间规定。其次,与一致的时间要求对应,各省的预算决策流程也高度相同——各省政府都遵循了"两上两下"②的基本流程,地方政府预算的编制、审查、批准和监督等决策程序都完全相同。至此,在我国现有预算过程约束的框架下,各省政府预算制定

① 《中华人民共和国预算法》第三十一条"各级政府、各部门、各单位应当按照国务院规定的时间编制预算草案"和第三十三条"省、自治区、直辖市政府应当按照国务院规定的时间,将本级总预算草案报国务院审核汇总"。按照国务院规定的时间,每年4—5月为编制预算的准备阶段,6—7月各预算单位上报预算计划,8—10月财政部门审批并下达预算控制数,11月—次年2月财政部门提交预算草案报本级政府审定、人大预工委和财经委初审、本级人大审议后正式批复,次年3月交由全国人大审查。

② 每年6—7月各预算单位按照《中华人民共和国预算法》要求编制预算建议数并提交财政部门审核,8—10月财政部门审查后进行意见反馈并下达预算控制数,各预算单位根据修改意见和控制数进行预算初案的具体编制,并于11月—次年2月提交给本级政府,本级政府形成最终的预算草案,提交给本级人大或其常委会,地方政府的各级人大财经委进行初审,人大财经委结合地方政府上年度国家预算执行情况和本年度国家预算草案,形成各级人大财经委预算草案审查结果报告,于次年3月提交给全国人民代表大会进行审议,预算将在批准之后具备法律效力。

的时间一致,预算决策也都遵循"两上两下"的基本流程。

综上所述,我国地方政府的预算编制流程是一致的,这说明了我国省际预算支出结构差异的典型事实不是由政府预算编制流程所致,而可能是相关理论和文献中四个维度的具体影响因素的作用结果。现有文献虽然已经研究和明确了不同影响因素对地方政府预算支出的影响,但对于这些影响因素的解释力排序,即何为主要矛盾,何为次要矛盾未能作出回答。基于此,本章基于图 4-6 的分解指标体系,借助基于回归方程的夏普利值分解法和不平等指数要素分解法回答该问题。另外,本章的分解指标体系还能够满足分解法对分解指标精细化和层次化的前提要求。

第三节　影响预算支出结构差异的实证证据

借助省级面板数据,本章采用基于回归方程的夏普利值分解法和不平等指数要素分解法,从现有理论和文献中梳理得出的地方财政状况、经济状况、官员和支出目标特征四个方面对我国省际预算支出结构差异予以分解。本章的实证分解立足于我国省际预算支出结构差异的典型事实:一是我国省际预算支出结构存在直观分布差异。二是我国省际预算支出结构差异变化具有阶段性规律。与典型事实一一对应,本章依次对我国省际预算支出结构的整体直观分布差异和横向动态差异进行分解。在此,基于回归方程的分解法要求首先估计地方财政状况、经济状况、官员和支出目标特征四个方面因素对省级政府预算支出结构的回归方程。考虑到潜在的反向因果等内生性问题,本章综合借助混合效应模型和系统 GMM(Generalized Method of Moments)法、分年度 OLS(Ordinary Least Squares)回归法估计该回归方程。

一、变量与分解指标说明

本章借助中国 31 个省区市(不含港澳台)的面板数据进行实证分解。文中涉及的数据来源于《中国财政年鉴》《中国统计年鉴》以及中国经济与社会发展统计数据库、国家统计局官方网站等在线资源。其中,省级政府预算支出数据主要来自于《中国财政年鉴》及各省财政年鉴,是全省的加总数而非省本级预算数。对于部分缺失的分省年度数据,本章还借助各省的统计年鉴予以补充。最后本章还参考了《新中国六十年统计资料汇编》、国家统计局官方网站在线数据等对预算支出数据再次校对;城镇化率等分解指标数据来自国家统计局官方网站与中国经济与社会发展统计数据库。省级官员(本章特指省长和省委书记)的任期、年龄、换届等数据来自于人民网公开发布的"中国领导干部资料库"。本章数据研究区间为1996—2016年,数据截止于2016年,这一选择基于两方面的考虑。一方面,2016年是营改增政策实施的重要时间节点。我国从2016年5月1日开始全面实施营改增改革试点,并同步实施调整中央与地方增值税收入划分过渡方案。营改增政策的推行对地方政府的财政收支管理产生了重要影响。因此,为了确保研究的准确性和结论的一致性,选取2016年作为数据的截止点。另一方面,人民网公开发布的"中国领导干部资料库"已停止更新,在无法获取到足够公开数据的情况下,本研究将研究的数据范围限定在2016年及以前。

被解释变量具体是我国各省经济建设、科教文卫和公共安全预算支出占一般公共预算支出的比例,即省级政府的预算支出结构。需要说明的是,我国政府收支科目于2007年进行了改革。为尽可能做到改革前后数据的完全匹配,本章依据财政部预算司编制的《财政部关于印发政府收支分类改革方案的通知》《政府收支分类改革问题解答》以及2007年改革前后的《政府预算收支分类科目》,逐一对照改革前后年份各支出科目包含的具体款项,划分出经济建设、科教文卫、公共安全三类支出。统一数据口径后,本章在接下来实证回归分析时,还借助邹氏(Chow)检验和添加2007年虚拟变量的混合效应模型,确保本章进行上述分类和匹配后不存在数据结构突变的问题。依据目前已有的公开数据和资料,本章尽最大可能地确保改革前后经济建设、科教文卫和公共安全支出科目涵盖事项的具体数据在加总之后是一一对应的。

本章的解释变量是能够影响省级政府预算支出的具体因素——分解指标。首先,地方财政状况包括中央政府与省级政府分项支出占比的绝对差(以下简称为"分项支出占比央地差")、支出分权和地方财力。对于分项支出占比央地差,本章分别计算每一年省级政府的经济建设、科教文卫和公共安全支出占比均值与中央政府对应支出项占比的绝对差;对于支出分权,借鉴傅勇、张晏(2007)①的计算

---

① 傅勇、张晏:《中国式分权与财政支出结构偏向:为增长而竞争的代价》,《管理世界》2007年第3期。

方法,本章采用预算内省本级政府财政预算支出分权指标,并进行人均化处理以控制支出规模与总人口数量之间的关系,计算公式为预算内人均本级财政支出/中央预算内人均本级财政支出;对于地方财力,本章采用人均财政收入予以刻画。其次,地方经济状况包括了经济建设、科教文卫和公共安全支出的区域均值、城市化率、市场化和第三产业占比。对于分项支出占比区域均值,按照"十一五"规划划分的"八大综合经济区"①,分别计算了各省所属经济区的经济建设、科教文卫和公共安全支出占比;对于城市化率,本章采用城市人口数/总人口数予以衡量;对于市场化程度,具体采用非国有控股的规模以上工业企业销售产值占比来衡量;此外,也将第三产业产值占比纳入分解指标。再次,计算两个差值:最高任期年数(即 10 年)与其已在该地任该职务年数②的差,以及最高任职年龄(即 65 岁)与实际年龄的差。在两个差值中我们取较小的数值来刻画任职情况③。最后,支出目标特征包括人均受教育年限和人口密度,本章具体用 $\sum L_j S_j$ 衡量人均受教育年限。其中,L_j 为第 j 层次受教育程度分组劳动力占比;S_j 表示从小学至博士 7 个层次的受教育年数;对于人口密度本章采用总人口数量/省总面积予以衡量。

综合考虑数据可得性和全面性,将研究区间统一为 1996—2016 年,借助中国 31 个省区市(不含港澳台)的面板数据进行实证分解。文中涉及的数据来源于《中国财政年鉴》《中国统计年鉴》以及中国经济与社会发展统计数据库、国家统计局官方网站等在线资源。其中,省级政府预算支出数据主要来自于《中国财政年鉴》及各省财政年鉴,是全省的加总数而非省本级预算数。对于部分缺

① 东北综合经济区(辽宁、吉林、黑龙江)、北部沿海综合经济区(北京、天津、河北、山东)、东部沿海综合经济区(上海、江苏、浙江)、南部沿海综合经济区(福建、广东、海南)、黄河中游综合经济区(陕西、山西、河南、内蒙古)、长江中游综合经济区(湖北、湖南、江西、安徽)、大西南综合经济区(云南、贵州、四川、重庆、广西)、大西北综合经济区(甘肃、青海、宁夏、西藏、新疆)。

② 本章对任期不满 1 年但超过六个月,以及任期超过 1 年但不超过 18 个月的情况,按 1 年的任期计算。

③ 官员来源(履历)为分类变量,具体赋值如下:一是如果该官员在该地任省长和省委书记的前一届也是在本地,并且前两届不来自于中央直属单位,则取值为 1;二是异地交流,即该官员在当地任省长和省委书记的前一届是在外省任职,具体取值为 2;三是该官员在当地任省长和省委书记的前一届也是在本地,并且之前一届不来自于中央直属单位,但之前两届是来自于中央直属单位,具体取值为 3;四是该官员在当地任省长和省委书记的前一届也是在本地,并且之前一届来自于中央直属单位,具体取值为 4。

失的分省年度数据,本章还借助各省的统计年鉴予以补充。最后我们还参考了《新中国六十年统计资料汇编》、国家统计局官方网站在线数据等对预算支出数据再次校对;城镇化率等分解指标数据来自于国家统计局官方网站与中国经济与社会发展统计数据库。

表4-2　主要变量的描述性统计

	变量	单位	样本数	均值	标准差	最小值	最大值
被解释变量	经济建设支出占比	%	651	0.1535	0.0955	0.0108	0.4115
	科教文卫支出占比	%	651	0.2557	0.0452	0.0295	0.4009
	公共安全支出占比	%	651	0.0635	0.0131	0.0348	0.1138
分解指标	经济建设占比央地差	%	651	0.1008	0.0785	0.0001	0.3455
	科教文卫占比央地差	%	651	0.2312	0.0576	0.0252	0.4255
	公共安全占比央地差	%	651	0.0244	0.0146	0.00003	0.0715
	支出分权	%	651	4.7157	3.4407	0	24.157
	地方财力	万元	651	7.1751	1.2219	0	10.184
	城镇化率	%	629	0.4608	0.1638	0.1206	0.9186
	市场化	%	527	0.5520	0.2079	0.1097	0.9034
	第三产业占比	%	651	0.4128	0.0810	0.277	0.802
	经济建设占比区域均值	%	651	0.1535	0.0221	0.1179	0.1891
	科教文卫占比区域均值	%	651	0.2557	0.0182	0.2195	0.2746
	公共安全占比区域均值	%	651	0.0634	0.0064	0.0554	0.0782
	省长任职情况	年	651	5.5515	2.3681	0	9
	书记任职情况	年	651	4.3518	2.8733	0	9
	省长来源	/	651	1.7803	1.1270	1	4
	书记来源	/	651	2.1859	1.0845	1	4
	人均受教育年限	年	651	8.1911	1.1286	4.6926	12.304
	人口密度	万人/平方千米	651	0.0400	0.0570	0	0.3827

二、分解方法概述

学术界目前就差异的分解已发展出了多种分解方法。其中,基于回归方程的分解是一个主要的方向。然而基于回归方程的分解面临的两大难题,一个是"路径依赖"问题,即分解结果受分解变量的顺序影响较大,另一个是"总体独立性原则"不满足的问题,给定不平等来源对不平等的边际贡献取决于其余来源部分的处理方式。对于前者,夏普利值分解法作为目前运用相对广泛的分解方法之一,弥补了由样本组成的变化、回归系数的变化、不可观察特征的分布的变化所导致的计算贡献结果的路径依赖性,并且可以分解任何(线性和非线性)分布统计并获得各影响因子的贡献度。对于后者,现有文献已经提出了两种不同方法来满足总体独立性原则(the Principle of Independence of the Aggregation Level):第一个是夏普利值分解(Chantreuil, Trannoy, 2013)[1],另一个是欧文(Owen)分解(Chantreuil, Trannoy, 2011; Shorrocks, 1999)[2]。这两种方法都需要一个分解层次结构,该结构允许对分解规则进行有意义的边际主义解释,可以扩展到一系列源子组分区(Source Subgroup Partitions)。这两种分解法得到的解释变量的边际贡献通常与如何分类无关,但分解指标越多越细,分解结果的波动越小。为了使分解层次结构有意义,尚特勒伊、特拉努瓦(2002)[3]还提出最好是从外部给出分解的层次结构,并且从经济角度来看,它们应该是相关的。此外,由于欧文分解从本质上考虑了一些含义不明确的解释子集,所以应用夏普利值分解法更为合适。同样是基于回归方程的分解,夏洛克斯(Shorrocks, 1982)[4]提出的不平等指数要素分解法也可以在一定程度上克服"路径依赖"和"总体独立性原则"不满足的问题,两种方法的最大差异在于后者是通过比较初始预算支出占比的不平等指数与排除某一因素(取均值)影响后估计得到的支出占比预测

---

① Chantreuil, F., Trannoy, A., " Inequality Decomposition Values: The Trade – off between Marginality and Efficiency", *The Journal of Economic Inequality*, Vol.11, No.1, 2013, pp.83-98.

② Chantreuil, F., Trannoy, A., " Inequality Decomposition Values ", *Annals of Economics and Statistics*, Vol.101-102, 2011, pp.13-36. Shorrocks, A.F., *Decomposition Procedures for Distributional Analysis: A Unified Framework Based on the Shapley Value*, University of Essex, 1999.

③ Sastre, M., Trannoy, A., " Shapley Inequality Decomposition by Factor Components: Some Methodological Issues", *Journal of Economics*, Vol.9, No.1, 2002, pp.51-89.

④ Shorrocks, A.F., "Inequality Decomposition by Factor Components", *Econometrica*, Vol.50, No.1, 1982, pp.193-211.

值的不平等指数,计算该因素对差异的贡献。因此本章主要基于夏普利值分解法,辅以不平等指数要素分解法对我国省际预算支出结构的差异进行综合分解。

（一）夏普利值分解法

夏普利值(Shapley Value)的概念最早由夏普利(1953)[1]提出,用以解决多人合作博弈中的利益分配问题。基本思想为一个指标的差异是受多个因素共同影响的结果,剔除任一因素都会对该指标差异产生一个边际贡献,那么该因素按照所有可能顺序被剔除所产生的边际效益的均值即为其对该指标差异的贡献。所有影响因素的贡献度之和共同构成了该指标的差异。夏洛克斯(1982)[2]在分布分析中应用夏普利值技术,通过基于回归方程的方法将任何不平等指数分解为其贡献因子的总和。该方法能够单独或在类似变量之间进行分组,同时考虑它们逐步剔除的可能顺序,获得每个因子的总体贡献,并且估计出平均所有可能剔除序列中的边际贡献。假设省级政府预算支出结构,即经济建设、科教文卫和公共安全支出占比的影响因素为 $X = \{X_1, X_2, \cdots, X_k\}$,则任意集合 $x \in X$,均可构成省际差异博弈参与变量的集合,都可能对差异产生贡献。如果集合 x 中的某个因素 X_k 取值相同,则认为其未参与博弈,即此因素 X_k 也不会对差异产生影响,如对某个 X_k 变量取均值,即将该变量剔除,而其余变量取实际值代入回归方程,此时 X_k 是一个常数,不会对省级政府间预算支出结构差异产生影响。夏普利值分解法可以对任何形式的模型进行分解,具体分为:第一步建立估计省级政府预算支出结构的回归方程,第二步构建省级政府预算支出结构差异与各影响因素之间的关系,第三步计算各影响因素对差异的夏普利值。

第一步,建立线性回归模型,如式(4-1),这一步可以得到经济建设、科教文卫和公共安全支出占比的估计值 $\widehat{FS}$。

$$FS = \alpha + \sum \beta_k X_k + \varepsilon \qquad (4-1)$$

第二步,设各省在经济建设、科教文卫和公共安全支出占比上的差异为 $G = g(FS)$,将估计值 $\widehat{FS}$ 代入其中,可以得到差异与各影响因素之间的关系,见式

---

[1]　Shapley, L.S., *A Value for n-Person Games*, Contributions to the Theory of Games II, Edited by H. W. Kuhn and A. W. Tucker, Princeton University Press, 1953, pp.307-317.

[2]　Shorrocks, A.F., "Inequality Decomposition by Factor Components", *Econometrica*, Vol.50, No.1, 1982, pp.193-211.

(4-2)。

$$G = g(\widehat{FS}) = g\left(\widehat{\alpha} + \sum \widehat{\beta}_k X_k\right) = g(f(X)) \tag{4-2}$$

然后,根据夏普利值的定义,计算出影响因素 X_k 对省际预算支出结构差异的夏普利值,见式(4-3)。

$$SV_k = \sum_{x \subseteq X} \varphi_K(x) \left[g(f(x)) - g(f(x \mid X_k)) \right] \tag{4-3}$$

其中,$g(f(x)) - g(f(x \mid X_k))$ 为在特定的一种剔除路径下,X_k 对差异的边际贡献。$\varphi_K(x) = \dfrac{(K'-1)! \ (K-K')!}{K!}$ 为博弈集合 x 的加权因子,K' 为 x 中参与变量的个数。在实际分解过程中,X_k 取均值时,其余变量是否取均值,夏普利值边际贡献的计算共有 K' 种可能。以其加权求解的均值最终作为因素 X_k 的边际贡献,可以消除分解结果对变量剔除顺序的"路径依赖"。

最后,将影响因素 X_k 对差异的边际贡献与所有因素的边际贡献之和做比,可以得到因素 X_k 的相对贡献度 RC_k,如式(4-4)。

$$RC_k = SV_k / \sum_{k=1}^{K} SV_k \tag{4-4}$$

(二)不平等指数要素分解法

考虑到夏普利值分解是基于回归方程进行分解,本章还参考夏洛克斯(1982)[1]提出的不平等指数要素分解法对省际预算支出结构差异进行分解。该方法也需要基于回归方程进行分解,与夏普利值分解法具有相似性。该方法具体分为两个步骤:第一步需要估计省级政府预算支出结构的决定方程;第二步利用决定方程和不平等指数(本章主要使用了应用最为广泛的基尼系数)构建分解方程进行分解。

本章具体借鉴陈钊等(2010)[2]的做法,第一步建立与式(4-1)完全相同的决定方程,为突出地方财政状况、地方经济状况、地方官员和支出目标特征四个分解维度,式(4-1)能够被详写为式(4-5):

$$FS_{jit} = \alpha + \beta_1 FC_{jit} + \beta_2 EC_{jit} + \beta_3 LO_{it} + \beta_4 FT_{it} + \varepsilon_{it} \tag{4-5}$$

---

① Shorrocks, A.F., "Inequality Decomposition by Factor Components", *Econometrica*, Vol.50, No.1, 1982, pp.193-211.

② 陈钊、万广华、陆铭:《行业间不平等:日益重要的城镇收入差距成因——基于回归方程的分解》,《中国社会科学》2010年第3期。

具体地,FS 表示省级政府单项的预算支出占比,下标 j 表示具体支出项,i 表示省份,t 表示年份。核心解释变量包括四个维度的分解指标:地方财政状况(FC)具体包括分项支出占比央地差、支出分权和地方财力;地方经济状况(EC)具体包括分项支出占比区域均值、城市化率、市场化和第三产业占比;地方官员(LO)具体包括地方政府官员的任职和来源情况。支出目标特征(FT)具体包括人口密度和人均受教育年限;β 为待估参数向量;ε 为误差项。

第二步分解决定方程中四个维度上各指标对差异的影响。与夏普利值分解法有所不同,该方法分解的基本思想是将某一变量 X_k 取均值,然后将变量 X_k 的均值与其他变量的实际值代入方程中推测出预算支出占比的预测数据,并基于预测数据计算不平等指数 $Gini_k$(单项的预算支出占比差异)。本章使用的不平等指数是基尼系数,计算公式见式(4-6)。此时,该指数 $Gini_k$ 已经不包含变量 X_k 的影响了。用初始实际数据测算出的不平等指数与该不平等指数之差($Gini - Gini_k$)即为变量 X_k 对差异的贡献。参考陈钊等(2010)[①]的做法,在实际分解过程中在对 X 取均值时,其他变量的值既可能是实际值,也可能是平均值,不同计算所得的 X 的贡献是不同的,那么取 X 的贡献是多种计算所得贡献的平均值,具体计算过程见万、周(Wan,Zhou,2005)[②]。

$$Gini = \frac{1}{2\,n^2\,\overline{y}} \sum \sum |y_i - y_j| \qquad (4-6)$$

针对回归方程中误差项的影响,本章采用了对各种不平等指数都适用的方法,即将初始的实际数据的不平等指数与假设 $\hat{u} = 0$(即使用回归拟合值)计算所得的不平等指数之差作为误差项(即未被分解指标包含的其他影响因素)的边际贡献。

第四节　省际预算支出结构差异的综合分解

本章以我国省际预算支出结构差异的典型事实为研究起点,在梳理了经典

① 陈钊、万广华、陆铭:《行业间不平等:日益重要的城镇收入差距成因——基于回归方程的分解》,《中国社会科学》2010 年第 3 期。

② Guanghua Wan and Zhangyue Zhou, "Income Inequality in Rural China: Regression-based Decomposition Using Household Data", *Review of Development Economics*, Vol.9, No.1, 2005, pp.107-120.

财政理论和已有文献中有关政府预算支出的影响因素的基础上,应用夏普利值分解法和不平等指数要素分解法,依托表 4-1 所示的分解指标体系进行差异分解。第一,对于我国省际预算支出结构差异的直观表现,本章综合应用混合效应模型和系统 GMM 法首先估计各个分解指标对我国省级政府经济建设、科教文卫、公共安全支出占比的回归方程,然后基于回归方程展开具体分解,明确了直观分布差异的主要来源是什么;第二,针对我国省际预算支出结构的动态差异,本章首先分年份对省级政府分项预算支出占比和各分解指标进行 OLS 回归,然后借助两种分解法逐年确定了差异的主要来源,进而分析差异的哪些主要来源是一直在发挥主要作用的,哪些只是阶段性的。

一、直观分布差异的分解与主要来源

前文在不考虑各省份时间上的差异前提下,通过绘制图 4-1 和图 4-2 所示的散点图和频数分布图展现了我国省际预算支出结构的直观差异。为探究这一直观差异的主要来源,首先,本章需要估计如式(4-1)和式(4-5)所示的线性回归方程。尽管相关财政理论和文献已经指出了本章分解指标与财政支出结构的关系,但考虑到潜在的反向因果、遗漏变量等内生性问题,本章综合应用混合效应模型和系统 GMM 法,确定地方财政状况、地方经济状况、地方官员以及支出目标特征四个维度上的 13 个影响因素如何影响省级政府经济建设、科教文卫和公共安全预算支出占比。对于潜在的反向因果问题,系统 GMM 法通过使用一阶差分方程消除不可观测的异质性带来的潜在估计偏误,并使用差分解释变量的滞后项作为当期解释变量水平值的工具变量,在一定程度上克服了反向因果的问题。对于系统 GMM 法中因变量最大滞后阶数的确定,本章参考了 General to Specific 法、Arellano-Bond AR 检验、过度识别检验和 Difference in Hansen 检验,最终确定最大滞后阶数为 2 阶。对于遗漏变量问题,本章已经尽可能全面地将预算支出结构的影响因素纳入回归方程予以控制。由表 4-3 不难发现,尽管系统 GMM 法的估计系数整体偏低于混合效应模型,但采用系统 GMM 法和混合效应模型估计出的影响系数在作用方向和显著性上一致。承前所述,本章所应用的基于回归方程的分解法主要基于各影响因素与预算支出结构的相关关系(尚特勒伊和特拉努瓦,2002),重点关注估计系数和边际贡献的排序而非真实的数值大小,并不是很关注回归系数和不可观测特征(随机性因素)的分布变化,这在一定程度上可以克服"路径依赖"问题。因此,本章基于混合效应模型的分解结论不受潜在反向因果和遗漏变量问题的影响而改变。

表4-3　分解指标对省级政府预算支出结构的影响①

变量	经济建设		科教文卫		公共安全	
	混合效应	系统 GMM	混合效应	系统 GMM	混合效应	系统 GMM
L1.被解释变量	—	0.360 *** (0.000)	—	0.290 * (0.059)	—	0.713 *** (0.000)
L2.被解释变量	—	0.053 (0.426)	—	−0.073 (0.115)	—	0.056 (0.529)
分项支出占比央地差	0.750 *** (0.000)	0.450 *** (0.000)	0.557 *** (0.000)	0.431 *** (0.000)	0.344 *** (0.000)	0.194 ** (0.028)
支出分权	0.003 *** (0.000)	0.002 * (0.061)	−0.007 *** (0.000)	−0.006 *** (0.000)	0.0002 (0.329)	−0.0003 (0.155)
地方财力	0.045 *** (0.000)	0.024 ** (0.041)	0.014 *** (0.003)	0.013 ** (0.017)	−0.008 *** (0.000)	−0.008 ** (0.011)
城市化率	−0.092 *** (0.000)	−0.066 ** (0.024)	−0.031 * (0.079)	−0.024 * (0.054)	0.004 (0.465)	−0.015 (0.335)
市场化	0.012 (0.303)	0.009 (0.699)	−0.006 (0.577)	−0.015 (0.474)	0.008 ** (0.012)	0.004 * (0.067)
第三产业占比	−0.032 (0.215)	−0.039 (0.390)	0.085 *** (0.003)	0.073 ** (0.047)	0.016 * (0.060)	0.019 ** (0.028)
分项支出占比区域均值	0.745 *** (0.000)	0.501 ** (0.046)	0.891 *** (0.000)	0.596 * (0.099)	1.105 *** (0.000)	0.905 * (0.079)
省长任职情况	0.002 *** (0.002)	0.001 * (0.059)	−0.001 ** (0.029)	−0.001 * (0.067)	−0.0005 ** (0.018)	−0.0001 ** (0.048)
书记任职情况	−0.001 ** (0.020)	−0.001 * (0.096)	0.0005 (0.363)	−0.0001 (0.929)	0.0002 (0.275)	0.0001 (0.501)
省长来源	0.003 ** (0.047)	0.001 * (0.012)	0.0009 (0.527)	0.002 (0.240)	−0.0006 (0.172)	−0.0001 (0.898)
书记来源	0.004 *** (0.004)	0.004 * (0.070)	−0.005 *** (0.000)	−0.003 ** (0.045)	−0.0002 (0.678)	−0.0001 (0.788)

① 我国预算支出科目在2007年进行了改革,为检验省际预算支出结构差异是否在2007年发生结构性突变,一方面,本章通过分段回归进行了邹氏检验,结果 F 统计量并不显著;另一方面,本章在基准模型中加入了2007年的虚拟变量,回归系数并不显著,其他估计系数的显著性和正负方向不变。具体结果略,备索。

续表

变量	经济建设		科教文卫		公共安全	
	混合效应	系统 GMM	混合效应	系统 GMM	混合效应	系统 GMM
人均受教育年限	-0.017 *** (0.000)	-0.007 * (0.054)	0.004 *** (0.000)	-0.001 * (0.080)	0.0003 (0.914)	0.0016 (0.121)
人口密度	-0.339 *** (0.000)	-0.184 ** (0.019)	-0.061 * (0.076)	-0.030 * (0.079)	-0.033 *** (0.000)	-0.011 * (0.086)
Arellano - Bond AR (1)	—	-3.41 ***	—	-2.47 **	—	-2.79 ***
Arellano - Bond AR (2)	—	0.94	—	1.48	—	1.22
Hansen 检验	—	19.42	—	14.75	—	28.56
Difference-in-Hansen 检验	—	1.45	—	1.35	—	1.89

具体观察表 4-3 预算支出结构决定方程的系数,可以分析得出结论:(1)首先,对于经济建设支出占比,反映地方财政状况的支出分权、地方财力和地方官员因素指标中省长任职情况、省长来源和书记来源对其产生了显著的正向影响;反映地方经济状况的城市化率、支出目标特征中人均受教育年限、人口密度以及反映地方官员因素中书记任职情况显著地负向影响经济建设支出占比。这意味着,实际中省级政府预算支出分权度越高,其经济建设支出占比就越高(傅勇、张晏,2007;吴延兵,2017)[1][2];地方政府可支配财政资金越多,其经济建设支出占比也越高(张宇,2013)[3];省长预期在任时间越长,地方政府在经济建设支出上的投入就越多(王贤彬等,2013)[4];对于人口密度越大的省份,其经济建设支出的占比会越小(黄国平,2013)[5];而人均受教育年限能够反映本地区教育水平,同时也是科教文卫支出的目标指标,其数值越高,经济建设支出占比越小。此外,

---

[1] 傅勇、张晏:《中国式分权与财政支出结构偏向:为增长而竞争的代价》,《管理世界》2007年第 3 期。

[2] 吴延兵:《中国式分权下的偏向性投资》,《经济研究》2017 年第 6 期。

[3] 张宇:《财政分权与政府财政支出结构偏异——中国政府为何偏好生产性支出》,《南开经济研究》2013 年第 3 期。

[4] 王贤彬、张莉、徐现祥:《什么决定了地方财政的支出偏向——基于地方官员的视角》,《经济社会体制比较》2013 年第 6 期。

[5] 黄国平:《财政分权、城市化与地方财政支出结构失衡的实证分析——以东中西部六省为例》,《宏观经济研究》2013 年第 7 期。

城市化率越高的省份,经济建设支出占比也越小。(2)对于科教文卫支出占比,反映地方财政状况的地方财力、反映地方经济状况的第三产业占比和反映支出目标特征中人均受教育年限对其产生了很明显的正向影响,意味着地方政府可支配的财政资源越多、产业结构越趋于优化、劳动力受教育程度越高的省份,其科教文卫支出占比越高;反映地方财政状况的支出分权、反映地方经济状况的城市化率、反映支出目标特征的人口密度以及反映地方官员因素中省长任职情况和书记来源能够在较大程度上负向影响科教文卫支出占比(黄国平,2013)①。(3)对于公共安全支出占比,反映地方经济状况的市场化、第三产业占比对其产生了明显的正向影响,意味着经济综合实力强、产业结构升级优化程度高的省份,其与社会稳定相关的财政支出占比较高;反映地方财政状况的地方财力、支出目标特征中人口密度以及反映地方官员因素中省长任职情况能很大程度上负向影响公共安全支出占比,表明了财政资金雄厚、辖区人口密度大和省长预期在任时间长的省级政府在公共安全支出上占比相对较小,这可能是由经济建设支出和科教文卫支出占比增高挤出所致。总体来看,一方面,表4-3中四个维度上的13个影响因素均可以很大程度上影响省级政府预算支出结构(尽管部分因素仅对单项预算支出占比具有显著影响),证明了本章分解指标选取的有效性。其中,个别因素不显著,可能是因为模型中解释变量数量较多,解释变量之间的相关性使得个别因素的作用被"稀释",例如,经济建设支出占比模型中市场化估计系数不显著,而可能的原因是市场化与财政分权相关性较高(马胡杰、霍骁勇,2014)②。另一方面,以上研究发现与既有的研究结论基本一致,再次印证了相关财政理论和文献结论准确可信,也确保了本章分解指标体系的合理性。

进一步地,本章需要明确影响因素的解释力排序如何,找出影响因素中的主要矛盾,即直观差异的主要来源,具体结果如表4-4中两种分解法的左栏所示。在夏普利值分解法下,13个影响因素对于省际经济建设、科教文卫和公共安全支出占比差异的总体解释力分别高达88.82%、54.13%和48.92%。该解释力排序与前文直观差异典型事实中经济建设支出占比分布的离散程度最高,科教文卫和公共安全支出占比较弱互相印证。在不平等指数要素分解法下,省际差异

---

① 黄国平:《财政分权、城市化与地方财政支出结构失衡的实证分析——以东中西部六省为例》,《宏观经济研究》2013年第7期。

② 马胡杰、霍骁勇:《市场化进程、财政分权与收入差距》,《软科学》2014年第6期。

能被 13 个影响因素解释的部分占比也高达 64.42%、68.64% 和 65.02%。但解释力排序与夏普利值分解法的结果不完全相同,这可能是因为影响因素之间的相关性会"稀释"对贡献度的估计。但值得注意的是,在差异的主要来源方面,两种分解法锁定的解释程度最高的三个指标完全相同,即确定的主要矛盾是一致的:对于经济建设支出占比,反映地方财政状况的央地差、支出分权和地方财力是主要矛盾;对于科教文卫支出占比,反映地方财政状况的央地差、支出分权以及地方经济状况维度上的科教文卫支出占比区域均值是主要矛盾;对于公共安全支出占比,地方财政状况维度上的央地差、地方财力以及地方经济状况维度上的公共安全支出占比区域均值是主要矛盾。为了处理影响因素之间的相关性对贡献度估计的"稀释"作用,本章又选取以上解释力最高的前三位影响因素——主要矛盾作为分解变量,即线性回归方程中仅包含三个解释变量,对差异进行再次分解,结果如表 4-4 中两种分解方法的右栏所示。分解变量之间的相关性确实在一定程度上"稀释"了主要矛盾对预算支出占比差异的解释程度。无论是夏普利值分解法还是不平等指数要素分解法,仅央地差、支出分权和地方财力三个指标就能够解释经济建设支出占比差异的 78% 以上;央地差、支出分权和区域均值能够解释科教文卫支出占比差异的 43% 以上;央地差、地方财力和区域均值能够解释公共安全支出占比差异的 37% 以上。此外,基于新的线性回归方程,不但两种分解法确定的主要矛盾对差异的整体解释力大致相当,而且排序也是完全相同的。在差异的总体解释力排序上,经济建设最大、科教文卫次之、公共安全最小。

表 4-4　省际预算支出结构直观分布差异的分解结果　　　　（单位:%）

变量	经济建设				科教文卫				公共安全			
	夏普利值		不平等指数要素		夏普利值		不平等指数要素		夏普利值		不平等指数要素	
分项支出占比央地差	35.72	54.13	19.35	67.61	15.73	26.08	53.38	23.52	10.91	10.82	7.85	12.05
支出分权	7.70	7.48	6.36	3.20	8.10	5.58	7.31	9.31	2.82	—	1.93	—
地方财力	18.53	17.06	33.58	7.38	7.71	—	3.81	—	7.14	5.46	58.77	5.80
城市化率	2.81	—	3.73	—	1.63	—	4.26	—	0.80	—	1.12	—
市场化	4.22	—	5.03	—	5.84	—	3.38	—	2.35	—	1.00	—
第三产业占比	1.08	—	4.74	—	0.89	—	3.21	—	1.66	—	1.08	—

续表

变量	经济建设			科教文卫			公共安全		
	夏普利值		不平等指数要素	夏普利值		不平等指数要素	夏普利值		不平等指数要素
分项支出占比区域均值	7.00	—	5.77	—	10.31	15.44	4.41	10.75	19.16	25.89	5.53	19.90
官员因素	2.05	—	5.13	—	1.87	—	3.54	1.78	—	0.45	—
人均受教育年限	3.48	—	3.40	—	1.18	—	2.49	1.63	—	3.87	—
人口密度	6.24	—	5.71	—	0.86	—	3.15	0.67	—	1.80	—
总解释度	88.82	78.67	64.42	78.19	54.13	47.11	68.64	43.58	48.92	42.17	65.02	37.75

二、动态差异的分解与主要来源

动态差异体现了经济变动的实际过程中不同省份在同一年份的差异。相比直观分布差异,不包含同一省份的不同年份、不同省份的不同年份的差异。为分解得到动态差异的主要来源,本章首先对式(4-1)和式(4-5)所示的基准模型逐年进行 OLS 回归,以确定每年省级政府预算支出结构的决定方程,共计63(21年×3 支出项)个方程。在此基础上,我们对每一年的省际预算支出结构差异进行横向分解,通过不断的"逐优"过程,即将影响因素三个一组①分别分解,最终选定总解释力最高的一组(三个变量)影响因素,即为动态差异的主要来源(主要矛盾),结果参见表4-5 至表4-7②。我们一方面将年份固定,分析针对三项预算支出占比,同年份差异的主要来源是否一致,另一方面固定预算支出项,观察随年份的变化,差异的主要来源是否发生了变化。对比在同一年份,三项预算支出占比差异的主要来源,首先归纳出其共性:地方财政状况维度的支出分权和地方财力同时是三项预算支出占比差异的主要来源。具体来看,支出分权在样本区间内始终是省际经济建设和科教文卫支出占比差异的主要来源,反映出地方财政状况对省际经济建设和科教文卫支出占比差异形成的影响贯穿始终。与

---

①　本章还进行了两个一组、四个一组的"逐优"组合分解,结果与三个一组的分解结果基本相符。

②　受限于篇幅,表4-5 至表4-7 仅展示夏普利值分解结果,不平等指数要素分解结果与之基本一致,备索。

之相似,地方财力一直是经济建设和公共安全支出占比差异的主要来源,体现了地方财政状况对省际公共安全支出占比差异形成的重要且连续的作用。接下来,结合表4-5至表4-7的具体分解结果,本章固定预算支出项,观察随年份的变化,差异的主要来源是否发生了变化,即确定哪些是持续性主要来源、哪些是阶段性主要来源。

观察表4-5可以看出,对于经济建设支出占比,反映地方财政状况的支出分权和地方财力为持续性主要来源。反映地方经济状况的城市化、支出目标特征的人口密度以及地方官员因素为阶段性主要来源,即仅在特定阶段内是差异的主要来源:1998—2004年,地方官员是经济建设支出占比差异的主要来源之一,导致了地方政府存在经济建设支出偏向。但地方官员只在这一特定时期内是差异的主要来源,它并没有像地方财政状况维度的支出分权、地方财力因素一样始终发挥主要作用。2005年之后,地方官员对差异的作用逐渐淡化,田伟、田红云(2009)[1]研究指出随着区域经济的相互融合,地区之间经济社会发展的外溢效应逐渐变大。2004—2016年(其中,仅2009年差异的主要来源是城市化率),经济建设支出占比差异的主要来源是支出分权、地方财力和人口密度,并且每年均可解释53%以上的支出结构差异。反映一个地区基本公共服务压力大小的人口密度成为新的阶段性主要来源,可能的原因在于《国务院关于2005年深化经济体制改革的意见》中提出要加快政府职能转变的整体方针,推动各级政府强化社会管理和公共服务职能,在财力、物力等公共资源上给予更多支持,各地政府职能转变的速度和效果不一影响了各自的预算支出偏向。

表4-5　经济建设支出占比差异的横向分解　　　　　(单位:%)

年份	支出分权	地方财力	城市化	人口密度	官员	解释度
2016	24.02	16.80	—	15.13	—	55.95
2015	13.44	16.30	—	25.53	—	55.27
2014	19.63	20.35	—	22.44	—	62.42

① 田伟、田红云:《晋升博弈、地方官员行为与中国区域经济差异》,《南开经济研究》2009年第1期。

续表

年份	支出分权	地方财力	城市化	人口密度	官员	解释度
2013	12.62	21.08	—	26.21	—	59.91
2012	21.60	25.38	—	24.60	—	71.58
2011	10.47	34.68	—	29.23	—	74.38
2010	3.71	36.95	—	31.89	—	72.55
2009	3.48	28.45	42.14	—	—	74.07
2008	11.44	33.93	—	31.20	—	76.56
2007	13.33	40.28	—	27.67	—	81.28
2006	9.59	20.55	—	23.46	—	53.60
2005	13.44	21.87	—	23.00	—	58.31
2004	12.68	29.15	—	—	9.82	51.65
2003	20.28	16.83	—	—	15.65	52.76
2002	10.83	42.14	—	—	9.54	62.51
2001	8.18	39.18	—	—	16.75	64.11
2000	8.73	38.31	—	—	14.22	61.26
1999	11.28	32.66	—	—	16.35	60.28
1998	14.75	27.01	—	—	10.62	52.38
1997	10.71	25.29	—	28.87	—	64.87
1996	3.31	0.37	—	—	24.29	27.97

观察表 4-6 可以看出,对于科教文卫支出占比,反映地方财政状况的支出分权为持续性主要来源,反映地方财政状况的地方财力、反映地方经济状况的市场化和支出目标特征中人均受教育年限、人口密度为阶段性主要来源。可以观察到,2004—2008 年,差异的主要来源为支出分权、地方财力和人均受教育年限三个因素,总体解释力均达到 15%以上;2011—2014 年,支出分权、人均受教育年限和人口密度是差异的主要来源,可以解释 44%以上的差异。需要注意的是,人均受教育年限是省际科教文卫支出占比差异独有的主要来源,表明了实现地方人力资源积累这一支出目标在很大程度上是地方政府提高科教文卫支出占比的动机。

表4-6　科教文卫支出占比差异的横向分解　　　　（单位:%）

年份	支出分权	地方财力	人均受教育年限	市场化	人口密度	解释度
2016	47.67	4.05	3.71	—	—	55.43
2015	35.53	2.38	—	8.47	—	46.38
2014	26.72	—	7.90	—	10.32	44.94
2013	42.24	—	5.43	—	6.92	54.59
2012	52.52	—	4.10	—	4.87	61.49
2011	38.85	—	3.43	—	6.50	49.78
2010	15.76	3.29	—	—	1.90	20.95
2009	12.33	0.88	—	—	0.94	14.15
2008	8.58	5.89	4.12	—	—	18.58
2007	6.27	10.55	1.89	—	—	18.71
2006	11.74	6.71	10.93	—	—	29.38
2005	14.05	5.21	9.82	—	—	29.08
2004	4.40	3.64	7.43	—	—	15.47
2003	24.52	4.24	—	19.13	—	47.89
2002	1.82	—	1.96	12.80	—	16.58
2001	20.77	—	—	19.73	5.21	45.71
2000	4.31	—	1.16	—	1.83	7.30
1999	12.44	2.99	—	—	4.84	20.27
1998	4.18	4.23	2.25	—	—	10.67
1997	33.08	4.11	—	—	5.03	42.21
1996	22.31	10.50	—	—	2.49	35.30

　　观察表4-7可以看出,对于公共安全支出占比差异,反映地方财政状况的地方财力为持续性主要来源,反映地方财政状况的支出分权、反映地方经济状况的市场化和支出目标特征的人口密度为阶段性主要来源。2001—2012年差异的主要来源始终为地方财力、市场化和人口密度三个因素,解释力最高达53.5%,这与公共安全支出占比差异在研究期间始终表现出的稳定性特征是一致的。2001—2012年,市场化程度和人口密度两个具体指标对差异的解释力高,与经济相对发达、人口流动性大的南部沿海地区省份如广东、福建常年维持高水平的公共安全支出占比的事实相符。

表 4-7 公共安全支出占比差异的横向分解 （单位:%）

年份	支出分权	地方财力	城市化	市场化	人口密度	解释度
2016	1.27	9.06	—		7.02	17.35
2015	—	14.64	7.08	—	4.80	26.52
2014	2.19	12.07	5.65			19.91
2013	1.69	7.31	4.14	—	—	13.14
2012	—	9.13	—	3.89	1.62	14.64
2011	—	9.37	—	8.05	1.79	19.21
2010		5.15	—	9.40	2.02	16.56
2009	—	6.12	—	13.94	2.56	22.62
2008		11.95		23.33	4.22	39.50
2007	—	9.65	—	28.85	4.42	42.92
2006		7.19		35.60	4.45	47.24
2005	—	5.61	—	39.13	4.96	49.70
2004		11.06		28.11	10.98	50.15
2003	—	5.89	—	44.29	3.32	53.50
2002		9.27		40.50	3.16	52.93
2001	—	3.20	—	29.22	1.52	33.95
2000	1.37	1.11	1.47	—	—	3.95
1999	4.96	1.19	11.54	—	—	17.69
1998	11.84	3.45	14.06	—	—	29.35
1997	10.84	3.15	5.95	—	—	19.94
1996	6.48	1.13	3.96	—	—	11.57

综上所述,如表 4-8 所示,对省际预算支出结构直观分布差异进行分解,结果发现反映地方财政状况的支出分权、分项支出占比央地差、地方财力和反映地方经济状况的分项支出占比区域均值是省际预算结构差异的主要来源,然后结合动态差异的具体分解结果发现,动态差异的持续性主要来源,同时也是直观分布差异的主要来源,再次说明了持续性因素对于省际预算支出结构差异形成的重要性。但分项支出占比央地差和分项支出占比区域均值没有明显强化动态差异的持续性的原因有二:一是分项支出占比央地差只刻画了一般性中央与地方支出关系变化的影响,即同一年份不同省份的这一指标数值是相同的,因此未出现在逐年分解的动态差异结果中;二是随着我国区域一体化程度不断提高,分项

支出占比区域均值对混杂了同一省份的不同年份、不同省份的同一年份、不同省份的不同年份的直观分布差异有较高的解释力,但在逐年分解的动态差异分解中,每一年的决定方程中该指标仅包含 8 个不同的数值,因此也未出现在逐年分解的动态差异结果中是合理的。即虽然从整体上看分项支出占比区域均值对直观分布差异有较高影响力,但在逐年的动态分析中,其变化不足以显著影响每年的动态差异结果。在动态差异分解中,反映地方财政状况的地方财力和支出分权的作用更加凸显,显现为省际预算支出结构差异的持续性主要来源;而反映地方经济状况的市场化、城市化,支出目标特征维度的人口密度、人均受教育年限以及地方官员因素仅在特定阶段内是差异的主要来源。

表4-8　省级预算支出结构差异的主要来源

	经济建设		科教文卫		公共安全	
直观差异	分项支出占比央地差 支出分权 地方财力		分项支出占比央地差 支出分权 分项支出占比区域均值		分项支出占比央地差 地方财力 分项支出占比区域均值	
	持续性	阶段性	持续性	阶段性	持续性	阶段性
动态差异	地方财力 支出分权	城市化 人口密度 地方官员	支出分权	地方财力 人均受教育年限 市场化 人口密度	地方财力	支出分权 城市化 市场化 人口密度

　　地方政府的预算支出结构直接反映了其职能重心,与本地区经济发展、社会福利等密切相关,因此备受学界、政府与公众关注。直观上看,我国不同省级政府的预算支出结构存在明显差异。尽管现有研究就地方政府预算支出的影响因素积累了丰富的研究成果,但却鲜有研究关注影响因素的相对重要性,同时也没有对我国省际预算支出结构差异的客观事实予以充分重视,进而未对哪些影响因素是预算支出结构差异的主要来源作出明确的回答。本章首先从直观表现、动态变化两个角度捕捉和展示了省际预算支出结构差异的典型事实。进一步地,通过对财政理论和经验研究提及的能够影响政府财政支出的具体影响因素进行梳理和归纳,本章在地方财政状况、地方经济状况、地方官员和支出目标特征四个维度上构建了分解指标体

系对该问题予以系统回答。

本章的主要研究发现是：第一，我国省际预算支出结构存在明显的差异，并且这一差异具有阶段性规律；第二，地方财政状况、经济状况、官员和支出目标特征四个维度上的 13 个影响因素可以很大程度上影响省级政府预算支出结构，并且整体解释力较高；第三，地方财政和经济状况是三项预算支出占比直观差异的主要来源，具体包括央地差、支出分权、地方财力和区域均值；第四，通过对差异逐年动态分解，本章发现反映地方财政状况的支出分权因素对省际经济建设和科教文卫支出占比差异的主要影响贯穿始终，而地方财力对经济建设和公共安全支出占比差异的主要作用也一直存在。综合来看，反映地方财政状况的支出分权和地方财力一直是我国省际预算支出结构差异的持续性主要影响因素；体现支出目标特征的人口密度、人均受教育年限以及反映地方经济状况的城市化、市场化等因素虽在特定时期内也是差异的主要来源，但其随时间变化表现出阶段性有效的特点。

以上研究发现是中国地方政府预算过程中的特有故事。在这个故事中，本章发掘了特殊中存在的一般性规律，即支出分权、地方财力所代表的地方财政状况对我国省际预算支出结构差异的主要影响持续存在。刻画我国预算支出结构差异的典型事实与发现上述地方政府预算规律是一项必要的前期基础性工作，对于实现财政支出结构优化的政策目标意义重大。本章可能的创新之处在于：首先，本章相对系统地明确了我国省际预算支出结构存在差异的典型事实；其次，本章对能够影响预算支出结构的具体因素进行了系统性归纳；最后，本章综合利用两种分解法测度了影响因素的相对重要性，确定了我国省际预算支出结构差异的主要来源。

优化财政支出结构，关键在于如何确保财政资源在不同支出领域合理配置，以实现财政支出绩效的提升。本章侧重于研究我国地方政府财政资源配置的理论与现实依据，为财政支出结构的调整和优化明确可行的政策方向：支出分权和地方财力能够对支出结构产生持续性的主要影响，尽管具有较大的"惯性"，但也需要长期、渐进的改革以从根本上优化地方财政支出结构；地方经济状况、支出目标特征的具体影响因素因为在特定阶段能够发挥主要作用，所以可以作为政府短期调整财政支出结构的有力抓手。招商引资、鼓励和支持民营经济和中小企业发展、加快城镇化建设、实施人才落户政策等都可以在中短期内改变地方市场化程度、城市化程度、人均受教育年限等阶段性主要因素,进而作用于政府预算支出结构。

第五章　地方政府预算支出模式的动态演进路径与转化动力

　　财政支出结构能够反映一个国家的经济发展需求和政府职能重心。① 2009年，全国财政工作会议提出要"优化财政支出结构，推进财税制度改革"。2019年，中央经济工作会议仍提出要"大力优化财政支出结构"。2020年5月，政府工作报告中依然强调"要大力优化财政支出结构"。2024年7月30日，中共中央政治局会议再次指出"要优化财政支出结构"。为实现优化财政支出结构的长期目标，首先需要回答财政支出结构是什么、受什么因素影响的基本问题。

　　已有文献多基于一般公共预算支出中各功能性支出的占比刻画和描述财政支出结构，包括了"基本建设支出"（傅勇、张晏，2007）②、"生产性支出"（张宇，2013）③、"社会保障支出"（黄国平，2013）④以及"行政管理支出""科教文卫支出"等，并进一步分析了支出占比的影响因素（付文林、沈坤荣，2012）⑤。较新的研究还关注经济建设和科教文卫支出占比的省际差异，指出该差异显著存在并且在特定阶段内具有一定的稳定性（姚东旻等，2020）⑥。但是预算支出结构的稳定性差异是否促使部分省份的预算支出结构趋同，从而最终表现为不同的预

---

　　①　姚东旻、赵江威、高秋男、许艺煊：《我国省级政府预算支出模式的动态演进与转化动力——一个类型学分析》，《社会学评论》2022年第4期。

　　②　傅勇、张晏：《中国式分权与财政支出结构偏向：为增长而竞争的代价》，《管理世界》2007年第3期。

　　③　张宇：《财政分权与政府财政支出结构偏异——中国政府为何偏好生产性支出》，《南开经济研究》2013年第3期。

　　④　黄国平：《财政分权、城市化与地方财政支出结构失衡的实证分析——以东中西部六省为例》，《宏观经济研究》2013年第7期。

　　⑤　付文林、沈坤荣：《均等化转移支付与地方财政支出结构》，《经济研究》2012年第5期。

　　⑥　姚东旻、许艺煊、高秋男、赵江威：《省际预算支出结构的差异及其主要来源》，《财贸经济》2020年第9期。

算支出模式这一问题尚未得到充分讨论。对整体支出结构的典型模式、具体特征展开直接分析,不仅为后续研究地方预算支出结构提供了新的视角,有助于我们进一步归纳分属不同模式的政府支出的一般性规律,也为评估预算支出结构效率高低提供了研究对象和必要基础。明确地方政府预算支出模式的影响因素,就找到了调整和优化财政支出结构的有力抓手,这对于解决目前财政支出结构固化问题、促进政府职能转变,最终有力推进政府公共服务的供给侧结构性改革有所助益。

为系统回答两个核心研究问题:"我国地方政府预算支出模式有哪些、具有什么特点?""什么因素影响了地方政府支出属于某一种模式而非其他?"我们重点关注我国省级政府预算支出模式。特别注意的是,这里的省级政府预算支出并非省本级预算支出,而是指省及省以下政府预算支出的加总数。首先,本章展开省级政府预算支出模式的类型分析,依据两个描述性维度——经济建设和科教文卫预算支出划分出了四种不同的预算支出模式。其次,基于相关政策文本,分析不同的支出模式表现出了怎样的经济特征。最后,综合使用逐步回归法、滚动回归法和多分类 Logit 模型,从解释性维度寻找省级政府预算支出模式的直接影响因素。

第一节　省级政府预算支出结构的类型分析

省级政府的预算支出结构是否可以划分为不同的模式,是一个类型划分的问题。分类是从纯粹的描述走向解释性研究的关键一步,也为实现有序控制和预测提供了基础。

一、划分前提:预算支出结构的描述性维度和分布特征

"预算支出结构"一直以来就是财政学的一大研究重点[1],具体研究内容包含了财政支出结构的历史演变规律(李永友,2010)[2]、影响因素(傅勇、张晏,2007)[3]及

---

[1]　预算支出结构也称"公共支出结构"、"财政支出结构",与之类似的研究主题包括"政府支出偏向"和"公共品提供偏向"等。

[2]　李永友:《我国财政支出结构演进及其效率》,《经济学(季刊)》2010 年第 1 期。

[3]　傅勇、张晏:《中国式分权与财政支出结构偏向:为增长而竞争的代价》,《管理世界》2007年第 3 期。

效率分析等(张晓娣、石磊,2013;余泳泽、王岳龙等,2020)①②。以上研究均是在预算支出结构描述的基础上展开的。而现有研究则多基于支出的功能性分类对预算支出结构进行刻画,具体通过以基础设施建设为主要内容的经济建设支出和以科技、教育与医疗为主要内容的科教文卫支出对政府预算支出结构进行讨论(林敏、余丽生,2011;张宇,2013;姚东旻等,2020)③④⑤。同时,由于2007年政府收支分类改革导致的数据口径差异问题,行政管理支出和社会保障支出数据难以在更长的研究区间内整合、对应。具体地,以2007年及之前为研究区间的文章更多地关注行政管理费用(刘叔申、吕凯波,2011;杨宝剑、颜彦,2012)⑥⑦;之后的研究则更多地关注社会保障支出(马光荣、杨恩艳,2010;匡小平、杨得前,2013)⑧⑨。借鉴已有文献的思路,并且考虑到数据口径统一的可行性,本章主要从可以影响地方经济发展的经济建设支出占比和与地方社会福利水平相关的科教文卫支出占比两个维度对我国各省的预算支出结构进行描述。

确定了描述性维度,在进行具体的类型划分前,我国省级政府经济建设支出和科教文卫支出占比具有怎样的分布特征是需要先回答的一个问题。图5-1具体展示了不同年份两项支出占比的概率密度曲线。首先,图中黑色实线分别代表经济建设和科教文卫支出占比的概率分布,可以看出经济建设支出占比整

---

① 张晓娣、石磊:《中国公共支出结构的最优调整方案研究——区域聚类基础上的梯度法求解》,《财经研究》2013年第10期。

② 余泳泽、王岳龙、李启航:《财政自主权、财政支出结构与全要素生产率——来自230个地级市的检验》,《金融研究》2020年第1期。

③ 林敏、余丽生:《参与式预算影响地方公共支出结构的实证研究》,《财贸经济》2011年第8期。

④ 张宇:《财政分权与政府财政支出结构偏异——中国政府为何偏好生产性支出》,《南开经济研究》2013年第3期。

⑤ 姚东旻、朱泳奕、余凯:《制度惯性、地方领导人更替与财政支出结构变动》,《社会学研究》2020年第2期。

⑥ 刘叔申、吕凯波:《财政支出结构、产业结构和城乡居民收入差距——基于1978—2006年省级面板数据的研究》,《经济问题》2011年第11期。

⑦ 杨宝剑、颜彦:《地方财政支出结构优化的实证研究——基于东部、中部、西部的省级面板数据分析》,《财贸研究》2012年第4期。

⑧ 马光荣、杨恩艳:《打到底线的竞争——财政分权、政府目标与公共品的提供》,《经济评论》2010年第6期。

⑨ 匡小平、杨得前:《基于因子分析与聚类分析的中国地方财政支出结构的实证研究》,《中国行政管理》2013年第1期。

体上呈现"右偏"和"双峰"分布特点,而科教文卫支出占比则呈现出较为对称的"单峰"分布。接下来,为探究该支出分布特征是否具有稳定性,我们将截止年份依次选取为 2013 年、2015 年和 2017 年,分项支出占比概率密度曲线分别以灰色点线、散点以及虚线展现在图 5-1 上方两图中。容易看出,三个不同的研究区间内,经济建设和科教文卫支出占比分布始终与支出占比分布高度相似,初步证实了经济建设和科教文卫支出占比整体分布的稳定性。为进一步确认该分布的稳定性,图 5-1 下方两图将截止年份提前为 1996 年、2004 年和 2012 年,分布曲线分别以黑色点线、散点以及虚线表示。可以看出,尽管 1996—2004 年我国地方政府经济建设支出占比的分布呈现出明显的"单峰"分布特征,且整体均值要低于完整研究区间的分布,但在 1996—2012 年,经济建设支出分布已与完整分布十分相似。对于科教文卫支出占比,除了 1996 年呈现出轻微的"左偏"和"双峰"分布特征外,在 1996—2004 年和 1996—2012 年两个研究区间内都已表现出"单峰"分布和对称特征——这与完整分布一致。这意味着 2012 年之后,无论是经济建设支出占比还是科教文卫支出占比,其分布均未发生明显变化,相对稳定。稳定的整体分布表明了本章可以基于其稳定特征得到稳健且具有代表性的划分标准——这是确定模式划分标准的重要前提。

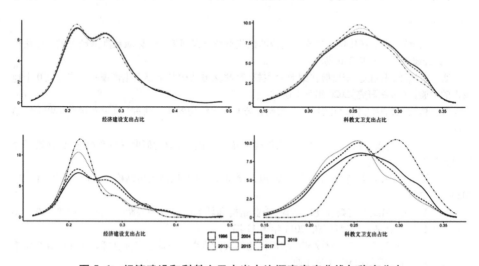

图 5-1 经济建设和科教文卫支出占比概率密度曲线与稳定分布

资料来源:多年数据来自《中国财政年鉴》(1997 卷—2020 卷),中国财政年鉴编辑部编:《中国财政年鉴》(2020 卷),中国财政杂志社 2020 年版,第 216—218 页等。

二、划分标准：基于稳定分布的预算支出模式绝对标准

在确定经济建设和科教文卫支出占比的稳定分布后,我们将基于类型学的研究范式确定为预算支出模式的划分标准。类型学研究中的结构主义学派认为,类型划分应当着重于整体而非部分。因为任何事物都是一个复杂的统一整体,其中任何一个组成部分的性质都不可能孤立地被理解,故而只能将它置于一个整体的关系网络中,使其与其他部分联系起来。图5-1分别从经济建设和科教文卫支出占比两个描述性维度展示了我国各省预算支出占比的整体稳定分布特征。因此,对于省份的预算支出整体而言,不能孤立地研究经济建设和科教文卫的支出。但是不同省份的预算支出类型是什么?对于同一个省,不同年份的预算支出类型又具备怎样的动态特征?孤立地研究经济建设和科教文卫支出占比无法直接回答以上问题。

为剔除同一省份不同年份的时间混杂影响,本章在研究区间内对我国各省经济建设和科教文卫支出占比取均值,而后基于预算支出占比分布的稳定性,根据各省支出占比均值的中位数这一绝对标准进行分类,从而得到各省每年预算支出结构的类型划分结果。具体来看,经济建设支出占比的"双峰"和"右偏"分布特征表明经济建设支出的高低分界线将处于双峰形成的峰谷稍右侧,分界线左边属于经济建设支出占比低的省份,而右边属于占比高的省份;科教文卫支出占比的"单峰对称"分布特征表明"单峰"的右边属于科教文卫支出占比高的省份,而左边的省份是该项支出占比低的省份。换言之,本章定义各省经济建设支出占比均值的中位数0.2503为该项支出占比高低的划分标准,即某一年某省的经济建设支出占比高于0.2503即视为高经济建设支出省份,反之为低经济建设支出省份。科教文卫支出占比高低的划分标准为0.2638。基于这一绝对标准,我们可以进一步将31个省区市(不含港澳台)共744个散点划分在四个象限中,如图5-2所示。根据两项预算支出占比的高低组合能够划分出四种预算支出模式。第一至四象限分别对应着"高均衡支出型"、"科教文卫偏向型"、"低均衡支出型"和"经济建设偏向型"4种类型的省级政府预算支出模式:(1)"高均衡支出型"模式,突出表现为经济建设和科教文卫支出占比都相对较高,代表省份的经济发展需求和民生性需求均相对较高;(2)"经济建设偏向型"模式,突出特征表现为经济建设支出占比相对较高,并且科教文卫支出占比相对较低,这些省份将本省更多的财

政资金投入基础建设等经济发展领域;(3)"科教文卫偏向型"模式,指科教文卫支出占比相对较高,这些省份将更多的财政资源投入科教文卫领域;(4)"低均衡支出型"模式的突出特征为经济建设和科教文卫支出占比均相对较低,这些省份的经济发展水平相对较高且民生性公共品需求相对均衡,表现出整体低均衡的预算支出结构。

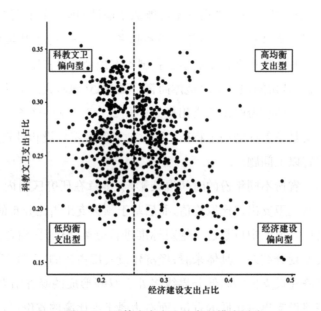

图5-2 预算支出占比散点和模式划分

资料来源:多年数据来自《中国财政年鉴》(1997卷—2020卷),中国财政年鉴编辑部编:《中国财政年鉴》(2020卷),中国财政杂志社2020年版,第216—218页等。

三、划分结果:动态变化的地方政府预算支出模式

依据图5-2可以确定每年各省的预算支出模式是什么,那么在研究区间内不同省份的预算支出模式如何变化?图5-3展示了31个省区市(不含港澳台)预算支出结构属于四种模式的频次。容易发现,各省财政支出的偏向主要与该省的社会发展阶段相关。我们将以下几个省作为例子来解释这一点。西藏在整个研究区间内均属于经济建设偏向型,这与西藏经济发展滞后,需要将财政资源首要投入经济发展领域的现实情况相符。宁夏、内蒙古和青海等经济欠发达省份的预算支出模式也有超过20年属于经济建设偏向型。而浙江、福建、江苏等东部沿海发达省份在改革开放初期便已在经济建设领域投入较多资金,所以之后更多地将财政

支出重心转移至科教卫生领域,因此它们在超过 10 年的时间内支出模式都属于科教文卫偏向型。与以上几个典型示例不同,其他省份的预算支出模式则在研究区间内表现出频繁转化的特征。其中,吉林、云南、甘肃等 16 个省份出现过四种预算支出模式,而四川、河北和山东等 10 个省份也出现过三种预算支出模式。

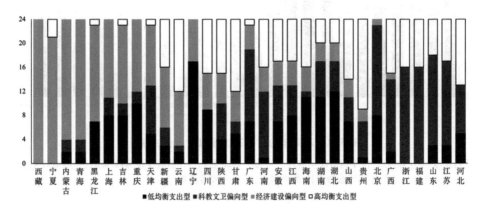

图 5-3　各省预算支出模式的频次统计

资料来源:多年数据来自《中国财政年鉴》(1997 卷—2020 卷),中国财政年鉴编辑部编:《中国财政年鉴》
(2020 卷),中国财政杂志社 2020 年版,第 216—218 页等。

　　固定省份后可以发现各省预算支出模式的动态变化特征,那么不同年份的地方政府预算支出模式又具有怎样的变化规律? 图 5-4 具体展示了每年四种预算支出模式出现的频数。直观来看,第一,在研究区间内,低均衡支出型省份数量逐渐减少,而高均衡支出型省份数量明显增加。具体表现为高均衡支出型模式集中出现在研究区间的后半段,而低均衡支出型模式集中出现在研究区间的前半段,这是因为这两种模式主要受其他预算支出占比的影响。第二,经济建设偏向型和科教文卫偏向型也表现出了一定程度的替代性,即每年经济建设偏向型或科教文卫偏向型支出模式的省份数量呈现此消彼长的动态变化。换言之,经济建设偏向型省份的数量增加时,科教文卫偏向型省份的数量会相应减少。第三,我国总体的各省支出模式呈现出一个不断变化的形式。在 1996—1998 年,我国正处于市场化改革的"推进期",此时多数省份是科教文卫偏向型的支出模式。到了 1999—2007 年,我国进入到改革的"深化期",支出模式变化为经济建设偏向型和低均衡支出型交替出现。而在 2008—2015 年,多数省份的支出模式由经济建设偏向型向高均衡支出型转化。2016 年后多数省份则又回到了以科教文卫偏向型为主的支出模式。

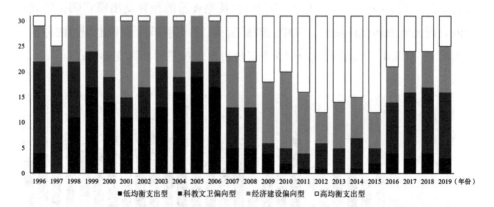

图 5-4　不同年份省级政府预算支出模式统计

资料来源:多年数据来自《中国财政年鉴》(1997 卷—2020 卷),中国财政年鉴编辑部编:《中国财政年鉴》
　　　　(2020 卷),中国财政杂志社 2020 年版,第 216—218 页等。

第二节　社会发展阶段与预算支出结构

　　预算支出结构反映了财政资源的配置情况。有关预算支出结构研究的最终
落脚点多是优化支出结构,提高财政支出效率。对于财政支出结构的优劣,一个
重要的评判标准就是其配置是否与现阶段的重点发展领域相一致。上一节我们
指出了省级政府预算支出模式在不同省份间、不同时间区间内所表现出的差异,
这些差异极可能是因为不同省份所处的社会发展阶段不同所导致的。那么接下
来需要回答的是:社会发展阶段的评判标准是什么? 划分社会发展阶段的具体
因素与预算支出模式的两个描述性维度之间的关系又是什么?

一、社会发展阶段的评判因素

　　社会发展阶段的评价标准主要可以概括为以下三项:经济发展标准、人口特
征标准和财政制度标准。发根于发展经济学,刘易斯(Lewis)认为发展中国家的
发展实质是经济增长,将工业化作为发展的中心内容。单纯的经济增长带来了
物质财富的积累,通过提高人均产出来提高国民收入水平。① 已有研究发现地

---

① 　Arthur L.W. , *The Theory of Economic Growth* , Milton Park: Routledge , 1955.

方经济的发展水平(De Borger,Kerstens,1996)①和市场化程度等特征(Poncet, 2003)②确实影响了财政资源的结构性配置。

相对于唯经济增长型发展观,新发展观认为社会发展不仅要从总体的经济增长来考虑,更重要的是要以人的发展为中心,承认和兼顾各个方面的不一致性(佩鲁,1987)③。人类追求发展的根本目的就是为了满足人类生存和发展的需要,所以社会发展的基本出发点是人生存和发展的需要及其现实满足程度。党的十六届三中全会也提出了"以人为本"的科学发展观,为以人的发展为中心的新发展观提供了有力支撑。大量研究也认为地方政府在考虑预算支出配置时需要考虑人口密度(Grossman 等,1999)④和人口结构(李永友,2010)⑤等因素,且需要对公众偏好作出回应(Hamilton,1983)⑥。

制度文明是社会发展的重要标志。制度进步在经济、法制和人力资源等领域都产生了巨大影响。特别地,财政制度对财政支出配置的影响更是不言而喻。

二、社会发展阶段的评判因素如何影响预算支出结构

目前,学术界已积累了大量关于经济建设支出和科教文卫支出影响因素的研究成果。那么社会发展阶段的三类评判因素能否以及如何影响这两项预算支出占比呢?

在经济发展方面,潘镇等(2013)发现市场化程度加深会增加地方政府的科技支出倾向⑦,而王蓉、杨建芳(2008)发现国有经济比重和第一产业比重越大的

---

① De Borger B., Kerstens K., "Cost Efficiency of Belgian Local Governments: A Comparative Analysis of FDH, DEA, and Econometric Approaches", *Regional Science and Urban Economics*, Vol.26, No.2, 1996, pp.145-170.

② Poncet S., "Measuring Chinese Domestic and International Integration", *China Economic Review*, Vol.14, No.1, 2003, pp.1-21.

③ [法]弗朗索瓦·佩鲁:《新发展观》,张宁、丰子义译,华夏出版社 1987 年版。

④ Grossman P.J., Mavros P., Wassmer R.W., "Public Sector Technical Inefficiency in Large US Cities", *Journal of Urban Economics*, Vol.64, No.2, 1999, pp.278-299.

⑤ 李永友:《我国财政支出结构演进及其效率》,《经济学(季刊)》2010 年第 1 期。

⑥ Hamilton B.W., "The Flypaper Effect and Other Anomalies", *Journal of Public Economics*, Vol.22, No.3, 1983, pp.347-361.

⑦ 潘镇、金中坤、徐伟:《财政分权背景下地方政府科技支出行为研究》,《上海经济研究》2013 年第 1 期。

地区,财政教育支出比重越小[①]。相似地,也有研究发现地区民营经济份额越大,政府的福利性支出的占比越大(尹恒、杨龙见,2014)[②]。也有学者从贸易开放程度和外商直接投资角度对经济合作与发展组织国家展开研究,格默尔(Gemmell 等,2008)发现外商直接投资的提升会降低政府的社会保障支出[③],更多研究则发现贸易开放程度升高显著提高了政府预算中的社会福利性支出(Hicks,Swank,1992;Huber 等,1993;Bretschger,Hettich,2002)[④][⑤][⑥]。

在人口特征方面,黄国平(2013)发现在城市化率越高的地区,基础建设支出占比越高,而教育和卫生支出占比越低;人口密度对教育、卫生支出均无显著影响,但对经济建设支出具有一定负面影响。[⑦] 李振宇等(2015)发现在1999—2006年和2006—2011年,高校在校生数目对地方普通高校教育事业费支出占比分别具有负向和正向影响,表现出明显的阶段性特点。[⑧] 而李振宇、李涛(2020)指出2010—2016年地方高校数、专任教师数以及在校学生数的提高均显著增加了地方政府的高等教育经费投入。[⑨] 姚东旻等(2020)则发现人均受教育年限提升显著提高科教文卫支出占比,从而相应降低了经济建设支出占比。[⑩]

---

① 王蓉、杨建芳:《中国地方政府教育财政支出行为实证研究》,《北京大学学报(哲学社会科学版)》2008年第4期。

② 尹恒、杨龙见:《地方财政对本地居民偏好的回应性研究》,《中国社会科学》2014年第5期。

③ Gemmell N., Kneller R, Sanz I., "Foreign Investment, International Trade and the Size and Structure of Public Expenditures", *European Journal of Political Economy*, Vol. 24, No. 1, 2008, pp.151–171.

④ Hicks A.M., Swank D.H., "Politics, Institutions, and Welfare Spending in Industrialized Democracies, 1960–82", *American Political Science Review*, Vol.86, No.3, 1992, pp.658–674.

⑤ Huber E., Ragin C., Stephens J.D., "Social Democracy, Christian Democracy, Constitutional Structure, and the Welfare State", *American Journal of Sociology*, Vol.96, No.3, 1993, pp.711–749.

⑥ Bretschger L., Hettich F., "Globalisation, Capital Mobility and Tax Competition: Theory and Evidence for OECD Countries", *European Journal of Political Economy*, Vol.18, No.4, 2002, pp.695–716.

⑦ 黄国平:《财政分权、城市化与地方财政支出结构失衡的实证分析——以东中西部六省为例》,《宏观经济研究》2013年第7期。

⑧ 李振宇、彭从兵、袁连生:《省际地方普通高校教育经费支出结构差异》,《高等教育研究》2015年第12期。

⑨ 李振宇、李涛:《财政分权视角下地方政府高等教育投入的竞争效应分析》,《中国高教研究》2020年第3期。

⑩ 姚东旻、许艺煊、高秋男、赵江威:《省际预算支出结构的差异及其主要来源》,《财贸经济》2020年第9期。

在财政制度方面,关于纵向财政治理结构对预算支出的影响,大量研究构建了不同指标,发现了财政分权对经济建设支出的正向影响(傅勇、张晏,2007;刘小勇、丁焕峰,2015;吴延兵,2017)①②③。与普遍情况略有不同的是,张宇(2013)发现我国政府对生产性支出的偏好并非由传统意义上的财政分权所引发,而是分税制改革后财政收入集权与财政支出分权两者共同作用的结果。④ 关于财政分权对科教文卫支出的影响,研究对象和时间区间的差异致使研究结论并不一致(乔宝云等,2005;潘镇等,2013;黄国平,2013)⑤⑥。李丹和裴育(2011)的研究发现财政透明度的提高增加了人均社会保障与就业支出。⑦ 也有研究基于省直管县财政体制改革这一外生冲击,研究纵向财政治理结构对地方政府职能的影响,发现纵向财政治理结构导致了民生性支出占比下降(刘佳等,2012;王小龙、方金金,2014;宁静等,2015;贾俊雪、宁静,2015)⑧⑨⑩⑪。

现有研究分析了诸多具体的影响因素对地方政府预算支出的影响,但是却没有发现和解释省级政府存在多种预算支出模式动态转化的现实,自然也就无法回答地方政府预算支出的影响因素中,哪些是省级政府预算支出模式动态转

---

① 傅勇、张晏:《中国式分权与财政支出结构偏向:为增长而竞争的代价》,《管理世界》2007年第3期。

② 刘小勇、丁焕峰:《邻里竞争、财政分权与政府财政支出偏向研究——基于三层分权框架的角度》,《当代财经》2015年第7期。

③ 吴延兵:《中国式分权下的偏向性投资》,《经济研究》2017年第6期。

④ 张宇:《财政分权与政府财政支出结构偏异——中国政府为何偏好生产性支出》,《南开经济研究》2013年第3期。

⑤ 乔宝云、范剑勇、冯兴元:《中国的财政分权与小学义务教育》,《中国社会科学》2005年第6期。

⑥ 潘镇、金中坤、徐伟:《财政分权背景下地方政府科技支出行为研究》,《上海经济研究》2013年第1期。

⑦ 李丹、裴育:《财政透明度对财政资金配置效率的影响研究》,《财经研究》2016年第2期。

⑧ 刘佳、吴建南、吴佳顺:《省直管县改革对县域公共物品供给的影响——基于河北省136县(市)面板数据的实证分析》,《经济社会体制比较》2012年第1期。

⑨ 王小龙、方金金:《政府层级改革会影响地方政府对县域公共教育服务的供给吗?》,《金融研究》2014年第8期。

⑩ 宁静、赵国钦、贺俊程:《省直管县财政体制改革能否改善民生性公共服务》,《经济理论与经济管理》2015年第5期。

⑪ 贾俊雪、宁静:《纵向财政治理结构与地方政府职能优化——基于省直管县财政体制改革的拟自然实验分析》,《管理世界》2015年第1期。

化的主要动力。结构分析不是锚定单一起因,而是关注现象背后系统化、组织化变量的推动(张静,2021)①。

第三节　预算支出模式动态变化的实证证据

一、数据来源及变量说明

本章的实证研究将尽可能全面地分析我国预算支出模式的动态变化规律。文中分析使用的数据来源于《中国统计年鉴》和《中国财政年鉴》,以及中国经济与社会发展统计数据库、国家统计局官方网站等在线资源。对于缺失的部分预算支出数据,本章还借助各省的统计年鉴进行了补充。本章关注的因变量为我国省级政府的预算支出模式,即各省预算支出结构的两个重要维度,具体包括经济建设和科教文卫支出占一般公共预算支出的比例。解释变量是社会发展阶段的评判因素,也是能够影响省级政府预算支出结构的具体因素。结合数据的可得性,本章综合选取了 6 个具体影响因素:市场化程度、地方财力、城市化率、人口密度、人均受教育年限以及财政支出分权。

（一）被解释变量

本章关注的因变量为我国省级政府的预算支出模式,即各省预算支出结构的两个重要维度,具体包括经济建设和科教文卫支出占一般公共预算支出的比例。省级政府的预算支出模式为分类变量,共有 4 种取值,即低均衡支出型赋值为 1,经济建设偏向型为 2,科教文卫偏向型为 3,高均衡支出型为 4。省级政府预算支出数据采用全省的加总数而非省本级预算数。值得注意的是,我国于2007 年进行了政府收支科目改革。为了改革前后的数据可以匹配,本章依据财政部预算司编制的《财政部关于印发政府收支分类改革方案的通知》和《政府收支分类改革问题解答》,逐一对照改革前后年份的具体支出分类科目,将财政预算划分为经济建设、科教文卫两类支出。依据政策文本和统计检验,本章已尽最大可能地确保改革前后经济建设和科教文卫支出科目涵盖事项的具体数据在加

---

① 张静:《结构分析落伍了吗?——基于经验现象的研究推进》,《社会学评论》2021 年第1 期。

总之后是对应的①。

（二）解释变量

解释变量是社会发展阶段的评判因素，也是能够影响省级政府预算支出结构的具体因素。结合数据的可得性，我们综合选取了6个具体影响因素：（1）市场化程度。这代表着除了国有经济以外其他经济的占比情况（潘镇等，2013）②，本章具体采用非国有控股的规模以上工业企业销售产值占比来衡量。（2）地方财力。意指地方政府可以调用的财政资源，为了控制人口规模的影响，本章采用人均财政收入来刻画。（3）城市化率。在本章中，我们采用城镇人口数/总人口数予以衡量。（4）人口密度。这可能影响地方政府的预算支出结构，本章采用各省总人口数量/总面积予以衡量。（5）提高人均受教育年限。这是本地区教育支出的目标，具体使用从小学至博士7个层次受教育程度分组劳动力占比的加权平均数来衡量人均受教育年限。（6）财政支出分权。意指地方政府在预算执行等方面的自主权，本章借鉴傅勇和张晏（2007）的衡量方式③，采用各省预算内人均本级财政支出/中央预算内人均本级财政支出来衡量。主要变量描述性统计见表5-1。

表5-1　主要变量描述性统计

变量名	变量类型	均值	标准差	最小值	最大值
预算支出模式	多分类	2.47	1.08	1.00	4.00
经济建设支出占比	连续	0.26	0.06	0.13	0.49
科教文卫支出占比	连续	0.26	0.04	0.15	0.36
市场化程度	连续	0.75	0.22	0.05	0.99
地方财力	连续	0.32	0.42	0.01	2.95
城市化率	连续	0.48	0.16	0.18	0.90

① 本章一方面在基准模型中加入2007年虚拟变量进行回归，拟合结果显示其系数均不显著。另一方面，使用邹氏检验（Chow Test）检验2007年是否存在断点，检验结果统计量不显著。以上检验结果表明本章匹配后的预算支出结构数据不存在结构性断点。

② 潘镇、金中坤、徐伟：《财政分权背景下地方政府科技支出行为研究》，《上海经济研究》2013年第1期。

③ 傅勇、张晏：《中国式分权与财政支出结构偏向：为增长而竞争的代价》，《管理世界》2007年第3期。

续表

变量名	变量类型	均值	标准差	最小值	最大值
人口密度	连续	5.26	1.47	0.67	8.26
人均受教育年限	连续	8.34	1.17	4.69	12.87
支出分权	连续	5.06	3.63	1.08	24.85

二、实证策略

本章借助中国 31 个省区市(不含港澳台)的省级面板数据,综合使用逐步回归法、滚动回归法和多分类 Logit 模型以探究我国省级政府预算支出模式动态变化的转化动力。如图 5-5 所示,本章的实证研究分为两个主要步骤:第一步,在梳理文献中预算支出结构的具体影响因素基础上,使用逐步回归法,并参考以赤池信息量准则(Akaike Information Criterion,AIC)为代表的模型拟合评价指标来确定经济建设支出占比和科教文卫支出占比的最优拟合方程。基于此,再使用滚动回归法来分析两类支出占比各自的影响因素在研究期间的动态影响。第二步,在明确划分出我国省级政府预算支出模式的基础上,借助多分类 Logit 模型直接分析什么因素主要导致了省级政府预算支出模式的动态变化,即核心驱动力是什么。第三步,选取不同地域、不同社会发展阶段的代表性省份,具体分析这些省份每一年模式变动的成因,以案例分析来展示我国省级政府预算支出模式转化动力如何具体发挥作用。

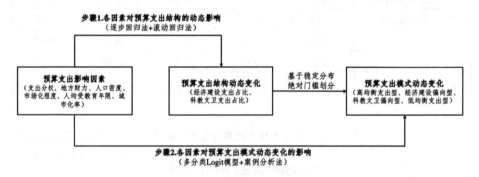

图 5-5 实证研究设计与步骤

资料来源:笔者自制。

第四节　预算支出模式动态变化的结果分析

首先,使用逐步回归法并参考模型拟合信息准则,筛选确定我国省级政府预算支出结构的影响因素。然后,基于筛选后的影响因素使用滚动回归法,捕捉各因素对预算支出结构的动态影响。进一步地,本章使用多分类 Logit 模型分析我国省级政府预算支出模式动态变化的核心驱动力,并以案例分析的方式来展示我国省级政府预算支出模式转化动力如何发挥作用。

一、预算支出结构变化的动态解释

本节使用逐步回归法和滚动回归法分析了各因素对我国省级政府预算支出结构的动态影响。对于经济建设支出占比,城市化率在逐步回归过程中被剔除,支出分权和市场化程度表现为正向影响,其中,支出分权的影响程度有下降趋势,市场化程度的影响程度有上升趋势;地方财力、人口密度和人均受教育年限表现为负向影响,影响程度分别表现出下降、上升和波动变化的特征。对于科教文卫支出占比,人均受教育年限在逐步回归过程中被剔除,支出分权和城市化率表现为负向影响,影响程度均大致表现为先增后减的趋势;地方财力、人口密度和市场化程度为正向影响,地方财力和市场化程度影响表现为先增后减,而人口密度表现为先减后增。各解释变量在不同社会发展阶段对于省级政府预算支出结构的影响是不同的,能够为预算支出结构的动态变化提供解释依据。

逐步回归法模型构建如下,$FS_{i,t}$ 表示研究期间各省份的经济建设支出占比和科教文卫支出占比,X_k 表示反映地方特异特征的一系列影响因素变量,α 和 β_k 分别表示常数项与各解释变量的估计系数,ε 表示误差项。

$$FS_{i,t} = \alpha + \sum \beta_k X_{i,t}^k + \varepsilon \qquad (5-1)$$

如表 5-2 所示,列(1)和列(4)为混合效应模型的估计结果,列(2)和列(5)是以逐步回归的方式最终确定的混合效应模型结果。为了检验结果的稳健性,我们又对逐步回归法确定的解释变量采用固定效应法进行再估计,如列(3)和列(6)所示。由此数据会发现固定效应估计结果与混合效应估计结果基本保持一致,证明了研究结果具有一定的稳健性。

表 5-2 预算支出结构影响因素估计结果

变量	经济建设支出占比			科教文卫支出占比		
	（1）	（2）	（3）	（4）	（5）	（6）
	混合效应	逐步回归	固定效应	混合效应	逐步回归	固定效应
市场化程度	0.055 *** (6.07)	0.055 *** (6.09)	0.035 *** (2.62)	0.038 *** (5.37)	0.036 *** (5.14)	0.048 *** (6.36)
地方财力	−0.036 *** (−5.07)	−0.036 *** (−5.12)	−0.027 *** (−2.76)	0.042 *** (7.54)	0.039 *** (7.41)	0.025 *** (4.22)
城市化率	0.003 (0.12)			−0.060 *** (−3.77)	−0.072 *** (−5.09)	−0.151 *** (−7.53)
人口密度	−0.012 *** (−7.07)	−0.012 *** (−7.77)	−0.184 *** (−5.27)	0.009 *** (6.63)	0.009 *** (6.67)	0.048 ** (2.19)
人均受教育年限	−0.008 *** (−2.69)	−0.008 *** (−2.98)	−0.017 *** (−3.81)	−0.004 (−1.54)		
支出分权	0.008 *** (11.15)	0.008 *** (11.35)	0.005 *** (5.09)	−0.003 *** (−4.53)	−0.003 *** (−5.07)	−0.001 * (−1.67)
常数项	0.312 *** (16.67)	0.311 *** (17.84)	1.045 *** (5.73)	0.244 *** (16.57)	0.224 *** (31.22)	0.461 *** (4.06)
样本量	744	744	744	744	744	744
AIC	−2517.383	−2519.367	−2708.68	−2866.038	−2874.639	−3443.034
Hausman 检验			56.12 ***			324.59 ***

注： * $p<0.1$，** $p<0.05$，*** $p<0.01$，括号内为 t 值，下表同。

接下来使用滚动回归法分别对逐步回归法确定的估计方程进行再回归，具体回归窗口是 12 年①。如图 5-6 所示，对于经济建设支出占比，市场化程度的估计系数先增后减，后期影响不显著；地方财力在截止年份 2013 年之前的影响均显著为负且保持增加趋势，在 2013 年后变为不显著；人口密度在所有滚动窗口期间的影响均显著为负，作用大小表现为先减后增的趋势；人均受教育年限的影响系数在所有滚动窗口期间均显著为负，作用大小表现为先减后增再减的趋势；支出分权在所有滚动窗口期间的影响均显著为正（除2018 年），但有下降的趋势，说明了支出分权对经济建设支出占比的影响在减弱。

---

① 将滚动窗口设定为 10 年和 14 年，估计系数的趋势变化与图 5-6 基本一致。并且，相较于滚动窗口为 10 年、12 年的结果，滚动窗口为 14 年的结果更平滑。

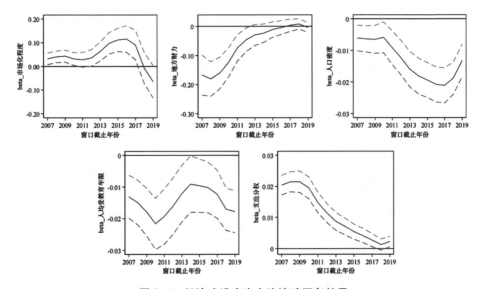

图 5-6　经济建设支出占比滚动回归结果

资料来源:多年数据来自《中国财政年鉴》(1997 卷—2020 卷),中国财政年鉴编辑部编:《中国财政年鉴》
　　　　(2020 卷),中国财政杂志社 2020 年版,第 216—218 页等。

在图 5-7 中,市场化程度在截止年份为 2008—2018 年的滚动窗口期间对科教文卫支出存在正向影响,且影响程度先增后减;地方财力的影响系数均显著为正(除 2007 年),并存在先增后减的趋势,这说明了近年来地方财力的作用逐渐减弱;人口密度的影响系数均显著为正,表现为先减后增的趋势,反映了其作用效力在增大。城市化率在所有滚动窗口期间的影响均为负,在截止年份为2014—2017 年的滚动窗口期间,影响程度不断增大,其余年份有所降低;支出分权在所有滚动窗口期间的影响均显著为负(除 2007 年),并且其绝对值在 2010年前逐年增加,在 2010 年后波动性降低。

二、预算支出模式的转化动力

在分析各因素对于预算支出结构单一维度的动态影响基础上,继续通过分类Logit 模型直接分析我国省级政府预算支出模式的转化动力是什么。多分类 Logit模型是一种多值分类统计模型,可在给定解释变量的情况下,预测多种分类结果,同时估计不同解释变量对各预算支出模式的相对影响(孔国书、齐亚强,2017)①,

---

①　孔国书、齐亚强:《影响居民肥胖的社会经济因素:性别与城乡差异》,《社会学评论》2017
年第 5 期。

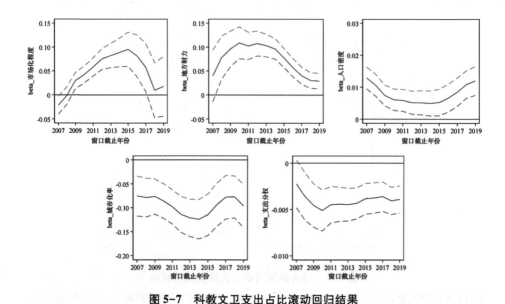

图 5-7　科教文卫支出占比滚动回归结果

资料来源:多年数据来自《中国财政年鉴》(1997 卷—2020 卷),中国财政年鉴编辑部编:《中国财政年鉴》
　　(2020 卷),中国财政杂志社 2020 年版,第 216—218 页等。

即探究相同省份的预算支出模式存在时间上的动态变化原因,如北京市的预算支出模式在 2005 年表现为低均衡支出型,而在 2005 年之后稳定在了科教文卫偏向型,模型具体设定过程如下。

　　考虑到结果解释的直观性,将低均衡支出型作为基准组(参照模式),对其他三种预算支出模式进行联合估计(Simultaneously Estimation),估计模型如下:

$$\ln \frac{P(Mode_{it}=m)}{P(Mode_{it}=1)} = \alpha + \sum lr_m^k X_{it}^k + \varepsilon, m = 2,3,4 \qquad (5\text{-}2)$$

　　其中, $Mode_{it}$ 为基准组外的三种预算支出模式; lr_m^k 为相对风险比(Log-odds),或称为胜算对数比,表示转变为目标模式与转变为参照模式(低均衡支出型)的概率对比。由于相对风险比的实际经济意义不容易解释,本章将其指数化得到胜算比 r_m^k (Odds)。该指标反映了解释变量每变动 1 单位,省级政府预算支出模式转变为目标模式的概率是转变为参照模式(低均衡支出型)概率的 r_m^k 倍。

表 5-3 影响因素对预算支出模式动态变化的影响(多分类 Logit 模型)

变量	低均衡支出型	经济建设偏向型		科教文卫偏向型		高均衡支出型	
	—	相对风险比	胜算比	相对风险比	胜算比	相对风险比	胜算比
市场化程度	基准组	3.914 *** (5.47)	50.081	1.263 ** (1.98)	3.536	2.684 *** (2.32)	14.585
地方财力	基准组	−4.574 *** (−5.21)	0.010	1.992 *** (2.97)	7.330	0.277 (0.33)	1.319
城市化率	基准组	−4.702 ** (−2.38)	0.009	0.658 (0.37)	1.931	−16.682 *** (−7.54)	0.000
人口密度	基准组	−0.695 *** (−4.83)	0.499	0.179 (1.08)	1.196	−0.518 *** (−3.00)	0.596
人均受教育年限	基准组	−0.522 ** (−2.24)	0.593	−0.442 *** (−3.86)	0.627	−0.07 (−0.27)	0.932
支出分权	基准组	1.099 *** (8.44)	3.000	0.022 (0.17)	1.022	0.807 *** (5.81)	2.241
常数项	基准组	4.017 *** (2.64)	55.518	4.056 *** (2.63)	57.723	0.147 (0.08)	1.158

如表 5-3 所示,各解释变量在经济建设偏向型、科教文卫偏向型和高均衡支出型的 3 个估计方程中至少有 1 个是显著的,说明了通过逐步回归法筛选过后的解释变量能够较好地解释预算支出模式的动态变化。具体来看,对于市场化程度,高均衡支出型和经济建设偏向型方程中的相对风险比显著为正,而科教文卫偏向型显著为负,说明相对于低均衡支出型,提升市场化程度使得省级预算支出模式向高均衡支出型和经济建设偏向型转化。对于地方财力,科教文卫偏向型方程中的相对风险比显著为正,而经济建设偏向型和高均衡支出型的相对风险比显著为负。科教文卫偏向型方程中地方财力的胜算比为 7.33,说明地方财力每增加 1 单位,省级政府预算支出模式转化为科教文卫偏向型的概率会增大 7.33 倍,也即地方财力的增加将使得省级预算支出模式向科教文卫偏向型转化,而经济建设偏向型方程中的系数显著为负,但其指数化之后的胜算比接近于 0,可以认为地方财力因素对于低均衡支出型到经济建设偏向型之间的转化没有较大影响。对于城市化率,经济建设偏向型与高均衡偏向型方程中的相对风险比显著为负,说明城市化率对低均衡支出型到经济建设偏向型和高均衡支出型的转化没有较大影响,与基准回归结果中城市化率对于经济建设支出占比的影响不显著相互印证。对于人口密度,仅经济建设偏向型的相对风险比显著,其胜

算比为 0.499,说明了人口密度的增加使得省级预算支出模式向经济建设偏向型转化。人均受教育年限的作用与市场化程度类似,增加人均受教育年限将同样使得省级预算支出模式向高均衡支出型和经济建设偏向型转化,且向高均衡支出型转化的概率最高。对于支出分权,经济建设偏向型与高均衡偏向型方程中的相对风险比显著为正,而科教文卫偏向型的相对风险比不显著。其中,经济建设偏向型和高均衡支出型的胜算比分别为 3 和 2.241,说明相对于低均衡支出型,支出分权每增加 1 单位,省级政府预算支出模式转化为经济建设偏向型和高均衡支出型的概率会增大,也即支出分权的增加将使得省级预算支出模式向经济建设偏向型和高均衡支出型转化。

最终通过模型结果我们发现市场化程度、地方财力、人口密度、人均受教育年限和支出分权能够较好地解释我国省级政府预算支出模式动态变化。具体而言,(1)提升市场化水平令预算支出模式转化到经济建设偏向型和高均衡支出型,背后可能的解释是地方政府增加基础建设支出为非公有制经济提供更好的发展环境。(2)地方财力的增加使得预算支出模式转化到科教文卫偏向型,地方政府可支配资源的增加会使得地方政府更加关注民生领域,支出重点在科技、教育和医疗等"软件"方面,而非基础设施建设等"硬件"方面。(3)人口密度变大使得预算支出模式转化到经济建设偏向型,人口密度的增加使得本省的经济建设具有聚集经济或规模经济效应(张宇,2013)[1],进而使得地方政府预算支出倾向经济建设领域。(4)人均受教育年限的增加则使得预算支出模式转化到科教文卫偏向型,反映出劳动力受教育程度越高的省份,其支出重点可能在科教文卫支出领域。(5)提高支出分权程度使得预算支出模式转化到经济建设偏向型和高均衡支出型,即地方政府财政分权的提高会使预算支出重心偏向经济建设领域,支出模式向经济建设偏向型转化的概率最大。这说明当前分税制下,地方政府分权度的增加会使得更多的财政资源投入经济建设领域,以追求"可视政绩"。总的来看,相对于低均衡支出型,市场化程度和支出分权的增加使得预算支出模式转化到经济建设偏向型和高均衡支出型;地方财力和人均受教育年限的增加使得预算支出模式转化到科教文卫偏向型;人口密度的增加使得预算支

---

① 张宇:《财政分权与政府财政支出结构偏异——中国政府为何偏好生产性支出》,《南开经济研究》2013 年第 3 期。

出模式转化到经济建设偏向型。由此,综合前文所述的基准回归、滚动回归以及
Logit 模型方法的实证结果,将实证结论整理如表 5-4 所示。

表 5-4　各因素对预算支出模式的影响总结

变量	基准回归 （影响方向）		滚动回归 （影响程度）		模式转化 （相对于低均衡支出型）
	经济建设	科教文卫	经济建设	科教文卫	指标增加
市场化程度	正	正	上升趋势	先增后减	经济建设偏向型 高均衡支出型
地方财力	负	正	上升趋势	先增后减	科教文卫偏向型
人口密度	负	正	下降趋势	先减后增	经济建设偏向型
人均受教育年限	负	—	波动趋势	波动趋势	科教文卫偏向型
支出分权	正	负	下降趋势	先增后减	经济建设偏向型 高均衡支出型

三、现实案例分析

通过多分类 Logit 模型,我们确定了各因素对省级政府预算支出模式动态变
化的影响,接下来选择代表省份展开案例分析以展示各因素的具体影响。囿于
篇幅,本章锁定不同地域、不同社会发展阶段的代表性省份,即北京市和陕西省,
检验市场化程度、地方财力、人口密度、人均受教育年限和支出分权——五个省
级政府预算支出模式的影响因素如何导致预算支出模式类型的转化。具体地,
对于预算支出模式类型发生变化的年份,我们关注该年决定因素的变化,观察该
变化带来的预期模式变化是否与现实相一致;对于预算支出模式类型保持不变
的时期,我们不仅关注决定因素的变动是否较小,还观察各决定因素对两类预算
支出占比的作用是否存在相互抵消的情况——作用方向是否相反。对于各影响
因素的变动程度,我们测算了每一年该因素的变动率,计算公式如下:

$$X_{i,t}^p = (X_{i,t} - X_{i,t-1}) / X_{i,t-1} \qquad (5-3)$$

我们首先关注北京市预算支出模式转换与影响因素变化,如图 5-8 所示,
整体来看,北京市预算支出模式波动性较低,多数年份表现为科教文卫偏向型和
低均衡支出型,仅在 2001 年转化为经济建设偏向型。接下来,我们关注北京市
预算支出模式转换的关键节点:(1)北京市在 1997 年地方财力从 0.11 增长到了
0.16(增长率为 45.45%),其他变量变动较小,支出模式从低均衡支出型向科教

文卫偏向型的转化与预期一致。(2)北京市在 2001 年支出分权从 7.45 增长到了 8.93(变动率为 19.87%),市场化程度从 0.46 增长到了 0.5(变动率为 8.70%),从低均衡支出型转化到经济建设支出型同样符合预期。(3)北京市在 2006 年地方财力已经保持了三年的正增长(平均变动率为 16.94%),并且人均受教育年限也一直保持正增长,达到了 10.95,因此会拉高科教文卫支出占比,而对经济建设支出占比的作用方向不完全一致,因此北京市从低均衡支出型转化为科教文卫偏向型与决定因素变化的预期模式一致。(4)北京市在 2006—2019 年阶段内,北京市预算支出模式表现为科教文卫偏向型,主要原因是特异性因素对于经济建设和科教文卫支出占比的影响方向均不完全一致。支出分权变化表现出波动特征,平均变动率为 2.25%,会提高经济建设支出占比,并降低科教文卫支出占比;地方财力平均变动率(11.61%)最大,对于科教文卫支出占比的影响为正且相对稳定,因此表现为科教文卫偏向型。市场化程度、地方财力、人口密度、人均受教育年限和支出分权的变化能够较好地解释北京市预算支出模式转化。

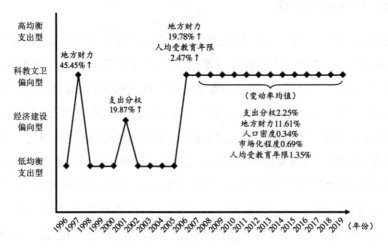

图 5-8 北京市预算支出模式转化①

资料来源:多年数据来自《中国财政年鉴》(1997 卷—2020 卷),中国财政年鉴编辑部编:《中国财政年鉴》(2020 卷),中国财政杂志社 2020 年版,第 216—218 页等。

陕西省预算支出模式转换与影响因素变化如图 5-9 所示。整体来看,陕西

---

① 北京市各因素均值以及变动率均值如下:对于因素均值,市场化程度为 0.71,地方财力为 1.13,人口密度为 6.95,人均受教育年限为 11.07,支出分权为 11.16。对于因素变动率均值,市场化程度为 0.61%,地方财力为 14.86%,人口密度为 0.33%,人均受教育年限为 1.31%,支出分权为 2.53%。

省预算支出模式的波动性较高,研究期间的前三年和后三年表现为科教文卫偏向型,在1999—2007年表现为经济建设偏向型和低均衡支出型交替变化,在2007—2016年表现为高均衡支出型。关注陕西省预算支出模式转换的关键节点:(1)陕西省在1997—1998年支出分权连续负增长,并且地方财力增长率为正,这会拉高科教文卫支出占比,而减少经济建设支出占比,最终保持为科教文卫偏向型模式,与预期方向一致。(2)在1999—2007年,陕西省主要表现为经济建设偏向型和低均衡支出型,具体地,在市场化程度和支出分权有较大提高的年份(2000年、2004年、2007年),支出模式转化为经济建设偏向型。(3)2008年,陕西省地方财力从0.13增长至0.16(变动率为23.1%),支出分权从3.28增长至3.82(变动率为16.46%),其他因素同样为正增长,支出模式转化为高均衡支出型,符合预期。(4)2009—2016年,陕西省的地方财力平均变动率最大(17.17%),其次为支出分权(5.48%),其他因素变动率也为正,同时拉高了经济建设支出占比和科教文卫支出占比,稳定保持在高均衡支出型模式。(5)2017年以来,陕西省支出分权变动率均值为负,地方财力保持高增长(变动率均值为7.14%),因此转化为科教文卫偏向型。**市场化程度、地方财力、人口密度、人均受教育年限和支出分权也能够较好地解释陕西省预算支出模式转化。**

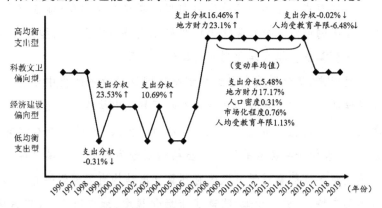

图 5-9　陕西省预算支出模式转化①

资料来源:多年数据来自《中国财政年鉴》(1997卷—2020卷),中国财政年鉴编辑部编:《中国财政年鉴》(2020卷),中国财政杂志社2020年版,第216—218页等。

---

①　陕西省各因素均值以及变动率均值如下:对于因素均值,市场化程度为0.66,地方财力为0.23,人口密度为5.19,人均受教育年限为8.38,支出分权为3.95。对于因素变动率均值,市场化程度为0.64%,地方财力为16.81%,人口密度为0.5%,人均受教育年限为1.52%,支出分权为5.43%。

　　财政是国家治理的基础和重要支柱。地方政府预算支出结构的偏向反映了本地区经济社会发展的重点,而预算支出结构的优化又对于推动基本公共服务均等化具有重要意义。调整和优化政府预算支出结构,前提是要明确政府预算支出结构模式的动态演进规律及转化动力。本章首先根据我国省级政府间预算支出结构中两个重要的描述维度——经济建设和科教文卫支出占比的稳定分布确定了绝对分类标准,定义出了四种代表性的预算支出模式类型,并分析了预算支出模式的省份组间差异和时间动态特征。接下来,为系统分析驱动省级政府预算支出模式转化的动力,本章基于已有文献的研究成果,归纳和总结能够影响财政支出结构的因素,然后借助逐步回归法、滚动回归法和多分类 Logit 模型展开综合分析。本章的核心内容可以从以下四个方面展开,第一,我国省级政府预算支出结构能够被划分为四种代表性的模式,并且不同社会发展阶段、不同地域的省份表现不同的动态特征。第二,地方政府特异性因素对于我国省级政府预算支出结构也具有动态影响,并且在不同的阶段内,影响程度也有不同的变化趋势。第三,市场化程度、地方财力、人口密度、人均受教育年限和支出分权能够较好地解释我国省级政府预算支出模式动态变化,市场化程度和支出分权的增加使得预算支出模式转化到经济建设偏向型和高均衡支出型;地方财力和人均受教育年限的增加使得预算支出模式转化到科教文卫偏向型;人口密度的增加使得预算支出模式转化到经济建设偏向型。

　　一直以来,优化财政支出结构都是我国财税改革的重中之重。本章使用类型学的研究方法将我国省级政府间预算支出结构划分为四种代表性的预算支出模式类型。研究视角从"结构"到"模式"的转化是本章的重要创新点之一,也就是将各省的财政支出结构划分为四种支出模式类型。我们首先确定特异性因素对于省级政府预算支出结构有显著影响并且影响程度呈现出动态特征;进一步地,明确了市场化程度、地方财力、人口密度、人均受教育年限和支出分权单因素变动后模式转化的具体方向。整体而言,本章对我国省级政府预算支出结构模式的转化动力进行了综合分析,以相对系统地探究"模式"视角下我国预算支出结构的动态规律,为我国地方政府预算支出规律的进一步研究奠定了基础。此外,明确各因素如何促使预算支出模式转化,有利于进一步找到优化地方政府预算支出结构的具体政策方向。

第六章　地区间预算支出的纵向与横向特征

　　当前,随着我国财税体制改革不断推进,对优化财政支出结构提出了更高的要求。然而,我国不同地方政府的预算支出结构差异极为明显,一些地区的支出结构仍然与财政的根本任务——实现基本公共服务均等化有较大差距(姚东旻等,2022)①。研究地方政府民生性预算支出结构差异的成因,尤其是结合政府间财政互动关系展开分析,对于理解政府预算行为、推动基本公共服务均等化有重要意义。因此,本章聚焦教育、科学技术、医疗卫生和社会保障与就业四类支出,基于我国不同层级政府财政关系和预算行为,研究预算支出结构差异的两个特殊成因——上级政府的纵向统筹和毗邻城市间的横向趋同。

　　目前对于地方预算支出结构的影响因素已有较为丰富的研究,地方财政状况(傅勇、张晏,2007;张志超、丁宏,2009;张宇,2013;吴延兵,2017)②③④⑤、地方经济状况(黄国平,2013;尹恒、杨龙见,2014;姚东旻等,2020)⑥⑦⑧、地方官员

---

　　①　姚东旻、崔孟奇、赵江威:《地方政府预算结构差异的制度解释:纵向统筹与横向趋同》,《经济学动态》2022 年第 9 期。

　　②　傅勇、张晏:《中国式分权与财政支出结构偏向:为增长而竞争的代价》,《管理世界》2007 年第 3 期。

　　③　张志超、丁宏:《优化政府财政支出结构的理论思考》,《经济学动态》2009 年第 4 期。

　　④　张宇:《财政分权与政府财政支出结构偏异——中国政府为何偏好生产性支出》,《南开经济研究》2013 年第 3 期。

　　⑤　吴延兵:《中国式分权下的偏向性投资》,《经济研究》2017 年第 6 期。

　　⑥　黄国平:《财政分权、城市化与地方财政支出结构失衡的实证分析——以东中西部六省为例》,《宏观经济研究》2013 年第 7 期。

　　⑦　尹恒、杨龙见:《地方财政对本地居民偏好的回应性研究》,《中国社会科学》2014 年第 5 期。

　　⑧　姚东旻、许艺煊、高秋男、赵江威:《省际预算支出结构的差异及其主要来源》,《财贸经济》2020 年第 9 期。

（周黎安，2004）①均是影响地方预算支出结构的重要因素。然而，预算支出结构差异普遍存在于两个城市间，即使两个城市的财政状况、经济状况等相似，其预算支出结构仍然存在明显差异。那么是否还有其他因素影响城市间的预算支出结构差异？

结合我国地方预算支出差异的典型事实和现实制度背景，我国目前存在纵向和横向两种因素影响城市间的预算差异：一方面，纵向来看，省级政府会对地级市预算进行引导。我国省级以下地方政府财政自主权有限，在实际预算编制程序中，省级政府会对下级政府的预算编制进行指导和监督。同时，省级政府也通过转移支付等途径影响下级预算支出。另一方面，横向来看，地级市预算也受毗邻市的影响。在我国户籍制度改革逐步深化、人口流动更加便利的条件下，地级市之间存在基于上级政府评价的一些竞争（王永钦等，2006）②，邻近的地方政府预算支出结构存在策略互动。纵向和横向两种影响，体现了我国财政体制建立的基本原则和底色——统一领导、分级管理（吕冰洋、贺颖，2022）③。"统一领导"是指在全国范围内有统一的财政方针、政策、计划和制度，这对应我国上级政府对重点支出方向的纵向统筹引导；"分级管理"则是赋予地方财政相应的自主权，使它们在不违背中央统一领导的前提下，能够因地制宜地制定相应政策管理财政收支，这对应我国地级市政府间财政支出的横向互动。那么，如何识别并确认纵向和横向两种影响？这些影响是否因支出类型不同而存在差异？

本章将262个城市依次两两组合，对指标做差，创造性地构造"城市对"数据回答以上问题。"城市对"数据使得城市间各项预算支出比重差异可以被直接度量，任意两个城市之间的空间关系可以通过是否跨省、是否毗邻予以描述。基于此，本章在刻画城市间预算支出差异事实的基础上，首先使用夏普利值分解法，验证地方预算支出结构差异的纵向和横向来源。然后聚焦异省毗邻"城市

---

① 周黎安：《晋升博弈中政府官员的激励与合作——兼论我国地方保护主义和重复建设问题长期存在的原因》，《经济研究》2004年第6期。

② 王永钦、张晏、章元、陈钊、陆铭：《十字路口的中国经济：基于经济学文献的分析》，《世界经济》2006年第10期。

③ 吕冰洋、贺颖：《中国特色财政激励体制：基于统一市场的视角》，《中国社会科学》2022年第4期。

对"这类特殊样本,使用倾向得分匹配法分解识别纵向与横向对预算支出结构差异影响的大小,同时对比分析教育、科技、医疗卫生以及社会保障等不同预算支出类型所受影响大小的差异。值得注意的是,在本章所划分的四类"城市对"(同省毗邻、同省不毗邻、异省毗邻、异省不毗邻)中,着重研究异省毗邻"城市对"样本:这类样本一方面由于两城市毗邻交界,政府间预算支出结构可能存在横向互动;另一方面两城市所属不同省份,各自所在省级政府对其预算支出结构有不同的纵向影响。因此,异省毗邻"城市对"同时受到纵向和横向两种力量的影响,是我们重要的研究对象。

第一节　地区间预算支出结构差异的典型事实

本章的重要实证基础是城市间预算支出结构存在差异。研究对象是地级市的教育、科学技术、医疗卫生、社会保障与就业四类支出。选择这四类民生性支出的原因是目前丰富的理论与可证实对政府间因追求政绩,存在生产性支出的横向竞争,最终引致财政支出结构偏向生产性支出的观点达成了较为一致的共识(张恒龙、陈宪,2006;傅勇、张晏,2007;李涛、周业安,2009;尹恒、徐琰超,2011;尹恒、朱虹,2011)[1][2][3][4][5],然而,对于科教文卫支出以及社会保障支出等民生性支出还缺乏细致的讨论,尚未达成较为一致的结论。

图6-1展示了地级市四种支出分别占一般公共预算支出比重的分布密度。可以看到,首先,对于同类型预算支出比重,地级市间分布较为离散,尤其是教育支出比重的分布最为离散,其次为社会保障与就业支出、医疗卫生支出,而科学技术支出比重分布相对集中。其次,不同类型支出之间存在较大差异,四种类型

---

[1]　张恒龙、陈宪:《财政竞争对地方公共支出结构的影响——以中国的招商引资竞争为例》,《经济社会体制比较》2006年第6期。

[2]　傅勇、张晏:《中国式分权与财政支出结构偏向:为增长而竞争的代价》,《管理世界》2007年第3期。

[3]　李涛、周业安:《中国地方政府间支出竞争研究——基于中国省级面板数据的经验证据》,《管理世界》2009年第2期。

[4]　尹恒、徐琰超:《地市级地区间基本建设公共支出的相互影响》,《经济研究》2011年第7期。

[5]　尹恒、朱虹:《县级财政生产性支出偏向研究》,《中国社会科学》2011年第1期。

支出比重呈现不同分布特征。根据图 6-1 的分布结果可知:城市间存在普遍的预算支出差异,不同类型支出的分布离散程度存在差异,教育支出与社会保障支出比重离散程度较高。

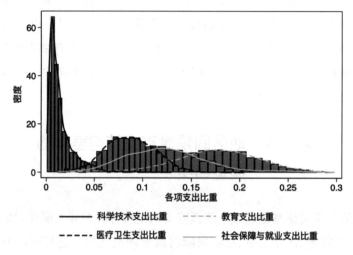

图 6-1　地级市预算支出差异分布

资料来源:笔者手动整理的各地级市公布的财政预算报告中的预算支出数据。

　　为进一步确认城市间预算支出比重差异的典型事实,可以通过统计分布指标来验证和证明。首先,将城市两两组合,同项预算支出比重做差,得到任意两城市间的预算支出比重差异。其次,根据两城市所处省份,划分为异省、同省两组来分别比较。如图 6-2 所示,上轴为标准差,下轴为均值,教育、科技、医疗卫生和社会保障支出比重差异的均值和标准差在异省组和同省组城市呈现出一定特征。整体来看,异省组预算支出比重差异的均值较大,标准差较大,说明相对于同省城市,跨省城市有更明显的预算支出结构差异和更离散的差异分布。具体来看,对于教育支出比重差异,不论在同省组还是异省组,其差异的均值和标准差均大于其他支出类型。科技支出比重差异的均值和标准差在四类支出中最低,且异省组和同省组区别较小。医疗卫生支出比重差异的均值和标准差相对科技支出比重差异较大,但小于教育支出比重差异和社会保障支出比重差异。异省组和同省组的社会保障支出比重差异均值与标准差有最明显的差异,异省组均值和标准差远大于同省组。

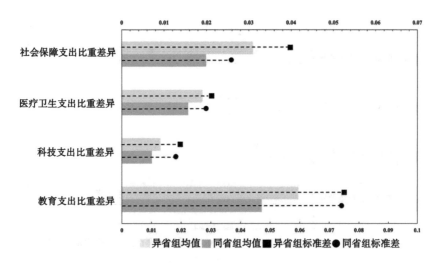

图 6-2　异省与同省"城市对"预算支出结构差异分布

资料来源:笔者手动整理的各地级市公布的财政预算报告中的预算支出数据。

基于此,归纳出以下典型事实:

典型事实 1:省内城市预算支出差异较小,跨省城市预算支出差异较大。

类似地,将样本组划分为毗邻、不毗邻两组来分别比较。如图 6-3 所示,上轴为标准差,下轴为均值,教育、科技、医疗卫生和社会保障支出比重差异的均值和标准差在毗邻组和不毗邻组中呈现不同特征。整体来看,毗邻的城市间预算支出比重差异的均值较小,标准差较小,说明相对于不毗邻城市,毗邻城市间的预算支出结构差异更小且分布更紧密。具体来看,对于教育支出比重差异,不论在毗邻组还是不毗邻组,差异的均值和标准差均大于其他支出类型,差异均值在毗邻组和不毗邻组间的对比明显,毗邻组远小于不毗邻组。对于科技支出比重差异,差异的均值和标准差同样在四类支出中处于最低水平。医疗卫生支出比重差异的均值和标准差相对科技支出比重差异较大。社会保障支出比重差异的标准差在毗邻组和不毗邻组间有最为明显的差异,毗邻组标准差远小于不毗邻组。

基于此,归纳出以下典型事实:

典型事实 2:毗邻城市预算支出差异较小,不毗邻城市预算支出差异较大。

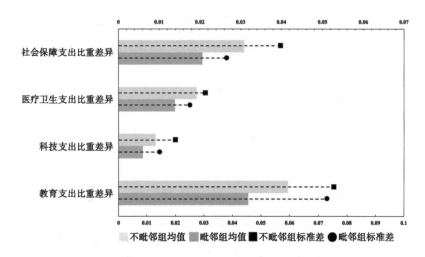

图 6-3 毗邻与不毗邻"城市对"预算支出结构差异分布

资料来源:笔者手动整理的各地级市公布的财政预算报告中的预算支出数据。

第二节 地方预算支出结构差异的纵横 机制分析

以上典型事实特征说明,不同类型城市间的预算支出差异存在一般性规律,可能是有除了城市本身财政、经济等特征之外的原因导致了这种差异。本章通过分析政府间财政互动行为,归纳出两个重要机制,其中:第一,省级因素的纵向机制;第二,毗邻因素的横向机制。因此,通过政策法规佐证与文献研究梳理相结合的方式,本节对我国政府间预算支出差异的纵向与横向因素进行分析,并提出相应的假设。

一、预算制定的纵向统筹

上级政府对下级财政的影响主要体现在两个方面:一是按照《中华人民共和国预算法》规定,政府间转移支付纳入政府预算,上级政府对于下级政府预算有管理职权(上报、监督与撤销)。二是根据实际地方预算编制程序,下级政府的预算制定需要接受上级政府的引导。

（一）转移支付

《预算法》规定我国财政实行转移支付制度,转移支付是上级政府影响下级预算的直接渠道。各级政府的一般公共预算支出包括向下转移支付,一般公共预算收入包括上级转移支付。因此,上级政府下达的转移支付将被直接编入下级政府的预算。上级政府是转移支付如何分配的决策者和统筹者。以省级政府为例,省级政府负责编制资金使用细则,分解下达预算,向财政部和中央主管部门报送转移支付分配情况。对于一般性转移支付,省级政府需要考虑地区间差异,向特殊地区倾斜,保证省内各地区的均衡发展。对于专项转移支付,省级部门需要提出资金分配的建议方案,其具有资金分配的审定职权。转移支付将直接进入下级政府的一般公共预算,因此,下级政府预算支出结构将不可避免地受到上级政府决策和统筹的影响。此外,一旦地方政府形成对转移支付的过度期望,加之自身的预算软约束会降低地方政府的财政努力,最终也会降低地方政府原有的财政自治权(Oates,1993)[1]。

表6-1　《预算法》相关规定

类别	条目	内容
转移支付	第六条	中央一般公共预算支出包括中央本级支出、中央对地方的税收返还和转移支付
	第七条	地方各级一般公共预算收入包括地方本级收入、上级政府对本级政府的税收返还和转移支付、下级政府的上解收入。地方各级一般公共预算支出包括地方本级支出、对上级政府的上解支出、对下级政府的税收返还和转移支付
	第十六条	国家实行财政转移支付制度。财政转移支付包括中央对地方的转移支付和地方上级政府对下级政府的转移支付,以为均衡地区间基本财力、由下级政府统筹安排使用的一般性转移支付为主体
	第三十八条	地方各级政府应当将上级政府提前下达的转移支付预计数编入本级预算

资料来源:笔者自制。

---

[1]　Oates, W. E., "Fiscal Decentralization and Economic Development", *National Tax Journal*, Vol.46, No.2, 1993, pp.237–243.

（二）预算管理职权

对于预算管理职权，我国《预算法》规定了上级人大、人大常委会及政府对下级预算的多项权力。以政府为例：首先，地方各级政府具有改变或撤销下级政府关于预、决算不适当决定和命令的权力。其次，地方各级政府具有监督下级政府预算执行的权力，对预算草案、执行情况等报告具有审查权。最后，地方各级政府还需要定期向本级和上一级政府财政部门报告预算的执行情况。因此，尽管当下地方政府具有自主编制预算草案以及根据预算方案执行财政收支的权力，但更多是形式上的独立性，并不意味地方对于收支有独立的决定权。

（三）预算编制程序

在地方政府预算编制程序中，地方政府正式预算编制前往往会接受上级的规划指示。在我国地方政府预算正式编制前，中央定期组织召开中央经济工作会议和全国财政工作会议以统一各省工作精神。进一步地，各省会召开省委常委扩大会议或经济工作会议来传达、学习和贯彻中央经济工作会议、全国财政工作会议精神。

基于此，尽管地级市政府预算制定由本级政府负责，但仍然会受到本省对当年重点支出方向的一致引导，并且在预算执行上接受监督。地方政府预算支出结构将不可避免地受到上级政府的影响，进而表现出同省辖区内的地方政府可能拥有相似的预算支出结构，如尹恒和徐琰超（2011）[1]基于中国地级市数据检验，发现所属同一省份的地方政府，其基本建设公共支出呈现正相关关系。因此，本章提出第一个假说。

假说1：纵向来看，地级市预算支出结构受到来自省级政府的影响，省内地级市预算支出差异较小，跨省地级市预算支出差异较大。

二、预算支出的横向趋同

地方政府在预算制定过程中的横向互动同样会影响预算支出结构（Case等，1993）[2]。本章研究的横向互动仅指空间上的邻近会带来预算支出结构的

---

① 尹恒、徐琰超：《地市级地区间基本建设公共支出的相互影响》，《经济研究》2011 年第 7 期。

② Case, A. C. et al., "Budget Spillovers and Fiscal Policy Interdependence: Evidence from the States", *Journal of Public Economics*, Vol.52, No.3, 1993, pp.285-307.

"模仿"和"趋同"。这种互动的产生可能来源于两方面的原因,即地方政府横向趋同的"动力"和"能力"。

第一,我国户籍制度改革不断深化,为人口流动提供了便利。根据《关于进一步推进户籍制度改革的意见》,现已实现全面放开建制镇和小城市落户限制,有序放开中等城市落户限制,合理确定大城市落户条件。此外,建立居住证制度,居住证持有人享有与当地户籍人口同等的基本公共服务权利。李沛霖(2021)①认为,居住证制度使公共福利较高的城市形成对人口流动的"拉力"。换言之,如果某地区的某种公共支出水平和结构更为有效,则会吸引资本和劳动力流入,同时,迁入居民也可享受到当地的基本公共服务。第二,地方政府在财政支出方面可能展开横向竞争(李涛、周业安,2009)②。分税制改革带来了事权下放(付敏杰,2016)③,由于地方政府对上级负责,形成了一种基于上级政府评价的竞争(王永钦等,2006)④。户籍制度改革与财政分权制度为政府间的财政互动行为分别提供了"动机"和"能力"。在竞争压力下,为吸引劳动力流入,邻近辖区就可能会"模仿"和"跟进"该辖区的财政支出行为,从而导致支出结构和水平的趋同。

以上这种广泛存在于地理距离相近的城市间的互动是导致地方政府间发生横向互动的重要途径(邓慧慧、赵家羚,2018)⑤。如周亚虹等(2013)⑥同样发现地级市教育支出对地理相邻地区有一定激励作用。李盈萱和方毅(2021)⑦针对地方教育财政支出,验证了其在竞争机制下的横向互动关系,发现邻近地区的教育政策能够正向激励当地教育财政政策。

---

①　李沛霖:《户籍制度改革区域差异对人口流动影响研究》,《人口与发展》2021年第6期。

②　李涛、周业安:《中国地方政府间支出竞争研究——基于中国省级面板数据的经验证据》,《管理世界》2009年第2期。

③　付敏杰:《分税制二十年:演进脉络与改革方向》,《社会学研究》2016年第5期。

④　王永钦、张晏、章元、陈钊、陆铭:《十字路口的中国经济:基于经济学文献的分析》,《世界经济》2006年第10期。

⑤　邓慧慧、赵家羚:《地方政府经济决策中的"同群效应"》,《中国工业经济》2018年第4期。

⑥　周亚虹、宗庆庆、陈曦明:《财政分权体制下地市级政府教育支出的标尺竞争》,《经济研究》2013年第11期。

⑦　李盈萱、方毅:《教育财政策略互动与区域协调发展——基于空间溢出效应视角》,《华东师范大学学报(教育科学版)》2021年第6期。

然而,从当前国内研究来看,尽管已经发现财政支出存在横向互动的证据,但这些证据尚存在较多的争议。比如,有学者发现地方政府的横向策略互动可能存在负向的溢出效应。如李永友和沈坤荣(2008)[①]研究发现,对于文教卫等支出而言,辖区政府因地理距离的邻近而存在溢出效应,这可能是由于辖区政府意识到,在人口流动的情形下,增加该类支出短时间内难以获得直接的经济效益,因而选择降低该类支出,搭邻近辖区"便车"。

基于此,本章提出第二个需要验证的假说。

假说 2:横向来看,毗邻市间的预算支出结构存在趋同,即毗邻城市预算支出差异较小,不毗邻城市预算支出差异较大。

三、地方民生性预算支出的特征

我国 GDP 目标约束性在下降,民生领域目标约束性在加强(吕冰洋,2022)[②]。因此,不论是省级政府还是地级市政府,在面对目标的强约束性时,一方面各省结合自身发展重点,推进省内城市预算统筹,另一方面各地级市也有效缩小了毗邻政府间的支出结构差异,完善基本公共服务均等化。进一步地,一个问题自然地被提出:何种支出受到纵向影响更大? 何种支出受到横向影响更大?

财政事权和支出责任划分是不同地方预算支出结构受影响程度不同的重要原因。财政事权和支出责任划分与教育、社会保障、医疗卫生等各项改革紧密相连、不可分割。对此,省级政府要参照中央做法,结合当地实际,将部分适宜由更高一级政府承担的基本公共服务职能上移。基层政府则负责承担适宜其发挥信息与管理优势的基本公共服务职能[③]。

教育支出和科技支出属于法定支出[④],尽管党的十八届三中全会后强调"清

---

① 李永友、沈坤荣:《辖区间竞争、策略性财政政策与 FDI 增长绩效的区域特征》,《经济研究》2008 年第 5 期。

② 吕冰洋:《央地关系:寓活力于秩序》,商务印书馆 2022 年版。

③ 《国务院关于推进中央与地方财政事权和支出责任划分改革的指导意见》,中华人民共和国中央人民政府,2016 年 8 月 16 日。

④ 根据《中华人民共和国农业法》《中华人民共和国教育法》《中华人民共和国科学技术进步法》,各级财政农林水事务支出、教育支出、科学技术支出的增长幅度应当高于其财政经常性收入的增长幅度,因此三项支出通常被称为法定支出。

理规范重点支出同财政支出增幅或生产总值挂钩事项",但隐性的法定支出仍可能存在,地级市政府需要保证该类支出的增长。因此,对于该类支出要明确界定各级政府支出责任。例如,江苏省规定科技支出强调由同级财政承担支出责任,或由省级财政与市县财政区分不同情况承担相应的支出责任。另一方面,因各省招生规模固定等因素,通常认为省内教育支出偏刚性。然而,由于省内地市级层面不再进行名额分配,地市级政府对教育的投入可能与省级政府表现出完全不同的行为,地方政府的财政自主权会促使其调整教育支出比重。此外,教育和科技支出目标常常与促进地区资本与劳动流入密切相关,后者能通过人力资本提升、产业结构优化等渠道影响本地区经济增长要素(郭庆旺等,2003;祝树金、虢娟,2008)[1][2]。基于此,地级市政府可能倾向于在该领域的支出上争取更多的话语权,并关注其他邻近地区政府,引致政府间的支出竞争和"模仿"趋同。

对于医疗卫生和社会保障与就业支出,强调加强省级财政事权。医疗卫生支出目标为满足居民卫生健康需求,社会保障支出目标为保障居民最低生活水准,对于此类强调普惠性、保基本和均等化的基本公共服务,要加强省级政府的财政事权[3]。国务院印发的《深化医药卫生体制改革 2021 年重点工作任务》指出,"鼓励有条件的省份按照分级管理、责任共担、统筹调剂、预算考核的思路,推动基本医保省级统筹"。因此,本章认为医疗卫生支出和社会保障与就业支出受到更为明显的省级政府影响,这是区别于教育和科技支出的重要特征。

基于此,本章提出第三个假说:

假说 3:不同预算支出类型受纵向和横向的影响强度存在差异,具体地,对于教育和科技支出,毗邻的横向影响更大;对于医疗卫生和社会保障支出,省级的纵向影响更大。

---

① 郭庆旺、吕冰洋、张德:《财政支出结构与经济增长》,《经济理论与经济管理》2003 年第 11 期。

② 祝树金、虢娟:《开放条件下的教育支出、教育溢出与经济增长》,《世界经济》2008 年第 5 期。

③ 《山东省人民政府关于推进省以下财政事权和支出责任划分改革的意见》,山东省人民政府,2017 年 2 月 22 日;《吉林省人民政府关于印发吉林省推进省以下财政事权和支出责任划分改革方案的通知》,吉林省人民政府,2017 年 3 月 5 日。

第三节　地方预算支出结构差异的实证证据

一、实证策略

为验证提出的三个假说,本节设计实证策略进行检验(见图6-4)。第一步,验证地方预算支出结构差异的纵向和横向来源。借助"城市对"构造下产生的异省、毗邻等外生虚拟变量,初步判断纵向与横向对预算支出结构差异的影响方向,并基于此使用夏普利值分解法进行纵向、横向因素贡献分解。第二步,使用倾向得分匹配法,分离两种影响,识别处理效应。聚焦异省毗邻"城市对",分解识别纵向与横向对预算支出结构差异影响的大小,同时分析对比教育、科技、医疗卫生以及社会保障等预算支出类型所受影响大小的区别。第三步,本章后续章节使用不同匹配方法,并对匹配变量有效性进行稳健性检验。

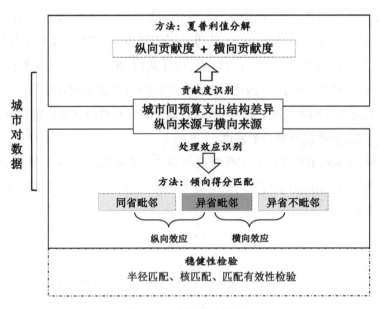

图6-4　实证策略设计

资料来源:笔者自制。

本章首先构造"城市对"数据。地级市预算支出结构受到来自省级政府的纵向统筹与政府间的横向趋同双重影响,两种类型的影响可通过"城市对"数据的构造来识别。通过将任意两城市配对,一方面,对城市间的变量指标做差,可以体现城市间的预算支出结构和其他特征的差异,便于直接研究预算支出结构差异的影响因素;另一方面,我国各行政区之间的行政边界是划分不同行政区的界线,它使得任意两城市之间的空间关系可以通过是否跨省、是否毗邻予以描述,这种空间关系随历史沿革而来,具有天然的外生性,便于我们通过城市行政、毗邻关系研究纵向、横向因素对于预算支出结构差异的影响。此时,任意两城市有以下四种关系:同省毗邻,同省不毗邻,异省毗邻以及异省不毗邻。

为了分离两种影响,我们需要聚焦异省毗邻"城市对",该类"城市对"有较强的特殊性。例如,A_1 和 B_1 为一对异省毗邻"城市对",两城市跨省、交界,此时,一方面,两城市毗邻交界,政府间预算支出结构可能存在横向互动;另一方面,两城市所属不同省份,各自所在省级政府对其预算支出结构有不同的纵向影响。因此,这类"城市对"间的预算支出结构差异同时受到纵向和横向影响两种力量作用,是我们重要的研究对象。通过该类样本,我们可以分解识别纵向和横向两种影响,同时也可以关注到该类样本与同省毗邻"城市对"相比,其预算支出差异的特殊之处。

具体来看,如图 6-5 所示,通过两次匹配进行纵向和横向影响的识别。

对于纵向影响,需要对比异省毗邻"城市对"与同省毗邻"城市对"的预算支出差异。如图 6-5 所示,在所有同省毗邻"城市对"样本池中,通过一系列经济、财政、民生、环境以及地理特征指标进行筛选,筛选出以上指标特征与处理组 A_1 和 B_1 相似的对照组"城市对"——A_2 和 A_3。对于对照组 A_2 和 A_3 来说,两城市所属同一省份,同时搭界毗邻,且各项指标特征与处理组相似。此时,两组"城市对"相比较,唯一的区别是两城市是否跨省,因而可以识别省级政府对地级市预算支出差异的纵向影响。

对于横向影响,需要对比异省毗邻"城市对"与异省不毗邻"城市对"的预算支出差异。如图 6-5 所示,在所有异省不毗邻"城市对"样本池中,通过一系列经济、财政、民生、环境以及地理特征指标进行筛选,筛选出以上指标特征与处理组 A_1 和 B_1 相似的对照组"城市对"——A_3 和 B_2。对于对照组 A_3 和 B_2 来说,两城市所属不同省份,也不存在毗邻关系,且各项指标特征与处理组 A_1 和 B_1 相似。此时,两组"城市对"唯一的区别是两城市是否毗邻,因而可以识别地理毗邻对地级市预算支出差异的横向影响。

在对纵向和横向影响分别进行识别后,我们可以进一步对比教育、科技、医疗卫生以及社会保障等预算支出类型所受影响大小的区别。以此研究异省毗邻城市间,在两种力量同时影响的情况下,其预算差异是否有特殊之处。

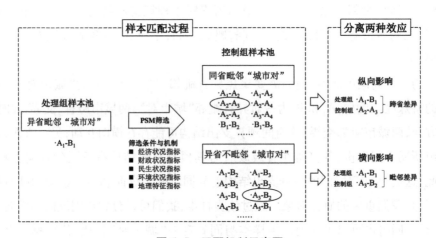

图 6-5　匹配机制示意图

资料来源:笔者自制。

二、检验方法

本节使用夏普利值分解法对横向和纵向两种影响的存在予以确认,模型的原理根据夏洛克斯(Shorrocks,2013)[1],当一个指标 Y,其指标数值由 n 个因素的集合 Z 决定时,在集合 Z 中剔除任意一个因素都会对 Y 的差异产生边际贡献,将该因素所有剔除路径纳入考虑,其均值即为该因素对指标 Y 差异产生的贡献。具体到本章研究可得出某类因素指标 X_i 在一种剔除路径下对地方预算支出差异的边际贡献为 SV_i,通过计算 X_i 对差异的边际贡献与所有指标边际贡献之和的比值,即可得出影响因素 X_i 的相对贡献度 RC_i,即夏普利值,详细

①　Shorrocks,A.F.,"Decomposition Procedures for Distributional Analysis:A Unified Framework Based on the Shapley Value",*The Journal of Economic Inequality*,Vol.11,No.1,2013,pp.99−126.

模型设定可见式(6-2)。同时我们采用倾向得分匹配法以异省且毗邻"城市对"为处理组,分别测度省级纵向影响和毗邻的横向影响,具体处理思路与模型设定如下。

我们通过地方预算支出差异影响方程得到一个预算支出影响因素集合 Z,其中包含市级因素指标(以 X 代表),省级因素指标(以 K 为代表),地理距离指标(以 A 为代表)。则即 $Z = \{ X_{m1}, X_{m2}, \cdots, X_{m6}, K_{m1}, K_{m2}, \cdots, K_{m5}, A_m \}$,其中 m 为"城市对"个体。本章认为集合 Z 是影响地方预算支出差异的重要指标,并且任意集合 $z \in Z$ 都会对应一个预算支出差异的贡献值。

基于上述差异分解思路,本节构建地方预算支出差异影响方程:

$$\Delta PE_{m,t} = \alpha + \beta_1 \Delta X_{m,t} + \beta_2 \Delta K_{m,t} + A_m + \varepsilon_{m,t} \tag{6-1}$$

式(6-1)中,$\Delta PE_{m,t}$ 代表"城市对" m 在 t 年的民生性预算支出占比的差异绝对值,例如,城市 i 和城市 j 在 2011 年的教育支出占比差异绝对值,包括教育支出占比、科技支出占比、医疗卫生支出占比、社会保障支出占比四类。$X_{m,t}$ 表示一系列影响地方预算支出结构的市级因素,包括财政分权差异、人口密度差异、地方财力差异、平均工资差异、产业结构差异等。$K_{m,t}$ 表示一系列影响地方预算支出结构的省级因素,包括省级财政分权差异、人口密度差异、地方财力差异、产业结构差异以及"城市对"异省虚拟变量指标等。A_m 表示"城市对"间的地理距离,反映城市之间的邻近程度。

基于上述模型,经计算可得出某类因素指标 X_i 在一种剔除路径下对地方预算支出差异的边际贡献为 SV_i,通过计算 X_i 对差异的边际贡献与所有指标边际贡献之和的比值,即可得出影响因素 X_i 的相对贡献度 RC_i,即夏普利值。

$$RC_i = SV_i / \Sigma\, SV_i \tag{6-2}$$

使用夏普利值分解法的具体过程是,首先,本章将"城市对"划分为同省组和异省组,对一系列影响预算支出的市级指标夏普利值进行测算。基于此,比较同省样本组的市级指标贡献度和异省样本组的市级指标贡献度。图 6-6 报告了同省组"城市对"和异省组"城市对"夏普利值差异分解情况。

三、数据与变量

本章使用"城市对"数据集进行研究,使用的变量指标详见表 6-2。本章的被解释变量是"城市对"间教育、科学技术、医疗卫生、社会保障与就业支出占一

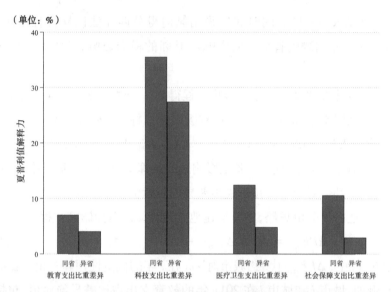

（单位：%）

图 6-6　分样本夏普利值分解对比

资料来源：笔者自制。

般公共预算支出的比例差异。控制变量分为核心控制变量与特征匹配变量,包括了地级市六个维度的特征指标:地方财政状况、地方财政支出目标特征、地方经济状况、地方地理特征、地方民生状况与地方环境特征。其中,核心控制变量为研究地方预算支出结构差异来源的主要控制指标[1],特征匹配变量为"城市对"进行倾向得分匹配的补充控制变量,目的是更好地匹配特征相似的"城市对"样本。

地方财政状况包括财政分权差异与地方财力差异。财政分权理论提出财政分权程度可以影响地方财政支出(Keen,Marchand,1997;Qian,Roland,1998;Heine,2006)[2][3][4]。当前度量财政分权主要分为收入分权、支出分权、税收分成

[1]　为防止多重共线问题,本章在夏普利值分解、OLS 基准回归、交互项回归中仅使用核心控制变量对城市特征进行控制。倾向得分匹配则同时包括核心控制变量和特征匹配变量,目的是最大限度地保证匹配到的"城市对"具有类似的特征。

[2]　Keen,M.,M.Marchand,"Fiscal Competition and the Pattern of Public Spending",*Journal of Public Economics*,Vol.66,No.1,1997,pp.33-53.

[3]　Qian,Y.,G.Roland,"Federalism and the Soft Budget Constraint",*The American Economic Review*,Vol.88,No.5,1998,pp.1143-1162.

[4]　Heine,K.,"Interjurisdictional Competition and the Allocation of Constitutional Rights:A Research Note",*International Review of Law and Economics*,Vol.26,No.1,2006,pp.33-41.

率三种(毛捷等,2018)①,本章使用的支出分权指标反映了中央与地方政府在支出责任划分上的差异。地方财力则衡量了地方政府可以调用的财政资源,根据包含政府支出的内生增长理论(Barro,1990)②,当政府通过税收来满足财政支出时,税收水平的高低会直接影响财政支出的经济增长效应,因而一个直观的推论是:地方政府会因为地方财力高低改变而调整财政支出。因此,本章采用人均财政收入予以刻画地方财力指标。

地方支出目标特征包括人口密度差异与职工平均工资差异。对于人口密度这一指标,在瓦格纳法则中,瓦格纳(Wagner,1958)③认为高居住密度产生的负外部性,如人员拥挤等问题会增加政府的财政支出。黄国平(2013)同样发现地区人口密度越高,地方政府的基础建设支出比重越小。对于职工平均工资这一指标,因财政对于就业促进方面有重要作用,政府常根据实际经济情况调整财政政策,以调节职工平均工资,保证居民的生活稳定。

地方经济状况包括产业结构比重差异、人均外商直接投资差异、人均 GDP 差异、规模以上工业企业数量差异、规模以上工业总产值差异。瓦格纳(1958)④指出政府对经济活动的干预和直接从事的生产性活动会随着经济结构的变化而变化,换言之,产业产值和结构的变动能够影响政府的支出,因此,本章使用第一产业比重、第二产业比重以及规模以上工业企业,即年主营业务收入在 2000 万元以上的工业企业的数量和产值指标来控制地级市的经济结构差异。另外,外商直接投资的流入,为各地区经济发展注入了资本,有利于弥补各地区经济发展的资本缺口,也会对政府财政收支产生影响(王德祥、张权,2011)⑤。地方人均GDP 则是衡量地方经济发展状况最为直接的宏观指标,根据瓦格纳法则,随着经济发展,政府财政支出会不断增加,具体表现是政府财政支出随人均 GDP 上

---

① 毛捷、吕冰洋、陈佩霞:《分税的事实:度量中国县级财政分权的数据基础》,《经济学(季刊)》2018 年第 2 期。

② Barro,R.J.,"Government Spending in a Simple Model of Endogenous Growth",*Journal of Political Economy*,Vol.98,No.5,1990,pp.S103-S125.

③ Wagner,A.,*Three Extracts on Public Finance*,Palgrave Macmillan,1958.

④ Wagner,A.,*Three Extracts on Public Finance*,Palgrave Macmillan,1958.

⑤ 王德祥、张权:《FDI 与地方政府财政支出结构的关系研究——基于中国东、中、西部地区 29 个省市区面板数据》,《财贸研究》2011 年第 1 期。

升而提高(Peacock,Scott,2000)①。

地方地理特征包括两市地理距离与行政区域面积差异。财政支出具有较为明显的空间溢出效应,地理距离邻近的城市一方面可能直接导致相邻地方政府的支出竞争(Case,1993)②,另一方面也会因地貌等自然环境特征的类似,从而间接导致支出结构的类似。同时,地区区域面积因对人口密度有直接影响,同样可能导致支出结构的差异。因此,本章选取地理距离和行政区域面积来对"城市对"地理特征差异进行控制。

此外,本章还对地方民生状况包括普通高等学校数差异与医院个数差异,以及反映地方环境状况的工业二氧化硫排放量差异指标进行控制。其与本章选取的四类预算支出有直接的相关关系,影响政府在教育、医疗卫生、社会保障以及环境保护等方面的直接投入规模,具体变量名称以及定义详见表6-2。

本章利用地级市数据构建面板数据,将262个城市依次两两组合,对指标做差,创造性地构造"城市对"数据。本章的被解释变量是"城市对"间教育、科学技术、医疗卫生、社会保障与就业支出占一般公共预算支出的比例差异。控制变量分为核心控制变量与特征匹配变量,包括地级市六个维度的特征指标:地方财政状况、地方财政支出目标特征、地方经济状况、地方地理特征、地方民生状况与地方环境特征。本章使用的地方四种财政支出数据来自笔者手动整理的各地级市公布的财政预算报告中的预算支出数据,两市空间关系及地理距离数据通过全国基础地理信息矢量数据测算得出,其他地方财政、经济、民生、环境状况等指标来自《中国城市统计年鉴》③,描述性统计如表6-3所示。

① Peacock,A.,A.Scott,"The Curious Attraction of Wagner's Law",*Public Choice*,Vol.102,No.1,2000,pp.1-17.

② Case,A.C. et al.,"Budget Spillovers and Fiscal Policy Interdependence:Evidence from the States",*Journal of Public Economics*,Vol.52,No.3,1993,pp.285-307.

③ 本章数据区间为2010—2018年,数据截止于2018年的原因主要在于《中华人民共和国预算法》的修正。根据2018年12月29日第十三届全国人民代表大会常务委员会第七次会议提出修正《中华人民共和国预算法》,修正后的《中华人民共和国预算法》进一步加强了财政预算管理的规范性和科学性,对政府间财政支出结构有较大影响。

表6-2　变量定义表

变量分类	变量名称	内含变量定义	类别
被解释变量	教育支出比重差异	教育支出/一般公共预算支出	地级市预算支出结构差异
	科技支出比重差异	科技支出/一般公共预算支出	
	医疗卫生支出比重差异	医疗卫生支出/一般公共预算支出	
	社会保障支出比重差异	社会保障支出/一般公共预算支出	
解释变量	异省	"城市对"是否跨省	两市空间关系
	毗邻	"城市对"是否毗邻	
核心控制变量	财政分权差异	本市人均本级财政支出/（本市人均本级财政支出+本省人均财政支出+中央人均财政支出）	地方财政状况
	地方财力差异	财政收入/总人口数量	
	人口密度差异	总人口数量/市总面积	财政支出目标特征
	职工平均工资差异（万）	本市在职员工平均工资	
	第二产业比重差异	第二产业产值/总产值	地方经济状况
	第一产业比重差异	第一产业产值/总产值	
	两市地理距离（千米）	两市距离	地方地理特征
特征匹配变量	行政区域面积差异	本市行政区域面积	地方地理特征
	人均外商直接投资差异	外国直接投资/总人口数量	地方经济状况
	人均GDP差异	生产总值/总人口数量	
	规模以上工业企业数差异（万）	本市规模以上工业企业数量	
	规模以上工业总产值差异	本市规模以上工业总产值	
	普通高等学校数差异	本市普通高等学校数	地方民生状况
	医院个数差异	本市医院个数	
	工业二氧化硫排放量差异	本市工业二氧化硫排放量	地方环境特征

表6-3　"城市对"数据描述性统计

变量名称	毗邻"城市对"				不毗邻"城市对"			
	同省毗邻		异省毗邻		同省不毗邻		异省不毗邻	
	7620		3008		19495		538818	
	均值	标准差	均值	标准差	均值	标准差	均值	标准差
教育支出占比差异	0.045	0.054	0.053	0.052	0.049	0.053	0.061	0.053
科技支出占比差异	0.010	0.012	0.010	0.011	0.012	0.015	0.015	0.015

变量名称	毗邻"城市对"				不毗邻"城市对"			
	同省毗邻		异省毗邻		同省不毗邻		异省不毗邻	
	7620		3008		19495		538818	
	均值	标准差	均值	标准差	均值	标准差	均值	标准差
医疗卫生支出占比差异	0.019	0.017	0.021	0.017	0.023	0.020	0.027	0.021
社会保障支出占比差异	0.027	0.026	0.036	0.028	0.030	0.027	0.046	0.041
财政分权差异	0.007	0.018	0.006	0.011	0.009	0.015	0.008	0.017
人口密度差异	0.027	0.098	0.020	0.051	0.038	0.118	0.043	0.104
地方财力差异	2769.994	4854.379	2531.712	4861.719	3863.036	8492.759	3954.379	7098.243
职工平均工资差异(万)	0.791	1.119	0.880	1.570	0.825	1.169	1.072	1.270
第二产业占比差异	8.288	7.486	8.850	7.529	9.575	7.964	11.037	8.818
第一产业占比差异	6.321	5.726	5.886	4.636	7.632	6.092	8.764	7.067
人均外商直接投资差异	0.019	0.029	0.018	0.028	0.025	0.043	0.026	0.040
人均 GDP 差异	2.221	2.561	2.357	2.818	2.912	3.416	3.179	3.393
规模以上工业企业数差异(万)	0.087	0.161	0.098	0.255	0.100	0.172	0.137	0.197
行政区域面积差异	8760.67	14170.07	13588.73	26273.25	11254.11	24133.01	15123.48	28764.37
规模以上工业总产值差异	2.64E+07	3.49E+07	2.65E+07	3.75E+07	2.95E+07	4.32E+07	3.56E+07	4.39E+07
普通高等学校数差异	12.239	19.056	6.488	11.075	8.441	15.508	10.097	16.231
医院个数差异	119.415	178.138	135.767	174.902	116.886	191.737	137.519	204.153
工业二氧化硫排放量差异(吨)	44157.59	92409.26	49282.78	88296.84	45038.33	103959.10	58824.58	114063.80
两市地理距离(千米)	129.404	70.723	174.411	68.074	315.113	218.628	1259.108	643.222

第四节　地方预算支出结构差异的结果分析

一、地区间预算支出结构差异的纵向和横向来源

本章通过回归检验了跨省城市和毗邻城市的预算支出差异特征。回归结果表明异省"城市对"具有更大的教育、科技、医疗卫生和社会保障支出比重差异。这与前述图 6-2 的统计情况相一致,不论哪一种支出类型,省内城市的预算支出差异较小,而跨省城市的预算支出差异较大。类似地,回归结果显示毗邻"城市对"具有更小的教育、科技、医疗卫生和社会保障支出比重差异。这与前述图 6-3 的统计情况相一致,不论是哪一种支出类型,毗邻城市的预算支出差异较小,而不毗邻城市的预算支出差异较大。全样本夏普利值分解如表 6-4 所示。

表 6-4　全样本夏普利值分解　　　　（单位:%）

维度	变量名称	教育支出比重差异	科学支出比重差异	医疗卫生支出比重差异	社会保障支出比重差异
纵向:省级指标	异省 省财政分权 省人口密度 省地方财力 省第三产业比重	2.67	12.26	1.82	4.49
横向:距离指标	地理距离差异	0.54	0.81	1.19	3.53
市级系列指标	财政分权差异 人口密度差异 地方财力差异 职工平均工资差异 第一产业比重差异 第二产业比重差异	3.99	23.10	4.91	2.93

基于以上初步验证,本节继续使用夏普利值分解法验证和确认预算支出差异的纵向来源和横向来源。结果显示,对于四种预算支出类型,市级指标对支出

比重差异的贡献度均存在统一的共性,即同省组的贡献度均远远大于异省组的贡献度。若省级纵向统筹不产生作用,同省组和异省组贡献度应更为相近,而相同系列指标在异省组的普遍性降低恰恰说明了该组可能存在省级的纵向影响,从而对预算支出差异具有一定解释力,使得市级系列指标的解释力相对缩小。

为了验证以上猜测,本节进一步对全样本"城市对"的差异来源进行分解,夏普利值分解结果显示,一方面,在加入省级指标解释市级预算支出比重差异后,省级指标具有一定程度的解释力,说明省级层面对于地级市预算支出比重差异具有一定影响,也证明了纵向来源的存在。另一方面,城市间的地理距离对于预算支出比重差异同样具有一定程度的解释力,其贡献度略小于省级指标,说明地理横向影响相对于省级纵向影响偏小,但仍证明了差异的横向来源存在性。这一结果说明,纵向与横向影响在影响强度上存在差异,整体来看,省级政府可能对地方预算支出差异的影响更为关键,这与我国地方实际预算自主权有限的背景较为一致,预算职权纵向配置多表现为上级政府对地方预算的约束。当然,纵向与横向两种力量的比较,还需要结合不同支出类型进一步具体分析见表6-5、表6-6。

表6-5 预算支出结构纵向差异

	（1）	（2）	（3）	（4）
	教育支出比重差异	科技支出比重差异	医疗卫生支出比重差异	社会保障支出比重差异
异省	0.015*** (41.71)	0.003*** (40.94)	0.002*** (12.40)	0.003*** (11.54)
财政分权差异	0.880*** (146.22)	-0.062*** (-48.02)	0.123*** (50.96)	-0.056*** (-13.10)
人口密度差异	-0.094*** (-98.55)	0.014*** (67.35)	-0.007*** (-17.32)	0.010*** (15.32)
地方财力差异	0.000*** (17.20)	0.000*** (386.95)	0.000*** (79.94)	0.000*** (59.95)
职工平均工资差异	-0.002*** (-34.12)	0.001*** (86.91)	0.000*** (8.57)	0.003*** (62.83)
第二产业比重差异	-0.000*** (-19.28)	-0.000*** (-71.91)	-0.000*** (-58.55)	-0.000*** (-18.92)
第一产业比重差异	0.000*** (7.66)	0.000*** (58.94)	0.000*** (88.74)	0.000*** (40.90)
地理距离（1000千米）	-0.010*** (-9.02)	-0.009*** (-36.62)	0.031*** (61.20)	0.117*** (134.91)

续表

	（1）	（2）	（3）	（4）
	教育支出 比重差异	科技支出 比重差异	医疗卫生支 出比重差异	社会保障支 出比重差异
常数项	是	是	是	是
观测值	541954	577356	459562	501474
R^2	0.044	0.279	0.062	0.075

表6-6　预算支出结构横向差异

	（1）	（2）	（3）	（4）
	教育支出 比重差异	科技支出 比重差异	医疗卫生支 出比重差异	社会保障支 出比重差异
毗邻	−0.015 *** （−27.46）	−0.003 *** （−28.59）	−0.003 *** （−12.61）	0.001 ** （2.22）
财政分权差异	0.880 *** （145.99）	−0.062 *** （−48.11）	0.123 *** （50.94）	−0.055 *** （−13.00）
人口密度差异	−0.094 *** （−98.41）	0.014 *** （67.33）	−0.007 *** （−17.37）	0.011 *** （15.39）
地方财力差异	0.000 *** （15.96）	0.000 *** （385.60）	0.000 *** （79.58）	0.000 *** （59.77）
职工平均工资差异	−0.002 *** （−32.81）	0.001 *** （88.16）	0.000 *** （8.90）	0.003 *** （63.49）
第二产业比重差异	−0.000 *** （−19.65）	−0.000 *** （−72.32）	−0.000 *** （−58.67）	−0.000 *** （−19.05）
第一产业比重差异	0.000 *** （6.80）	0.000 *** （58.06）	0.000 *** （88.51）	0.000 *** （40.65）
地理距离(1000 千米)	−0.002 ** （−2.13）	−0.007 *** （−30.85）	0.031 *** （64.38）	0.120 *** （142.72）
常数项	是	是	是	是
观测值	541954	577356	459562	501474
R^2	0.042	0.278	0.062	0.074

二、纵向、横向影响的分离与比较

前文已经阐述、验证了纵向和横向影响的存在。对于纵向和横向两种影响的方向与大小，还需要进行更精准地分离识别。因此，本章使用倾向得分匹配法进一步研究对于不同的支出类型，纵向影响可以多大程度上扩大城市间预算支出差异,横向影响可以多大程度上缩小城市间预算支出差异。

(一)纵向影响

在对"城市对"之间的财政状况、经济状况、支出目标特征状况、民生状况、环境状况和地理特征等一系列指标进行 PSM 最近邻匹配后,结果显示,异省毗邻组的教育、科技、医疗卫生和社会保障支出比重差异均显著大于同省毗邻组的差异。这说明,跨省城市拥有更大的预算支出差异,同省城市拥有更小的预算支出差异,即省级因素的存在会扩大跨省城市的预算支出差异,缩小省内城市的差异。

在第三节模型构建的第二步中,需要针对异省毗邻"城市对"这类特殊样本展开研究。本章采用倾向得分匹配法对"城市对"进行一对一匹配。具体做法是,在所有"城市对"样本中,以异省且毗邻"城市对"为处理组,为分别测度省级纵向影响和毗邻的横向影响,基于数据分别选择同省毗邻"城市对"和异省不毗邻"城市对"作为控制组,通过产业结构差异、人均外商直接投资差异、人均 GDP 差异、普通高等学校数差异、工业二氧化碳排放量差异等 n 个可观测的"城市对"特征协变量(具体变量参见"城市对"数据描述性统计部分),测算与同省毗邻和异省不毗邻两种不同控制组匹配后,"城市对"因上述特征相近而被假定异省毗邻的概率为 p,并据此比较预算支出结构差异的变动,具体参见式(6-3)。

$$\ln \frac{p}{1-p} = a_0 + a_1 x_1 + a_2 x_2 + \cdots + a_n x_n \tag{6-3}$$

表6-7　纵向影响倾向得分匹配结果

	教育支出比重差异	科技支出比重差异	医疗卫生支出比重差异	社会保障支出比重差异
异省毗邻组	0.0495	0.0080	0.0223	0.0378
同省毗邻组	0.0433	0.0071	0.0186	0.0243
处理效应	0.0062	0.0009	0.0037	0.0136
t 值	2.32	2.06	4.28	10.86

对样本的配对进行匹配的平衡性检验。如图 6-7 所示,匹配前,处理组和控制组样本的倾向得分值分布存在非共同取值范围,在匹配后,两组样本的倾向得分值分布基本一致,样本平衡性较好。

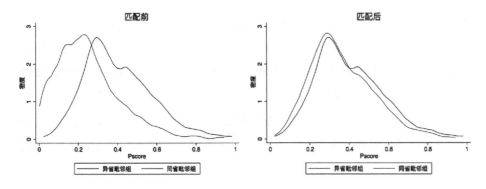

图 6-7　匹配前后倾向得分变化

图 6-8 展示了匹配前后各匹配变量的标准偏差变化情况,结果显示,匹配后各变量的标准偏差绝对值均小于 10%,说明处理组与控制组在所有可观测特征上均不存在显著差异,表明本章对匹配变量和方法的选取是恰当的,以此为基础的倾向得分匹配是可靠的。

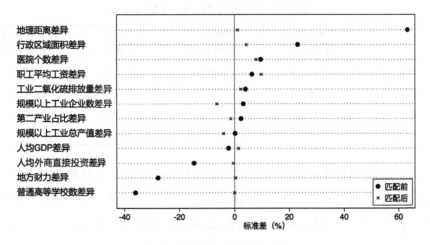

图 6-8　匹配变量标准偏差变化

因地级市财政自主权有限,其预算过程更多取决于其所属的省级政府。例如,为深入贯彻落实《国务院关于进一步深化预算管理制度改革的意见》,各省根据文件精神和自身实际,提出了本省的实施意见,湖南省政府提出"优化财政支出结构,加大对教育、社会保障、卫生健康、科技等重点领域和刚性支出的保障力度"[①];湖

---

① 《湖南省人民政府关于进一步深化预算管理制度改革的实施意见》,湖南省人民政府,2021年 11 月 26 日。

北省政府的实施意见并不一致,强调"加强对财政支出政策统筹,坚持'三保'(保基本民生、保工资、保运转)支出在财政支出中的优先顺序"①。尽管两省政府都对民生保障类财政支出做了强调,但在导向和力度上存在差异,说明省级政府会结合自身特征和情况,根据中央文件精神灵活调整预算管理实施方案,对省内城市的预算支出结构发挥统筹、协调作用。这就导致同省城市间会接受更为一致的省级预算管理要求;反之,异省城市间的预算管理要求和资金统筹安排会有较大差异。

(二)横向影响

毗邻横向因素对城市间预算支出差异影响的 PSM 估计结果显示,异省毗邻组的教育、科技、医疗卫生和社会保障支出比重差异均显著小于异省不毗邻组的差异。这说明,毗邻城市拥有更小的预算支出差异,不毗邻城市拥有更大的预算支出差异,即毗邻因素使地级市间的预算支出存在横向趋同。

表6-8 横向影响倾向得分匹配结果

	教育支出比重差异	科技支出比重差异	医疗卫生支出比重差异	社会保障支出比重差异
异省毗邻组	0.0501	0.0082	0.0223	0.0374
异省不毗邻组	0.0627	0.0094	0.0258	0.0429
处理效应	−0.0126	−0.0012	−0.0035	−0.0054
t 值	−6.29	−3.53	−4.22	−3.92

进一步地,对样本的配对进行了匹配的平衡性检验。如图 6-9 所示,匹配前,处理组和控制组样本存在非共同取值范围,其两组倾向得分值分布存在明显差异。在匹配后,两组样本倾向得分值基本处于共同取值范围内,样本平衡性较好。

图 6-10 展示了匹配前后各匹配变量的标准偏差变化情况。② 结果显示,匹配前各变量的标准偏差较大,平衡性差。匹配后各变量的标准偏差绝对值均小于10%,说明处理组与控制组在所有可观测特征上均不存在显著差异,表明本

---

① 《湖北省人民政府关于进一步深化预算管理制度改革的实施意见》,湖北省人民政府,2022年3月29日。

② 因控制组为不毗邻组"城市对",且匹配目的为验证毗邻的作用,因此城市间地理距离变量未纳入匹配条件,主要通过城市的经济、财政、环境、民生状况等核心特征指标进行配对。

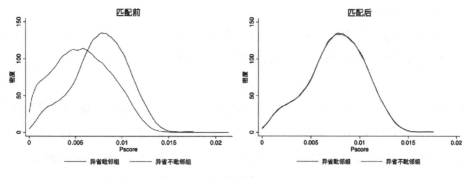

图 6-9　匹配前后倾向得分变化

章对匹配变量和方法的选取是恰当的,以此为基础的倾向得分匹配是可靠的。

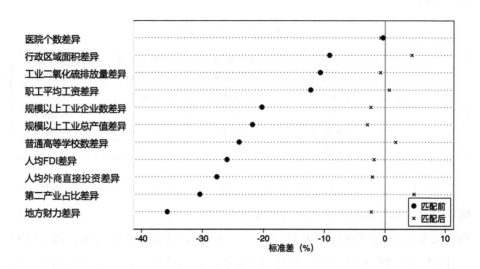

图 6-10　匹配变量标准偏差变化

　　由此,毗邻可以显著缩小城市间四种类型的预算支出比重差异,即相邻的城市间具有更为接近的预算支出结构。当前,为促进区域协同发展,毗邻地区政府合作愈发密切,如安徽省出台的《关于支持毗邻苏浙地区加快发展的意见》提出要加大对本省内毗邻地区的财政资金支持力度,四川省与重庆市联合出台的《川渝毗邻地区合作共建区域发展功能平台推进方案》提出要共建区域发展平台。此外,对于省内毗邻地区,它们具有更为类似的地理、环境和社会特征,从而可能会有较为一致的预算支出结构。不论是政策的支持还是环境的相似,一定程度上会促进毗邻城市间的策略互动,产生预算支出结构的"模仿"效应。

（三）比较分析

前文分别对纵向和横向影响进行了分解识别,本节进一步将两种效应进行比较,结合不同支出类型研究纵向和横向影响的差异。

表6-9显示,对于教育支出和科技支出,纵向影响的绝对值较小,横向影响的绝对值较大。对于医疗卫生支出和社会保障支出,纵向影响的绝对值较大,横向影响的绝对值较小。换言之,在同时受两种力量影响时,对于教育和科技支出,横向趋同效果更为明显;对于医疗卫生和社会保障支出,省级纵向统筹效果更为明显。因此,较同省不毗邻"城市对"而言,异省毗邻城市的四种支出可能最终体现为,教育支出和科技支出比重差异偏小,医疗卫生、社会保障支出比重差异偏大。

表6-9　纵向影响与横向影响对比

	教育支出比重差异	科技支出比重差异	医疗卫生支出比重差异	社会保障支出比重差异
纵向影响	0.0062	0.0009	0.0037	0.0136
	弱	弱	强	强
横向影响	−0.0126	−0.0012	−0.0035	−0.0054
	强	强	弱	弱

结果说明,不同支出类型所体现的财政事权和支出责任划分不同,导致了上级政府影响和政府间策略互动的相对强弱不同。教育支出和科技支出均属于隐性法定支出,体现了各级地方政府的支出责任,是政府需要优先确保增长的对象,因此会在毗邻地区间产生策略互动,力求不"落后"。而医疗卫生和社会保障支出的目标为保障居民卫生健康需求和最低生活标准,根据当前我国的财政事权与支出划分原则,该类基本公共服务职能相关的事权强调省级的统筹和协调,因此地级市的该类预算会更多受到省级政府的纵向影响。对于结果显示的支出特性,上级政府应进一步合理界定地方的财政事权,激励我国地方政府主动作为,为我国持续推进民生保障和改善工作奠定基础。

三、实证结果检验

为保证结果的可靠性,本节进一步使用半径匹配法与核匹配法对上述结果进行检验。结果显示,纵向层面半径匹配和核匹配有一致的结果,不论是哪一种支出,匹配后同省毗邻组有更小的预算支出差异,异省毗邻组有更大的差异,说明省级因素的存在会扩大跨省城市间的预算支出差异,缩小同省城市的预算支出差异。横向层面不论是半径匹配还是核匹配,异省毗邻组的四种支出类型较异省不毗邻组而言均有更小的支出差异,说明毗邻的城市具有更为接近的预算支出比重。进一步地,我们将纵向影响和横向影响进行比较,与最近邻匹配的结果仍然保持一致(见表6-10、表6-11、表6-12)。

表6-10　半径匹配与核匹配的纵向影响结果

	教育支出比重差异	科技支出比重差异	医疗卫生支出比重差异	社会保障支出比重差异
半径匹配				
	(1)	(2)	(3)	(4)
异省毗邻组	0.0495	0.0080	0.0223	0.0378
同省毗邻组	0.0442	0.0072	0.0188	0.0245
处理效应	0.0053***	0.0008***	0.0036***	0.0133***
t值	3.58	3.13	6.48	16.6
核匹配				
	(5)	(6)	(7)	(8)
异省毗邻组	0.0495	0.0080	0.0223	0.0378
同省毗邻组	0.0443	0.0072	0.0188	0.0245
处理效应	0.0052***	0.0008***	0.0036***	0.0134***
t值	3.55	3.1	5.31	16.63

表6-11　半径匹配与核匹配的横向影响结果

	教育支出比重差异	科技支出比重差异	医疗卫生支出比重差异	社会保障支出比重差异
半径匹配				
	(1)	(2)	(3)	(4)
异省毗邻组	0.0501	0.0082	0.0223	0.0374
异省不毗邻组	0.0615	0.0123	0.0229	0.0431
处理效应	−0.0113***	−0.0040***	−0.0006***	−0.0056***
t值	−10.58	−22.49	−12	−8.8

续表

	教育支出 比重差异	科技支出 比重差异	医疗卫生支出 比重差异	社会保障支出 比重差异
核匹配				
	(5)	(6)	(7)	(8)
异省毗邻组	0.0501	0.0082	0.0223	0.0374
异省不毗邻组	0.0615	0.0122	0.0229	0.0430
处理效应	−0.0113***	−0.0040***	−0.0006***	−0.0056***
t 值	−10.58	−22.36	−11.98	−8.79

表6-12　纵向影响与横向影响对比（半径匹配）

	教育支出 比重差异	科技支出 比重差异	医疗卫生支出 比重差异	社会保障支出 比重差异
半径匹配				
	(1)	(2)	(3)	(4)
纵向影响	0.0053	0.0008	0.0036	0.0133
	弱	弱	强	强
横向影响	−0.0113	−0.0040	−0.0006	−0.0056
	强	强	弱	弱
核匹配				
	(5)	(6)	(7)	(8)
纵向影响	0.0053	0.0008	0.0036	0.0134
	弱	弱	强	强
横向影响	−0.0113	−0.0040	−0.0006	−0.0056
	强	强	弱	弱

　　本章刻画了我国地级市预算支出差异的典型事实特征,进一步地,利用"城市对"数据探究了造成预算支出差异的纵向和横向因素。一方面,研究正式、全面地证明了省级因素和毗邻因素对地级市预算支出差异的影响,为地方预算支出结构的调整和变动提供了一种内在机理。另一方面,研究分析比较了纵向和横向因素对不同类型支出的影响差异,丰富了财政支出和预算决策的相关理论。

　　具体来看,本章通过夏普利值分解和倾向得分匹配,通过聚焦异省毗邻"城市对"这一特殊样本群,验证了纵向和横向影响的存在,并对两种影响进行了分离识别。研究发现:第一,地级市间预算支出差异存在纵向和横向两个来源。第二,纵向来看,因省级政府统筹,省内城市间预算支出差异较小,跨省城市间预算支出差异较大。横向来看,因毗邻互动,毗邻城市间预算支出差异较小,不毗邻城市间预算支出差异较大。第三,在同时受两种力量影响时,不同支出类型所受纵向和横向影响的大小不同。对于教育和科技支出,横向趋同效果更为明显;对于医疗卫生和社会保障支出,省级纵向统筹效果更为明显。

　　本章研究发现是中国地方政府预算支出差异的特有现象,不论是纵向统筹还是横向趋同,均是我国特殊国情中的一般性规律。我国地方民生性预算之所以有动机对来自纵向和横向的外部刺激作出反应,根本原因在于我国独特的财政制度设计,它体现了我国财政体制的基本原则和底色——统一领导、分级管理。首先,纵向影响的存在,验证了上级政府对于下级政府预算编制产生统一领导的事实,这是我国实行政府治理结构渐进变革,优化政府层级结构的重要表现,是"有为政府"利用统筹能力提升资源配置效率的有效反馈。其次,横向影响的存在,则验证了区域间政府的财政互动,体现了地方政府的财政积极性,其在不违背中央统一领导的前提下,能够因地制宜制定相应政策和管理财政收支。这种独特的财政体制可以更好地统筹资源,协同发力,"坚持全国一盘棋,调动各方面积极性,集中力量办大事",发挥我国特色社会主义制度的优势,完成新阶段经济社会发展任务目标。

第七章　政府间预算支出省际分化与
"相近"模仿的制度因素

　　地方预算支出结构反映了在我国特色政府体制与治理模式下,地方政府预算行为的模式与特点。研究地方预算支出结构特征对于推进财政治理体系和治理能力现代化具有重要意义。我国地方政府虽然具有一定预算独立性,受条块关系以及项目化运作的影响,我国地方预算实际自主权有限。那么,地方政府各项预算支出是否存在关联性互动? 互动对象如何对标? 又会呈现何种特征? 以往研究多聚焦空间视角下的地方财政策略互动,尚无法系统性回答以上问题。

　　基于此,本章通过手动整理的 2015—2021 年地级市财政支出分项数据,构造"城市对"数据集,探究地级市预算支出结构的互动目标选择,以及预算支出结构在相近目标间和省际间的变化特征。预算支出类型选择地级市教育、科学技术、医疗卫生与计划生育(以下简称"医疗卫生")、社会保障和就业(以下简称"社会保障")、农林水、一般公共服务、公共安全与节能环保共八类。研究发现,地方预算支出结构呈现省际分化与"相近"模仿两种特征。原因在于,条线控制下的强制支出责任固化了城市间的固有差异,导致预算支出结构呈现省际间分化与"相近"趋同。不同省份各城市之间本身在经济、财政等方面均存在普遍差异(周玉翠等,2002;周江燕、白永秀,2014;姚东旻等,2020)①②③,预算支出强制性与经济指标、财政挂钩以及基于特定用途或特定条件的专项转移支付固化城

---

　　① 周玉翠、齐清文、冯灿飞:《近 10 年中国省际经济差异动态变化特征》,《地理研究》2002 年第 6 期。

　　② 周江燕、白永秀:《中国城乡发展一体化水平的时序变化与地区差异分析》,《中国工业经济》2014 年第 2 期。

　　③ 姚东旻、许艺煊、高秋男、赵江威:《省际预算支出结构的差异及其主要来源》,《财贸经济》2020 年第 9 期。

市间的差异,使地方预算支出结构在本身差异较大的跨省城市之间分化,在状况相似的城市之间趋同。

　　本章可能的贡献在于:第一,系统考虑了地方经济、财政状况以及地理距离对于预算支出互动目标选择的影响。在进行财政社会学的相关研究中,不应忽视地域间互动对预算编制产生的影响。第二,基于我国条块关系下的支出责任以及以专项转移支付为代表的项目化治理,本章分析了地方预算支出关联性互动的财政社会学理论路径,为预算支出的省际分化与"相近"模仿提供了解释,对于地方预算支出结构的认识更具有全局性和整体性。第三,通过使用手动整理的财政支出分项数据,本章综合考察了多种预算支出类型的互动特征,为观察地方预算支出互动提供了更为全面的视角。当前地级市多项预算支出数据的研究比较有限,使得省以下政府间财政支出互动成为一个亟待打开的"黑箱"。

第一节　政府间预算支出分化与模仿的制度背景

　　地方预算支出结构的特征反映了地方政府相关预算行为,而我国政府体制中的条块关系与项目制背景在一定程度上约束了地方政府的预算自主权,进而可能影响地方政府预算行为。

　　条块关系是我国政府体制中基本的结构性关系(马力宏,1998)[①],在纵横两个层面影响和制约着整个政府的权力划分与运行架构(陶振,2015)[②]。其中,"条条"是指从中央到地方各级政府业务内容和职能范围相似的组成部门,形成了一条来自上级职能部门的垂直权力线;"块块"是各层级政府内平行的各个组成部门,进而形成条块关系的行政管理体制(周振超、李安增,2009)[③]。

　　项目化运作是当前国家治理的重要模式。分税制实施以来,中央政府建立了以部门预算为基础和项目支出为核心的公共预算体制(焦长权,2019)[④]。地

---

　　①　马力宏:《论政府管理中的条块关系》,《政治学研究》1998 年第 4 期。
　　②　陶振:《基层治理中的条块冲突及其优化路径》,《理论月刊》2015 年第 1 期。
　　③　周振超、李安增:《政府管理中的双重领导研究——兼论当代中国的"条块关系"》,《东岳论丛》2009 年第 3 期。
　　④　焦长权:《从分税制到项目制:制度演进和组织机制》,《社会》2019 年第 6 期。

方政府的项目支出主要有三种类型：上级专项转移支付、上级非补助性项目支出和本级项目支出。大量地方建设以专项资金方式操作，形成以财政为核心的项目管理机制（周飞舟，2012；孙秀林、周飞舟，2013）①②。渠敬东（2012）③提出项目制是一种能够将国家从中央到地方的各层级关系以及社会各领域统合起来的治理模式。在实践中，我国财政专项资金大多采取"条线"运作机制，项目发包部门可以直管项目实施单位。其中，专项资金的设置目的体现在两方面：一是中央政府为了实现宏观政策目标而进行了资金支撑；二是对地方政府代行中央政府职能进行补偿，因而专项资金具备加强中央政府调控地方政府行为、引导地方财政资金投向等职能（张弘力等，2000）④。

地方预算治理具有两个方面的特点，具体来看，一方面，强制性支出占据我国地方预算支出很大比重，体现了"条线"对于地方预算的控制权。例如，挂钩预算与专项转移支付是两类典型强制性支出。挂钩预算要求财政部门安排预算支出时必须达到某个水平，或要求与生产总值、财政收入、财政支出总量等直接挂钩。我国挂钩预算占据财政支出绝大部分比重⑤，主要包括农林水、科技、教育、文化体育与传媒、医疗卫生、环境保护、社会保障、人口和计划生育等类别，表7-1详细展示了我国关于挂钩类预算支出的相关规定。专项转移支付是项目制下地方政府一类重要的项目支出。专项转移支付包含有条件拨款和分类拨款，有条件拨款指地方政府必须按照中央的要求用于指定支出项目，地方在支出资金时基本上没有自主权。分类拨款虽不具体要求支出细目与用途，但同样要求了支出领域（吴良健，2015）⑥。例如，某分类拨款指定用于教育领域，但并没有指明用于教育领域中的具体项目，地方仍不能将该部分资金用于其他领域，但可以在该领域内自主规划。此外，上级政府对下级政府的专项转移支付，并不是由财政部门独自完成资金审核和拨付程序，不同种类的专项转移支付会因功能不

① 周飞舟：《财政资金的专项化及其问题兼论"项目治国"》，《社会》2012年第1期。
② 孙秀林、周飞舟：《土地财政与分税制：一个实证解释》，《中国社会科学》2013年第4期。
③ 渠敬东：《项目制：一种新的国家治理体制》，《中国社会科学》2012年第5期。
④ 张弘力、林桂凤、夏先德：《论中央对地方专项拨款》，《财政研究》2000年第5期。
⑤ 党的十八届三中全会与新《预算法》明确要求取消挂钩，然而现行的多部法律、部门法规、政府文件和各种形式的文件决定中仍然存在"挂钩"要求。根据各地数据，同样显示出该部分预算支出存在挂钩特征。
⑥ 吴良健：《地方分权与预算自主——论分税制下的地方预算自主权及其宪政意涵》，《行政法论丛》2015年第00期。

同而归口到不同业务部门管理,由业务部门和财政部门联合进行资金审核和拨付(周飞舟,2012)[1]。

表7-1　预算法定支出相关规定

支出类型	挂钩规定	挂钩主体
教育支出	全国各级财政支出总额中教育经费所占比例应当随着国民经济的发展逐步提高	国民经济
科学技术支出	国家财政用于科学技术经费的增长幅度,应当高于国家财政经常性收入的增长幅度。全社会科学技术研究开发经费应当占国内生产总值适当的比例,并逐步提高	生产总值、财政经常性收入
农林水事务支出	中央和县级以上地方财政每年对农业总投入的增长幅度应当高于其财政经常性收入的增长幅度	财政经常性收入
医疗卫生支出	中央和地方政府对卫生事业的投入,要随着经济的发展逐年增加,增加幅度不低于财政支出的增长幅度。到21世纪末,争取全社会卫生总费用占国内生产总值的5%左右	财政支出、生产总值
社会保障支出	逐步将社会保障支出占财政支出的比重提高到15%—20%。今后,预算超收的财力,除了保证法定支出外,主要用于补充社会保障资金	财政支出

另一方面,在"条线"运作体制下,地方政府在满足强制性支出责任的同时,还要接受上级政府的安排和引导。在非正式制度层面,地方政府在正式预算编制前往往会接受上级的指导(吴良健,2015)[2]。国务院在每个年度都会发布年度的预算编制通知,并在该通知中明确地方预算编制的基本要求。每年中央定期组织召开中央经济工作会议和全国财政工作会议以统一各省工作精神,随之各省会召开省委常委扩大会议或经济工作会议来传达、学习和贯彻中央经济工作会议、全国财政工作会议精神。上级政府还可能通过如确立支出依据和支出标准等方式限制地方。例如,只有先设立机构、安排编制,才能安排财政资金,用于办公设施、公务活动、人员工资等,而地方机构和编制的决定权掌握在上级政府手中。除此之外,在预算正式制度中,上级对于下级预算具有法定监督、审查职权。我国《预算法》确立了地方政府对地方人大和上级政府的双重负责制,规定了上级人大、人大常委会及政府对下级预算的多项权力。以政府为例:首先,

---

① 周飞舟:《财政资金的专项化及其问题兼论"项目治国"》,《社会》2012年第1期。

② 吴良健:《地方分权与预算自主——论分税制下的地方预算自主权及其宪政意涵》,《行政法论丛》2015年第00期。

地方各级政府具有改变或撤销下级政府关于预、决算不适当决定和命令的权力；其次，地方各级政府具有监督下级政府预算执行的权力，对预算草案、执行情况等报告具有审查权。预算编制完成后各级地方政府还应报送上级政府，如上级政府发现不符合编制要求的，应由本级政府予以纠正。因此，尽管当下地方政府具有自主编制预算草案的权力，但如果上级人大审查的地方预算不能通过，则地方人大不能就该预算草案进行批准。

第二节　政府间预算支出分化与模仿的理论路径

　　我国自上而下的管理体制、预算挂钩要求以及项目制可能进一步使地方预算支出结构呈现省际分化与相近模仿两种特征。一方面，在预算挂钩要求与项目制的影响下，城市间的固有差异会在省际间固化、扩大。另一方面，受自上而下的管理体制的影响，地方政府会对经济、财政、地理距离相近的地区进行预算支出结构模仿（姚东旻等，2024）[1]。

一、预算支出的省际分化

　　各省城市本身存在固有差异，这一省际差异广泛存在于经济、财政等方面（周玉翠等，2002；周江燕、白永秀，2014；姚东旻等，2020）[2][3][4]。基于该固有差异，以挂钩预算以及专项转移支付为代表的强制性支出责任进一步放大、固化了该差异，进而导致地级市预算支出结构差异在省际间分化更为明显。

　　一方面，预算支出的挂钩模式扩大了不同省份城市间的固有差异。预算支出的强制性挂钩使当地预算支出与经济、财政状况进行关联，然而各市 GDP、财

---

①　姚东旻、崔孟奇、赵江威、王艺霏：《地方预算支出互动的典型模式：一个制度化解释》，《世界经济文汇》2024 年第 2 期。

②　周玉翠、齐清文、冯灿飞：《近 10 年中国省际经济差异动态变化特征》，《地理研究》2002 年第 6 期。

③　周江燕、白永秀：《中国城乡发展一体化水平的时序变化与地区差异分析》，《中国工业经济》2014 年第 2 期。

④　姚东旻、许艺煊、高秋男、赵江威：《省际预算支出结构的差异及其主要来源》，《财贸经济》2020 年第 9 期。

政收入等参照物水平并不统一,这导致本身存在经济、财政状况差异的地区,挂钩预算会进一步带来地域间差异的扩大。对于 GDP 或财政收入体量较大的省份,按规定占 GDP 比重4%的教育支出属于一笔极为充足的支出,而对于某落后地区,同样占 GDP 比重4%的教育支出则可能对于当地教育建设远远不足。挂钩预算使得本就存在经济体量、教育建设等差异的城市进一步拉开差距,固化不同省份间城市差异。另一方面,基于特定用途或特定条件的专项转移支付同样固化了这一差异。如国家档案局批复福建省专项资金400余万元①,涵盖民国档案目录著录、侨批档案展览展示和《抗战档案汇编》出版等项目。与一般性转移支付不同,一般性转移支付提供无条件转移支付资金,目的在于发挥财力均等化作用,解决地区间财政差异,而专项转移支付则基于特定目标,充分考虑地方特征,此时项目设置不同就源于各地域的固有差异,因此基于项目的专项转移支付在一定程度上进一步带来城市间固有差异的放大,加之匹配性专项转移还要求地方政府提供相应的资金配套,随之带来省际间预算支出结构差异的扩大。

需要注意的是,中央层面国务院、财政部会对各省进行统筹,但地级市预算仍然会在省际间出现分化,这可能是因我国纵向事权与支出责任的分配现状,导致中央统筹与省内统筹在落实强度上存在一定差异。这体现在我国法律的具体规定中,如《义务教育法》中第四十四条规定"义务教育经费投入实行国务院和地方各级人民政府根据职责共同负担,省、自治区、直辖市人民政府负责统筹落实的体制"。省级政府要充分落实省以下各级政府应承担的财政支出,并根据中央文件精神,进一步结合自身特征和情况对省内城市的预算支出结构发挥统筹、协调作用,也同时导致地级市预算在省际之间出现较大差异,在省内分化并不明显。

二、预算支出的"相近"模仿

在我国,地方政府预算支出结构会与经济、财政或空间上相近的地区产生趋同与模仿。受上级政府政策或指令影响,地方政府往往会进行预算调整(张亲

---

① 国家档案局对福建省下发《关于2022年国家重点档案专项资金任务预算的批复》。

培、冯素坤,2010)①。与地方标尺竞争理论不同,通常来说,空间上的邻近会使地方政府展开公共支出水平和结构上的横向互动(Case 等,1993)②,吸引资本与劳动力的流入,地方会效仿其他邻近地区的政策,相互学习(Besley,Case,1995;Baicker,2005)③④。本章认为地方政府间预算支出的互动除受劳动力、资本竞争驱动外,还存在自上而下的管理体制这一更为重要的驱动因素。在我国经济社会转轨过程中,地方政府面临着复杂多样的经济社会发展任务,地方政府的运行就是对不同经济社会发展任务的分解与处理(谢贞发等,2017)⑤。复杂多样化的经济社会发展任务会体现在财政支出的决策方面,传导并最终影响地方的预算结构。比如,转移支付通常会引发预算调整,原因在于来自上级的转移支付需要地方政府配套资金,此时地方政府会进行预算科目和收支安排的调整。一个有趣的问题是,自上而下的管理体制下地方预算调整的目标和结果是什么,本章认为地方政府预算调整的目标往往是模仿相似地区——如经济、财力以及地理距离相近地区的预算支出结构。如周亚虹等(2013)认为相邻地区之间出现财政策略互动,关键在于地区相似性,如经济发展水平以及地理特征等。⑥ 与地理信息相比,通过经济社会特征值来判断两个地区的相似度同样重要(Case 等,1993;Revelli,2005)⑦⑧。

已有学者验证了地方政府预算支出存在策略互动(郭庆旺、贾俊雪,2009;

① 张亲培、冯素坤:《中国压力型预算调整研究》,《学术界》2010 年第 5 期。

② Case, A. C., H. S. Rosen, J. R. Hines, "Budget Spillovers and Fiscal Policy Interdependence: Evidence from the States", *Journal of Public Economics*, Vol.52, No.3, 1993, pp.285-307.

③ Besley, T., A.Case, "Incumbent Behavior: Vote-Seeking, Tax-Setting, and Yardstick Competition", *American Economic Review*, Vol.85, No.1, 1995, pp.25-45.

④ Baicker K., "The Spillover Effects of State Spending", *Journal of Public Economics*, Vol. 89, No.2, 2003, pp.529-544.

⑤ 谢贞发、严瑾、李培:《中国式"压力型"财政激励的财源增长效应——基于取消农业税改革的实证研究》,《管理世界》2017 年第 12 期。

⑥ 周亚虹、宗庆庆、陈曦明:《财政分权体制下地市级政府教育支出的标尺竞争》,《经济研究》2013 年第 11 期。

⑦ Case, A. C., H. S. Rosen, J. R. Hines, "Budget Spillovers and Fiscal Policy Interdependence: Evidencefrom the States", *Journal of Public Economics*, Vol.52, No.3, 1993, pp.285-307.

⑧ Revelli, Federico, "On Spatial Public Finance Empirics", *International Tax and Public Finance*, Vol.12, No.4, 2005, pp.475-492.

李涛、周业安,2009)①②。随着中国经济社会发展阶段的推进,地区间竞争不再是单纯为吸引投资的粗放式竞争,而是逐步拓展至包括经济发展、社会福利、人才等在内的多元化竞争(李郇等,2013)③。在多元化竞争机制以及自上而下的管理体制下,地方政府在制定财政政策时,会最大限度考虑邻近地区可能执行的策略,于是大概率会表现出模仿的策略互动(辛冲冲,2022)④。尽管如此,已有的有关地方预算策略互动的研究多采用省级支出数据,或特定单一支出类别的市级、县级数据,且互动维度主要局限于空间距离上。

三、基于理论分析提出的研究假说

基于我国财政制度的现实背景,本章以地方预算支出结构特征作为研究切入点,进一步提出本章的理论假设。具体过程如图 7-1 所示,这种地方预算支出可能呈现两种特征——省际分化与"相近"模仿。

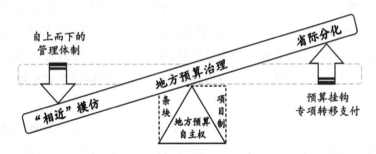

图 7-1 预算支出结构特征的理论成因

资料来源:笔者自制。

(一)互动目标与"相近"模仿

在自上而下的管理体制环境下,地方政府可能会参考经济、财力状况或地理

---

① 郭庆旺、贾俊雪:《地方政府间策略互动行为、财政支出竞争与地区经济增长》,《管理世界》2009 年第 10 期。

② 李涛、周业安:《中国地方政府间支出竞争研究——基于中国省级面板数据的经验证据》,《管理世界》2009 年第 2 期。

③ 李郇、洪国志、黄亮雄:《中国土地财政增长之谜——分税制改革、土地财政增长的策略性》,《经济学(季刊)》2013 年第 4 期。

④ 辛冲冲:《纵向财政失衡、FDI 竞争与医疗卫生服务供给水平——兼论标尺竞争机制下地区间的策略性行为》,《财贸经济》2022 年第 1 期。

相近地区的预算支出决策。同时,为吸引劳动力、资本,防止人力、财力资源向周边或相似城市流出,地方政府同样会主动模仿目标城市的预算支出结构。双重驱动下,本章认为地方政府间预算互动受经济、财力、地理距离等维度影响,提出假设1:地级市预算支出结构的模仿目标是经济、财力、地理距离等相近的城市,及假设2:地方政府与模仿目标城市之间有较小的预算支出结构差异。

(二)省际分化

预算挂钩与专项转移支付造成不同省份城市间固有差异扩大,进一步地,地级市自身之间同样存在差异,那么地级市预算支出结构的省际分化与否,要取决于跨省城市与省内城市的差异程度比较。本章认为地级市自身经济、财力状况在跨省城市间的差异远大于同省城市间差异,因我国省际间尤其是东、中、西不同省份间城市经济、财政状况不平衡远大于同省内城市。与多数空间差异、区域差异研究的一般性结论不同,以往研究中更多是比较省份间差异与省内城市间差异,行政单元的选择由省到市,空间尺度逐渐降低(贺灿飞、梁进社,2004)①,并认为行政区域或空间尺度越小,经济差异越显著(冯长春等,2015)②,本章则聚焦地级市本身的跨省差异大于同省差异,如林毅夫等(1998)证明多数省份内部的收入分配比全国省间的收入分配要均匀,这种差别使得跨省地级市差异更为显著③。

除此之外,已有研究证明了地级市单项预算支出在同省内策略互动比跨省策略互动更为明显,例如,医疗卫生支出(彭冲、汤二子,2018)④,如前文所述,本章认为这可能是由于省内对地级市预算支出有较大的统筹力度,这种统筹同时存在于非正式制度与正式制度中。在主动与被动两种因素下,同省地级市的预算支出结构更为相似,跨省城市间有更为明显的差异,由此提出本章的假说3:地方预算支出结构存在省际间分化。

---

① 贺灿飞、梁进社:《中国区域经济差异的时空变化:市场化、全球化与城市化》,《管理世界》2004年第8期。

② 冯长春、曾赞荣、崔娜娜:《2000年以来中国区域经济差异的时空演变》,《地理研究》2015年第2期。

③ 林毅夫、蔡昉、李周:《中国经济转型时期的地区差距分析》,《经济研究》1998年第6期。

④ 彭冲、汤二子:《财政分权下地方政府卫生支出的竞争行为研究》,《财经研究》2018年第6期。

第三节　政府间预算支出分化与模仿赶超的
实证证据

一、研究思路

本章探究地级市预算支出结构的互动目标选择,以及预算支出结构在相近目标间和省际间的变化特征。换言之,本章首先对地级市预算支出结构的互动目标进行研究,回答什么样的城市是彼此的互动目标,本章选择经济距离相近、财力距离相近以及地理距离相近三类城市样本进行研究。其次,本章进一步检验城市与其互动目标城市,或者说经济、财力或地理距离相近城市之间预算支出差异有何变化。最后,本章研究了跨省且"相近"城市之间预算支出差异的变化,目的在于比较跨省纵向约束力量与"相近"横向力量同时作用下,两种对抗力量如何影响城市间预算支出差异的变动。预算支出类型选择地级市教育、科学技术、医疗卫生、社会保障、农林水、一般公共服务、公共安全与节能环保共八类地方预算支出比重①进行研究。

具体来看,为划分城市间的"相近"程度,本章依托城市间的人均地区生产总值、人均财政收入以及直线距离指标,构建城市间的三种距离——经济距离、财政距离以及地理距离,城市间相应指标绝对值差异越大,对应距离越大。假设 a_1 市和 b_1 市拥有相近的经济(财政、地理)距离,本章首先探究城市间预算支出的互动目标选择是否与三种距离相关,即 a_1 市(或 b_1 市)是否为 b_1 市(或 a_1 市)的互动目标,它们的预算支出结构是否相互影响。其次,本章验证在这种影响下两城市的预算支出差异如何变化,即预算支出结构是否存在"相近"模仿。最后,注意到隶属于不同省份的 a_1 市和 b_1 市受到不同的政策导向和省内管辖,本章进一步比较 a_1 市与跨省目标城市 b_1、同省目标城市 a_2 的互动效应是否存在差异,即预算支出互动结果是否存在省际间分化。

本章基于三分位数对三种距离进行划分。以经济距离为例,在对城市间人均地区生产总值差异从低到高排序后,差异低于下三位数的"城市对"标记为一

---

① 财政支出划分依据:各省政府预决算报告。

级经济距离;差异处于下三位数与上三位数之间的"城市对"标记为二级经济距离;差异高于上三位数的"城市对"标记为三级经济距离。地理距离则采用城市间的直线距离进行划分,100 千米内为一级距离,100—200 千米内为二级距离,200—300 千米内为三级距离。

二、实证策略与模型

整体实证设计遵循互动目标选择、互动现象分析与互动机制分析展开,对地方预算支出结构的"相近"模仿与省际分化进行系统性研究。具体来看,首先在不同级别距离内研究城市间预算支出结构互动,验证经济、财政、地理距离"相近"城市在预算支出结构上的相互影响。其次,使用城市是否毗邻作为城市经济、财力、地理距离相近的外生代理变量,原因在于毗邻地级市意味着都在一个相似的发展水平的地域,因此城市距离更为相近。回归控制了"城市对"固定效应与时间固定效应,目的是最大限度克服预算制度惯性的影响(姚东旻等,2020)。基于倾向得分匹配模型(Propensity Score Matching,PSM),研究匹配后各种特征相似城市间,预算支出结构差异是否更小。再次,通过分组回归与PSM 方法,使用"城市对"是否跨省变量,验证相同距离级别的城市间预算支出结构是否存在跨省差异。为防止数据样本选择带来的因果识别偏误,本章在距离划分中分别选择四分位数、三分位数、二分位数为标准划定一级距离,在不同划分方法得到的样本下验证跨省带来的影响。最后,为了验证城市间预算支出结构互动关系是城市主动模仿还是被动相似,本章通过检验城市间滞后一期的预算支出差距对于预算支出增长率的影响,验证预算支出比重变化的机制。此外,为保证研究结论稳健、可信,基于本章使用的 PSM 模型,本章对匹配的有效性进行了多层次的检验,验证了匹配前样本存在共同取值分布,匹配后配对城市间各项指标具有较高相似性,确保 PSM 结论的稳健。

本章基于"城市对"数据,使用 PSM 模型验证城市间的省际分化与"相近"模仿。对于省际分化的验证,本章将城市间是否跨省作为划分处理组与控制组的外生变量,即异省"城市对"作为处理组样本,同省"城市对"作为控制组样本,通过对一级距离下"城市对"的多维度特征计算倾向得分,具体特征协变量包括地方财力、城市化率、人口密度、工业企业数、职工平均工资、人均储蓄、医院卫生院数、在岗职工平均人数、工业用电量、可吸入颗粒物浓度等。

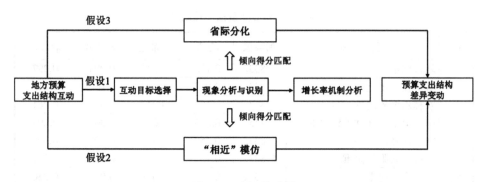

图 7-2　实证策略图

资料来源:笔者自制。

倾向得分 $p(x_i)$ 即通过不同的可观测"城市对"特征协变量 x_i 测算得到的"城市对"的虚拟跨省条件概率,基于该条件概率对处理组和控制组进行配对,得到城市特征相似的两组"城市对",唯一的差别即为"城市对"是否跨省,由此比较一级经济、财政距离以及相近地理距离下,处理组和控制组之间的预算支出结构差异变动,即对相近城市而言,跨省带来的预算支出差异变动,这一比较可以直接体现跨省与"相近"两种因素相互对抗的结果,帮助我们回答跨省且"相近"城市之间是否仍然是互动目标的问题。

对于"相近"模仿的验证,本章将城市间是否毗邻作为经济、财力以及地理相近的外生代理变量,选择毗邻"城市对"作为处理组样本,非毗邻"城市对"作为控制组样本,通过一致的匹配方法验证"相近"带来的城市间预算支出差异变化。

三、数据与变量

本章采用的地级市财政数据来自于手动整理的各地级市公布的财政预算报告,其他经济指标数据则来自于 2015—2021 年《城市统计年鉴》,城市地理数据通过全国基础地理信息矢量数据测算得出。本章对城市样本按以下标准进行筛选:(1)剔除直辖市样本;(2)剔除单项支出比重高于 0.3 的样本,减小异常值干扰;(3)剔除支出比重为空值的数据。

基于此,通过 283 个地级市两两组合,本章构造"城市对"数据集,"城市对"数据使得城市间各项差异指标可以被直接度量,且任意两城市之间经济、财力及地理距离可以直接体现在数据集中,城市之间的毗邻、跨省等关系也可以被直接描述。描述性统计如表 7-2 所示。

表 7-2　核心变量描述性统计

分类	变量名称	观察值	均值	标准差	最小值	最大值
城市自身指标	教育比重	178332	0.175	0.042	0.004	0.297
	科学技术比重	178332	0.017	0.018	0	0.213
	农林水事务比重	178332	0.101	0.043	0.002	0.261
	医疗卫生与计划生育比重	178332	0.096	0.031	0.001	0.299
	社会保障比重	178332	0.159	0.045	0.006	0.300
	一般公共服务比重	178332	0.103	0.027	0.003	0.221
	公共安全比重	178332	0.053	0.018	0.001	0.250
	节能环保比重	178332	0.024	0.017	0	0.248
	人均地区生产总值	148711	59147	33528	10987	207163
	地方财力	122886	9680	13032	354	266784
	城镇化率	153497	57.836	13.589	22.345	110.145
	人口密度	122096	0.050	0.049	0.001	0.652
	规模以上工业企业数	153511	1359	1586	0	11900
	职工平均工资	153511	53795	30179	0	129605
	人均储蓄	152546	36277	25660	0	117710
城市差异指标	人均地区生产总值差异	147616	35116	31818	1.000	196176
	地方财力差异	122110	7326	16796	0.043	265797
	城镇化率差异	152534	14.925	11.731	0	85.964
	人口密度差异	120542	0.042	0.054	0	0.652
	规模以上工业企业数差异	152560	1440	1727	0	11867
	职工平均工资差异	152560	10824	12146	0	129605
	人均储蓄差异	150644	16905	17634	0	101298
	医院卫生院数差异	152560	103	115.112	0	970
	在岗职工平均人数差异	152560	36	52	0	469
	工业用电量差异	152560	795340	1360823	0	12200000
	可吸入细颗粒物浓度差异	152560	16.356	17.937	0	116

　　整体分为城市自身的各项支出比重与特征指标,以及城市间的差异指标,城市自身指标是在"城市对"面板数据集中未经差分的城市自身数据,与面板数据不同,这里的观察值嵌于"城市对"数据集中,因而远高于面板数据观察值。[①] 此

---

　　① 举例而言,假设"城市对":城市 a—城市 b,城市 a—城市 c,城市 a—城市 d 共 3 个样本观察值,此时城市自身指标的观察值虽然为 3,但数值均为首项城市数值,即城市 a 的自身指标。而城市差异指标观察值同为 3,但数值分别为:城市 a 与城市 b 的指标差值,城市 a 与城市 c 的指标差值,城市 a 与城市 d 的指标差值。

外,本章采用人均财政收入予以刻画地方财力指标(姚东旻等,2020)①,即财政收入/总人口数量。

表7-3展示了不同划定范围下的城市间各项预算支出比重差异的特征。随经济距离的递增,科技、农林水、医疗卫生、社会保障、公共安全支出均体现出明显的差异增加,教育、一般公共服务以及节能环保支出则变化不明显。类似地,随财政距离增加,城市间教育和一般公共服务支出差异增加也不明显。而随地理距离的递增,教育、农林水事务、医疗卫生、社会保障、节能环保支出差异逐步扩大,其他支出类型差异则没有体现明显规律。这很可能说明不同支出类型有不同的互动对标目标,城市间预算支出结构的互动并非仅存在于单一维度上。另外,比较跨省和同省城市间支出比重差异,初步看出跨省城市间拥有更大的支出比重差异,比较毗邻和不毗邻城市间的支出比重差异,同样在毗邻城市间,支出比重差异更小,且这两种规律在支出类型上分化不大,本章研究的八类支出类型均体现了以上特征。

表7-3　各项预算支出比重差异特征

类别	级次	观察值	均　值							
			教育支出差异	科学技术支出差异	农林水支出差异	医疗卫生支出差异	社会保障支出差异	一般公共服务支出差异	公共安全支出差异	节能环保支出差异
经济距离	一级	70098	0.054	0.009	0.048	0.036	0.045	0.030	0.015	0.021
	二级	71398	0.052	0.014	0.052	0.039	0.049	0.030	0.017	0.019
	三级	110668	0.052	0.025	0.060	0.044	0.056	0.029	0.020	0.020
财政距离	一级	57838	0.042	0.010	0.044	0.028	0.046	0.029	0.016	0.016
	二级	56644	0.059	0.015	0.053	0.038	0.051	0.029	0.018	0.021
	三级	137682	0.054	0.022	0.060	0.047	0.054	0.030	0.019	0.022
地理距离	100千米	1684	0.039	0.017	0.039	0.031	0.036	0.027	0.015	0.015
	200千米	7664	0.042	0.015	0.041	0.032	0.038	0.028	0.014	0.016
	300千米	16218	0.045	0.014	0.043	0.033	0.039	0.027	0.015	0.017
同省		12661	0.0426	0.043	0.014	0.042	0.032	0.040	0.026	0.014
异省		239108	0.0531	0.053	0.018	0.055	0.041	0.052	0.029	0.018
毗邻		4684	0.0432	0.043	0.012	0.042	0.034	0.037	0.027	0.014
不毗邻		247480	0.0527	0.053	0.018	0.054	0.040	0.051	0.029	0.018

① 姚东旻、许艺煊、高秋男、赵江威:《省际预算支出结构的差异及其主要来源》,《财贸经济》2020年第9期。

第四节 政府间预算支出分化与模仿的 结果分析

一、预算支出结构的互动目标

首先检验城市间预算支出结构的互动目标是否为经济、财政或地理距离相近的城市。表7-4分别展示了三级经济距离下城市间不同类型预算支出比重互动特征,其中下方为各预算支出所占财政支出的比重,是本章的被解释变量,其每行对应系数为不同距离等级下其他城市对本市预算支出比重影响的回归系数。总体来看,城市预算支出比重与目标城市之间存在正相关的互动关系,目标城市预算支出比重越高,本市预算支出比重越高,且随着城市间经济距离级别增加,影响系数总体趋于衰减。这说明城市间经济差距越大,预算支出比重的正相关关系越弱。以教育支出为例,对于经济距离为一级的"城市对",目标城市教育支出比重每提高1%,本市教育支出比重提高8.18%,对于经济距离为二级的"城市对",目标城市教育支出比重每提高1%,本市教育支出比重提高6.31%,当城市间的经济距离为三级时,城市间教育支出比重不再存在相关关系。这证明经济距离相近的城市是预算支出结构的互动目标,且这种互动关系是正向的,表现出同高同低的特征。

表 7-4 经济距离划分下的预算支出结构互动

变量	经济距离		
	1级	2级	3级
教育	0.0818 *** (7.21)	0.0631 *** (5.05)	0.0188 (1.37)
科学技术	0.1406 *** (12.02)	0.0969 *** (7.75)	0.003 (0.23)
农林水事务	0.0854 *** (7.44)	0.0678 *** (5.47)	0.0533 *** (4.18)
医疗卫生	0.0728 *** (6.36)	0.0541 *** (4.37)	0.016 (1.22)
社会保障	0.0762 *** (6.35)	0.0487 *** (3.75)	0.0310 ** (2.31)

续表

变量	经济距离		
	1级	2级	3级
一般公共服务	0.0648*** (4.50)	0.0409*** (3.48)	0.0293** (2.19)
公共安全	0.0675*** (5.73)	0.0328** (2.48)	0.0082 (0.58)
节能环保	0.0298** (2.45)	0.0257* (1.77)	0.0127 (0.95)
个体固定效应	控制	控制	控制
时间固定效应	控制	控制	控制

注：* $p<0.1$，** $p<0.05$，*** $p<0.01$，括号内为 T 值，下表同。

表 7-5 是三级财政距离下城市间不同类型预算支出比重互动特征。结果显示，城市预算支出比重与目标城市之间同样存在相关关系，当财政距离为一级时，存在十分明显的正相关关系，当财政距离为二级和三级时，如教育、节能环保等支出类型的相关关系为负。这说明城市间财政差距越大，预算支出比重的正相关关系越弱，甚至可能逆转为负相关关系。同样以教育支出为例，对于财政距离为一级的"城市对"，目标城市教育支出比重每提高 1%，本市教育支出比重提高 17.27%，对财政距离为二级的"城市对"，目标城市教育支出比重每提高 1%，本市教育支出比重降低 4.7%，当城市间的财政距离为三级时，负向影响进一步加大，目标城市教育支出比重每提高 1%，本市教育支出比重降低 5.7%。这证明财政距离相近的城市是教育支出的正向互动目标，而当城市间财政差距过大，这种互动方向出现了逆转，目标城市预算支出比重的提高反而会带来本市预算支出比重的降低，这恰恰说明城市间的策略模仿更容易发生在财政距离相近的城市间。

表 7-5　财政距离划分下的预算支出结构互动

变量	财政距离		
	1级	2级	3级
教育	0.1727*** (16.57)	−0.047*** (−3.27)	−0.057*** (−4.13)
科学技术	0.1152*** (11.14)	0.0650*** (4.52)	0.012 (0.86)

变量	财政距离		
	1 级	2 级	3 级
农林水事务	0.1194 *** (11.76)	0.0463 *** (3.35)	0.0395 *** (2.89)
医疗卫生	0.0827 *** (8.04)	0.0247 * (1.78)	−0.0104 (−0.74)
社会保障	0.0621 *** (4.10)	0.0586 *** (5.63)	0.0058 (0.39)
一般公共服务	0.0831 *** (7.70)	0.0545 *** (3.57)	0.0002 (0.01)
公共安全	0.1209 *** (11.20)	0.0635 *** (4.15)	0.0121 (0.77)
节能环保	0.0548 *** (5.08)	−0.0346 ** (−2.27)	0.0145 (0.95)
个体固定效应	控制	控制	控制
时间固定效应	控制	控制	控制

表 7-6 是不同地理距离城市间预算支出结构的互动关系。总体来看,与经济距离类似,当城市间地理距离较小时,城市预算支出比重与目标城市之间存在正相关的互动关系,随着城市间地理距离增加,影响逐渐变小。说明城市间地理距离越远,预算支出比重的正相关关系越弱。以教育支出为例,对于地理距离在100 千米内的"城市对",目标城市教育支出比重每提高 1%,本市教育支出比重提高 8.93%,对于地理距离在 200 千米内的"城市对",目标城市教育支出比重每提高 1%,本市教育支出比重提高 6.46%,如果城市间地理距离达到 300 千米,此时城市间教育支出比重不再存在相关关系。结果证明了地理距离邻近的城市也是预算支出结构的互动目标,这种互动关系同样是正向的。

表 7-6 地理距离划分下的预算支出结构互动

变量	地理距离		
	<100 千米	<200 千米	<300 千米
教育	0.0893 *** (6.64)	0.0646 ** (2.97)	0.0185 (1.85)
科学技术	0.1255 *** (4.62)	0.0633 *** (4.49)	0.0627 *** (5.20)

变量	地理距离		
	<100 千米	<200 千米	<300 千米
农林水事务	0.1364 *** (4.97)	0.1010 *** (6.92)	0.1002 *** (8.00)
医疗卫生	0.1171 *** (4.26)	0.0513 *** (4.22)	0.0462 *** (3.23)
社会保障	0.1023 *** (3.75)	0.0702 *** (4.81)	0.005 (0.39)
一般公共服务	0.0517 *** (3.82)	0.0422 *** (2.75)	−0.0019 (−0.07)
公共安全	0.0947 *** (3.36)	0.0168 (1.11)	0.0124 (0.93)
节能环保	0.0402 *** (3.25)	0.0350 ** (2.34)	0.0318 (1.15)
个体固定效应	控制	控制	控制
时间固定效应	控制	控制	控制

上述结果说明,城市预算支出结构与经济、财政、地理距离相近的目标城市密切相关,换言之,经济、财政相似,地理距离相近的城市均有可能成为被模仿的目标城市,模仿目标的参考维度是多元化的,并不单一存在于某一维度上。需要考虑的是,从被动层面而言,受预算挂钩影响,地方编制该领域预算支出时需达标 GDP 或财政支出的规定比重,这本身使得经济、财力状况类似的城市可能划定较为一致的资金来满足这些指标要求。这使地方预算支出结构在省际间分化的同时,呈现一定程度上的"被动"趋同,即经济、财政状况相近的城市拥有类似的预算支出结构,如表中的前五类支出(教育、科学技术、农林水、医疗卫生、社会保障)是有明文要求的挂钩类预算。然而,本章选择的一般公共服务、公共安全以及节能环保后三类支出并不属于挂钩类预算,但也体现出较强的正相关关系。因此,我们推测地方政府确实存在"主动"对标模仿的行为,这在后续机制检验部分我们进一步进行了验证。

二、预算支出结构的相近模仿

表 7-7 报告了毗邻对城市间预算支出差异影响的 PSM 估计结果。处理组为毗邻"城市对",控制组为不毗邻"城市对",在对两组"城市对"之间的一系列

指标进行最近邻匹配后,结果显示,毗邻组的各项预算支出比重差异均显著小于不毗邻组的差异。毗邻城市地理距离为0,且通常来说毗邻城市间的经济、财政状况有很大概率是相似的(蒋灵多等,2018)①,利用这一假设,本章使用毗邻作为城市"相近"的代理变量,使用因果推断模型进一步识别了城市间预算支出结构存在"相近"模仿。

表7-7　毗邻对城市间预算支出比重差异的影响

	预算支出比重差异							
	(1)	(2)	(3)	(4)	(5)	(6)	(7)	(8)
	教育	科学技术	农林水事务	医疗卫生	社会保障	一般公共服务	公共安全	节能环保
处理组	0.0439	0.0110	0.0409	0.0323	0.0384	0.0272	0.0147	0.0156
控制组	0.0574	0.0137	0.0499	0.0364	0.0461	0.0297	0.0169	0.0214
毗邻处理效应	-0.0134***	-0.0027***	-0.0090***	-0.0041***	-0.0077***	-0.0025***	-0.0022***	-0.0058***

三、预算支出结构的省际分化

另一个需要验证的假设是,城市间的预算支出结构是否存在省际间分化,尤其是在既有互动目标下,跨省互动与同省互动是否存在差别。本章首先对"城市对"进行同省或异省分组,验证不同类别距离下城市间的互动关系如何,其次使用PSM对跨省的影响进行因果识别。

(一)相关性分析

表7-8报告了不同经济距离下跨省城市间和同省城市间互动效应的比较。总体来看,相同经济距离下,同省城市间拥有显著的正相关关系,且这一相关关系随经济距离增加而衰减,异省城市间正相关关系明显弱于同省城市,或不存在显著的相关关系。以教育支出为例,经济距离为1级时,同省目标城市教育支出比重提升1%,本市教育支出比重显著提升15.3%,异省目标城市教育支出比重提升1%,仅在更宽松的统计水平上提升本市教育支出比重3.71%。经济距离为2级时,同省目标城市教育支出比重提升1%,本市教育支出比重显著提升14.51%,而此时异省城市与本市之间无相关关系。当经济距离为3级时,不论

---

① 蒋灵多、陆毅、陈勇兵:《城市毗邻效应与出口比较优势》,《金融研究》2018年第9期。

是同省城市还是异省城市,城市间教育支出比重均不存在相关关系。这说明当经济距离一定,同省城市间的互动关系更为明显,而跨省则会显著削弱这一互动关联,换言之,同省且经济距离接近的城市通常是预算支出结构的互动目标。

表7-8　不同经济距离下跨省城市间的预算支出结构互动

变量	经济距离					
	1级		2级		3级	
	同省	异省	同省	异省	同省	异省
教育	0.1530*** (9.96)	0.0371** (2.38)	0.1451*** (7.65)	0.0065 (0.41)	0.0197 (0.99)	0.0196 (1.13)
科学技术	0.2284*** (14.51)	0.0814*** (5.05)	0.1127*** (5.92)	0.1099*** (6.95)	0.0222 (1.25)	0.0018 (0.11)
农林水事务	0.1544*** (8.33)	0.0152 (0.97)	0.1508*** (9.66)	0.0105 (0.67)	0.1234*** (6.80)	0.0142 (0.88)
医疗卫生	0.1336*** (8.51)	0.0194 (1.24)	0.1272*** (6.87)	0.0079 (0.50)	0.0291 (1.53)	0.0099 (0.60)
社会保障	0.1774*** (10.87)	−0.006 (−0.37)	0.1293*** (6.60)	−0.0019 (−0.12)	0.0411** (2.17)	−0.0019 (−0.12)
一般公共服务	0.1457*** (9.17)	−0.0529*** (−3.25)	0.1074*** (5.44)	−0.0373** (−2.18)	0.0895*** (4.43)	0.0301 (1.63)
公共安全	0.1506*** (9.67)	−0.0038 (−0.23)	0.0909*** (4.71)	−0.0056 (−0.33)	0.0627*** (3.11)	−0.0380** (−2.16)
节能环保	0.1249*** (6.23)	−0.0072 (−0.44)	0.0949*** (5.67)	0.0011 (0.07)	0.0634*** (3.10)	0.0072 (0.39)
个体固定效应	控制	控制	控制	控制	控制	控制
时间固定效应	控制	控制	控制	控制	控制	控制

表7-9报告了不同财政距离下跨省城市间和同省城市间互动效应的比较。与经济距离类似,相同财政距离下,同省城市间拥有明显的正相关关系,且这一相关关系随财政距离增加而衰减,异省城市间正相关关系明显弱于同省城市,或不存在显著的相关关系,部分支出类型甚至出现负相关关系。同样以教育支出为例,财政距离为1级时,同省城市的教育支出比重影响大于异省城市,当财政距离为2级和3级时,同省城市间教育支出比重不再具有相关关系,而异省城市间教育支出比重甚至出现明显的负相关关系。这说明同省且财政距离较为接近的城市通常是预算支出结构的互动目标。

表7-9　不同财政距离下跨省城市间的预算支出结构互动

变量	财政距离					
	1级		2级		3级	
	同省	异省	同省	异省	同省	异省
教育	0.2602*** (17.89)	0.0972*** (6.90)	−0.0007 (−0.03)	−0.091*** (−5.19)	−0.0288 (−1.36)	−0.061*** (−3.46)
科学技术	0.1649*** (11.08)	0.0837*** (6.11)	0.1254*** (6.30)	0.0426** (2.26)	0.1254*** (6.30)	0.0032 (0.18)
农林水事务	0.2166*** (15.05)	0.0303** (2.24)	0.1031*** (5.33)	0.0494*** (2.80)	0.026 (1.32)	−0.0155 (−0.88)
医疗卫生	0.1598*** (10.77)	0.0084 (0.62)	0.0553*** (2.72)	0.0037 (0.21)	−0.0305 (−1.48)	−0.0056 (−0.31)
社会保障	0.1547*** (7.25)	0.0003 (0.02)	0.1375*** (9.00)	0.0152 (0.78)	−0.0196 (−0.94)	−0.0063 (−0.32)
一般公共服务	0.1992*** (12.87)	−0.0002 (−0.02)	0.1298*** (6.04)	−0.0084 (−0.43)	0.0294 (1.34)	−0.0339* (−1.69)
公共安全	0.2410*** (15.99)	0.0377*** (2.61)	0.1316*** (6.16)	0.015 (0.75)	0.0549** (2.49)	−0.0311 (−1.54)
节能环保	0.1878*** (12.12)	0.013 (0.91)	0.0606*** (2.79)	−0.061*** (−3.07)	0.0152 (0.71)	−0.014 (−0.71)
个体固定效应	控制	控制	控制	控制	控制	控制
时间固定效应	控制	控制	控制	控制	控制	控制

　　最后,本章也研究了不同地理距离下的跨省影响。表7-10结果显示,地理距离接近的同省城市间拥有明显的正相关关系,正相关系数随地理距离增加而衰减,异省城市间正相关关系明显弱于同省城市,或不存在明显的相关关系,部分支出类型甚至出现负相关关系。地理距离为100千米以内的同省城市间,教育支出比重受互动目标影响,互动目标每提高1%,本市教育支出比重提升11.4%。地理距离为200千米以内时,同省目标城市教育支出比重提升1%,本市教育支出比重显著提升8.61%,而此时异省城市与本市之间呈现负相关关系。当地理距离为300千米以内时,同省目标城市教育支出比重提升1%,本市教育支出比重明显提升5.97%,而此时异省城市间教育支出比重均不存在相关关系。这说明同省且地理距离较为接近的城市也是预算支出结构的互动目标。

表 7-10　不同地理距离下跨省城市间的预算支出结构互动

变量	地理距离					
	<100 千米		<200 千米		<300 千米	
	同省	异省	同省	异省	同省	异省
教育	0.1140 *** (6.30)	0.0496 ** (2.05)	0.0861 *** (3.00)	−0.159 ** (−2.04)	0.0597 *** (3.12)	−0.0108 (−0.66)
科学技术	0.1216 *** (4.11)	0.0606 *** (3.85)	0.0668 *** (3.83)	0.0335 (0.53)	0.0568 *** (3.05)	0.0233 (0.97)
农林水事务	0.1746 *** (9.12)	0.0337 (0.40)	0.1508 *** (5.16)	0.0341 (1.40)	0.1298 *** (7.15)	0.0471 (0.89)
医疗卫生	0.1536 *** (8.24)	0.1393 * (1.79)	0.1160 *** (3.93)	0.0494 * (1.92)	0.0400 ** (2.33)	−0.0029 (−0.18)
社会保障	0.1143 *** (3.91)	−0.0507 (−0.62)	0.0996 *** (5.53)	−0.0119 (−0.48)	0.0958 *** (5.13)	−0.061 *** (−3.57)
一般公共服务	−0.0195 (−0.64)	0.1144 (1.37)	0.0727 *** (3.85)	−0.0481 * (−1.83)	0.1362 *** (6.71)	−0.0147 (−0.81)
公共安全	0.0900 *** (2.92)	0.1322 * (1.81)	0.0377 ** (2.00)	−0.0312 (−1.19)	0.1341 *** (6.63)	−0.050 *** (−2.87)
节能环保	0.0224 (0.68)	0.0405 (1.06)	0.0482 ** (2.46)	0.0092 (0.41)	0.1199 *** (5.85)	0.0114 (0.75)
个体固定效应	控制	控制	控制	控制	控制	控制
时间固定效应	控制	控制	控制	控制	控制	控制

（二）因果识别

通过相关性证明，我们初步验证了同省"相近"城市间存在预算支出结构的互动，这一互动在异省城市中却不明显，我们推测跨省因素可能会影响对标城市的选择，进一步地，本章使用 PSM 检验一级距离下跨省对于城市间各项预算支出比重差异的影响。

表 7-11 报告了以四分位数、三分位数和二分位数为标准划定的一级经济距离、财政距离以及相近地理距离，跨省对预算支出差异影响的 PSM 估计结果。处理组为跨省且经济、财政、地理距离相近"城市对"，控制组为同省且距离相近的"城市对"，结果显示，异省组的各项预算支出比重差异均显著大于同省组的差异。这说明，即使城市间距离相近，跨省仍然带来预算支出差异的扩大，跨省城市之间的预算支出结构并不存在相互趋同。值得注意的是，在地理距离的调节方面，本章报告了 400 千米以内、500 千米以内以及 600 千米以内，跨省对预

算支出差异影响的估计结果。之所以不选择 100—300 千米范围内的样本,是因考虑到 PSM 需要一定数量的样本量支持,而 300 千米以内的"城市对"样本有限,较小样本量下的 PSM 结果很可能存在较大偏误。

表 7-11　跨省因素对城市预算支出结构差异的影响

		预算支出比重差异							
		(1)	(2)	(3)	(4)	(5)	(6)	(7)	(8)
		教育	科学技术	农林水事务	医疗卫生	社会保障	一般公共服务	公共安全	节能环保
Panel A:经济距离									
跨省处理效应	一级(25%)	0.0136 ***	0.0016 ***	0.0068 ***	0.0084 ***	0.0079 ***	0.0063 ***	0.0014 **	0.0076 ***
	一级(33%)	0.0130 ***	0.0017 ***	0.0082 ***	0.0073 ***	0.0104 ***	0.0058 ***	0.0019 ***	0.0061 ***
	一级(50%)	0.0141 ***	0.0018 ***	0.0090 ***	0.0057 ***	0.0109 ***	0.0063 ***	0.0015 ***	0.0053 ***
Panel A:财政距离									
跨省处理效应	一级(25%)	0.0061 ***	0.0015 ***	0.0067 ***	0.0027 ***	0.0112 ***	0.0074 ***	0.0026 ***	0.0031 ***
	一级(33%)	0.0063 ***	0.0017 ***	0.0075 ***	0.0035 ***	0.0143 ***	0.0072 ***	0.0025 ***	0.0032 ***
	一级(50%)	0.0084 ***	0.0033 ***	0.0076 ***	0.0046 ***	0.0143 ***	0.0062 ***	0.0030 ***	0.0033 ***
Panel A:地理距离									
跨省处理效应	<400 千米	0.0085 ***	0.0008 ***	0.0055 ***	0.0032 ***	0.0029 ***	0.0061 ***	0.0016 ***	0.0052 ***
	<500 千米	0.0093 ***	0.0012 ***	0.0065 ***	0.0037 ***	0.0020 ***	0.0065 ***	0.0014 ***	0.0045 ***
	<600 千米	0.0099 ***	0.0010 **	0.0080 ***	0.0046 ***	0.0037 ***	0.0068 ***	0.0015 ***	0.0051 ***

　　以上结果说明即便两个城市存在经济、财政或地理距离上的相近,若城市间关系为跨省,则预算支出差异明显扩大。这体现了预算支出结构"相近"模仿和省际分化两种力量的相互作用,即使城市会对标经济状况相当、财政状况相似、地理距离相近的城市进行预算支出结构的模仿,但因行政力量以及固有差异的存在,地级市预算支出结构互动与模仿受跨省因素影响而削弱,呈现出"相近"但跨省城市间的预算支出差异扩大的结果。推测其原因,省际间本身存在较为明显的经济、财政状况差异,预算支出挂钩经济或财政指标的要求以及依据各省特点划拨的专项转移支付固化了这一差异,在此基础之上,各省内部根据中央指示和自身实际情况对当年预算支出重点进行引导,最终产生了较为明显的预算支出结构省际分化。

四、预算支出的关联性互动机制检验

　　地方预算支出结构存在"相近"模仿的含义是地方政府会主动对标目标城

市进行支出结构的模仿。尽管前文验证了经济距离、财政距离以及地理距离相近的城市存在显著的正相关关系,但是这一相关关系是否来自于地方政府的主动模仿还需验证。因此,本章根据"城市对"数据,将两个城市的预算支出比重差异划分为两类,一类为基准城市高于目标城市(即差异大于0),另一类为基准城市低于目标城市(差异小于0),将差异滞后一期,探究城市间滞后一期的预算支出比重差异如何影响预算支出比重增长率。

表7-12结果显示,对于经济距离为1级,且高于目标城市的样本,预算支出差距的扩大会使本市下一期对应支出比重的增长率降低,对于低于目标城市的样本,预算支出比重差值增加,即差距缩小,下一期对应支出比重增长率降低。以地方教育支出比重为例,当本市教育支出比重高于目标城市教育支出比重时,两市教育支出比重差值每提高1%,即差距扩大,下一期本市教育支出比重增长率显著减少62.3%;当本市教育支出比重低于目标城市教育支出比重时,两市教育支出比重差值每提高1%,因负值原因,意味着差距更小,即本市(目标城市)教育支出比重更高(低),此时下一期本市教育支出比重增长率减少44.4%。类似地,对于处于一级财政距离和300千米以内地理距离的城市而言,同样具备这一特征,即"相近"城市间,预算支出绝对值差距扩大时,预算支出比重增长率降低,差距缩小时,预算支出比重增长率提高,城市存在主动向"相近"目标城市模仿和趋同的特点。

表7-12 预算支出差距与支出增长率

变量	支出比重增长率					
	一级经济距离		一级财政距离		地理距离(300千米)	
	高于目标	低于目标	高于目标	低于目标	高于毗邻	低于毗邻
	(1)	(2)	(3)	(4)	(5)	(6)
教育	-0.623*** (-33.38)	-0.444*** (-6.31)	-0.545*** (-34.58)	-0.599*** (-8.94)	-0.537*** (-23.18)	-0.514*** (-4.82)
科学技术	-12.768*** (-25.25)	-3.742*** (-3.19)	-13.440*** (-26.21)	-1.808** (-2.45)	-16.743*** (-23.04)	-4.020** (-2.25)
农林水事务	-0.650*** (-22.87)	-0.617*** (-5.09)	-0.697*** (-30.39)	-0.512*** (-5.41)	-0.635*** (-17.07)	-0.247** (-2.56)
医疗卫生	-1.412*** (-27.10)	-1.735*** (-6.10)	-0.990*** (-42.59)	-2.164*** (11.44)	-1.071*** (-18.97)	-2.620*** (-5.86)

续表

变量	支出比重增长率					
	一级经济距离		一级财政距离		地理距离（300千米）	
	高于目标	低于目标	高于目标	低于目标	高于毗邻	低于毗邻
	（1）	（2）	（3）	（4）	（5）	（6）
社会保障	−0.934*** (−22.25)	−0.285*** (−5.41)	−0.634*** (−43.13)	−0.185*** (−5.54)	−0.654*** (−18.95)	−0.326*** (−4.74)
一般公共服务	−1.395*** (−30.74)	−0.379*** (−4.56)	−1.202*** (−46.77)	−0.365*** (−5.04)	−1.021*** (−28.04)	−0.300*** (−3.02)
公共安全	−4.648*** (−35.29)	−1.025*** (−7.53)	−2.807*** (−42.15)	−1.082*** (−8.44)	−2.608*** (−18.17)	−0.850*** (−3.91)
节能环保	−10.159*** (−25.03)	−5.571*** (5.61)	−9.042*** (−22.01)	−2.869*** (−3.65)	−8.219*** (−15.54)	−7.480*** (−4.18)
个体固定效应	控制	控制	控制	控制	控制	控制
年份固定效应	控制	控制	控制	控制	控制	控制

本章通过实证模型检验了基于制度理论所提出的猜想,如图7-3所示,首先预算支出互动目标是经济、财政、地理距离"相近"的城市,城市间预算支出结构具有正相关关系;其次,通过将毗邻变量作为城市"相近"的代理变量,进一步发现"相近"城市间预算支出结构差异缩小;进一步地,"相近"城市如果跨省,则预算支出结构差异会扩大;最后,通过检验城市间预算支出差异与增长率的关系,验证了城市会主动模仿目标城市预算支出结构。

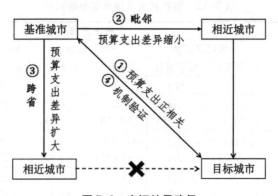

图7-3 实证结果路径

资料来源:笔者自制。

五、稳健性检验

倾向得分匹配的关键所在是保证处理组和控制组配对的有效性,通过 PSM 后,协变量特征相近的"城市对"匹配在一起,处理组和控制组协变量的差异应较匹配前大大缩小,此时可以认为 PSM 是有效的。因此,受篇幅所限,毗邻效应的相关检验结果见图 7-4(a)、7-4(b)。图 7-4(a)显示匹配后处理组与控制组在所有可观测特征上均不存在明显差异。图 7-4(b)说明处理组与控制组的倾向得分值存在共同取值范围,具有配对的基础。

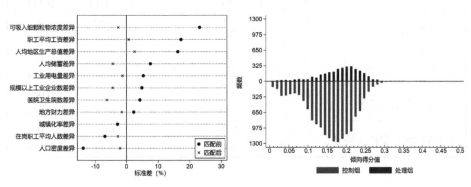

图 7-4(a)　匹配前后标准化偏差　　　　图 7-4(b)　共同取值范围

资料来源:笔者自制。

表 7-13 展示了样本匹配使用的各协变量在匹配前后的标准化偏差变化的具体情况,同样说明匹配后处理组和控制组的这些指标不具有显著差异,较好地满足了匹配的条件假设,因此本章对匹配变量和方法的选取是恰当的,以此为基础的 PSM 是可靠的。

表 7-13　样本匹配前后平衡性检验

变量	状态	标准化偏差(%)	标准化偏差减少幅度(%)	T 检验	
				T 值	P 值
地方财力差异	匹配前	11.5	28.3	1.95	0.051
	匹配后	8.2		0.94	0.347
人均地区生产总值差异	匹配前	14.3	98.4	9.58	0
	匹配后	-0.2		-0.16	0.871
城镇化率差异	匹配前	-3.5	50.9	-2.42	0.015
	匹配后	1.7		1.37	0.171

变量	状态	标准化偏差（%）	标准化偏差减少幅度（%）	T检验	
				T值	P值
人口密度差异	匹配前	−13.7	97.6	−9.65	0
	匹配后	−0.3		−0.32	0.751
规模以上工业企业数差异	匹配前	4.4	20.9	2.98	0.003
	匹配后	3.5		2.74	0.006
职工平均工资差异	匹配前	15.9	99.8	10.66	0
	匹配后	0		−0.02	0.985
人均储蓄差异	匹配前	5.6	71.5	3.79	0
	匹配后	−1.6		−1.19	0.233
医院卫生院数差异	匹配前	5.1	44.3	3.51	0
	匹配后	−2.9		−2.05	0.041
在岗职工平均人数差异	匹配前	−6.9	89.8	−4.75	0
	匹配后	0.7		0.59	0.553
工业用电量差异	匹配前	4.5	52.4	3.04	0.002
	匹配后	−2.2		−1.62	0.105
可吸入细颗粒物浓度差异	匹配前	23.9	99.7	15.78	0
	匹配后	0.1		0.05	0.963

　　本章聚焦地方预算支出结构,探究在纵向财政向上集中的背景下,地方预算支出是否存在关联性互动,以及这种互动的特征。

　　研究发现:第一,地级市之间存在向目标城市模仿预算支出结构的互补效应——"你高我也高,你低我也低",模仿目标通常是人均GDP接近、地方财力类似或者地理距离相近的城市。第二,本市与模仿目标城市之间拥有更小的预算支出结构差异。第三,与跨省目标城市相比,向同省目标城市模仿效应更强,表现出更小的预算支出结构差异。第四,本章对互动机制进行验证,发现当本市预算支出比重与目标城市的比重差距扩大时,本市预算支出比重增长趋势呈现逆向变动特点,从而缩小相应支出比重差异,呈现预算支出比重的主动模仿与趋同。

　　本章的理论分析与实证结果给我们多方面的启示:一是要逐步实现地方政府预算自主权的合理归位,加强有关法律法规与预算法的协调,关注政策和法令的科学性和连续性,建构实质意义的分级预算体制。二是对于跨省城市,二者因为省级规划以及固有差异存在,有较大的预算支出结构差距,因此应发挥上级政府对地方的统筹协调作用,加强跨省地方政府间的合作,推动城市群计划落地,对于当下区域间政府合作实践,如"一体化"热点地区——京津冀地区、粤港澳地区以及长三角地区,尤其是政府主导驱动的京津冀地区一体化工作等提供了理论支撑。

第八章 任期与预算支出结构调整

地方政府掌握制定或执行公共政策的权力,其在推动地方经济发展、改善公共服务以及维持社会秩序等各方面都发挥着重要的作用。本章研究地方官员任期对我国预算制度的影响,为未来相关制度的优化完善提供科学的理论支撑和政策依据,从而减少短期行为对财政治理目标的冲击。同时,本章也在数据使用和政治理论引用的过程中,具有以下特点,一是数据来源可靠。书中涉及主要干部任期的数据均源自客观公开的渠道,真实性与可靠性有保障。二是政治理论正确。对主要干部任期进行的实证研究,是对李干杰部长于 2024 年在《人民日报》第 6 版讲话中所提"健全领导班子主要负责人变动交接制度,防止频繁调整滋长浮躁情绪、诱发短期行为,防止搞'击鼓传花'、'新官不理旧账'"[①]等相关内容的理论阐释,是在政治表述正确前提下的前沿理论探索。三是研究价值重大。主要干部任期这一话题并非敏感内容,在推动政府治理现代化进程中有着重要意义。我国展开系统制度建设工作迫切需要扎实的理论作为支撑,本章深入探讨了主要干部任期对财政预算方面的影响,对主要干部任期在财政预算方面的系统影响有比较客观的总结,为完善相关制度、开展后续深入研究奠定了重要基础。

图 8-1 的三个图展示了我国中央、各省在不同领域[②]的财政支出比重,其中圆点表示各省的财政支出比重,实线为全国各省均值情况,虚线表示中央政府相对应的财政支出比重。可以看出,在不同时期,我国各个领域的财政支出呈现出不同的特点:对于经济建设支出,全国各省表现出了逐年走高的趋势,并且各省之间的离散程度逐渐加剧,中央政府的经济建设支出比例总体呈现上升趋势;对

---

① 李干杰:《深化党的建设制度改革(学习贯彻党的二十届三中全会精神)》,《人民日报》2024 年 8 月 12 日。

② 财政支出分类说明见表 8-2。

于科教文卫支出,各省支出比例呈现较弱的上升趋势,并且离散程度较小,分布相对集中,中央政府的科教文卫支出比例也呈现上升趋势;对于公共安全支出,其支出比例相对集中,总体变化程度较小,大体维持在一个相对平衡稳定的水平,没有出现显著变化。根据图8-1三个图的结果可知:第一,地方政府与中央政府在相同领域的财政支出变化趋势较为接近,尽管地方政府绝大部分与中央政策相一致,但是不同省份之间还是存在差异性,因此本章将在控制中央政策的基础上,从地方官员角度来探讨省级政府的预算结构的变化;第二,对于不同领域的财政支出,各省支出比例的离散程度存在差异性,经济建设支出离散程度较高,而科教文卫、公共安全支出离散程度较低,本章认为可能是因为地方主要干部对于各个类型财政支出具有不同的规划导向,从而导致各个财政支出比例高于或者趋近于全国均值水平。

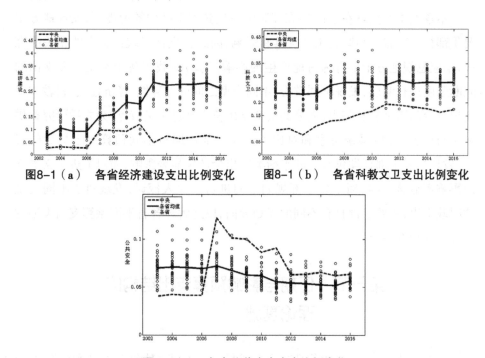

图8-1(a)　各省经济建设支出比例变化　　　图8-1(b)　各省科教文卫支出比例变化

图8-1(c)　各省公共安全支出比例变化

资料来源:多年数据来自《中国财政年鉴》(2003卷—2017卷),中国财政年鉴编辑部编:《中国财政年鉴》(2014卷),中国财政杂志社2014年版,第198—274页等。

为了有效地解释各省预算支出不连续的现象,本章首先对我国既有的典型事实进行判断:基于渐进主义与间断平衡预算模式,对我国各类型的财政支出进行模式识别。之后,基于主要干部任期视角,引入现任主要干部对于前任主要干部任期内的支出结构的差异情况来考察主要干部变动对于不同类型财政支出结构所产生的影响,以此发掘不同模式的规律性与差异性。本章进一步探讨地方政府如何通过改变财政支出结构来实现规划导向。本章最终实证结果发现:(1)在控制中央政府财政支出结构的前提下,地方主要干部任期变动对于渐进主义类的财政支出并未有显著影响,对于间断平衡类支出,主要干部任期长度越长,其与前任主要干部执政下的预算支出结构会产生越大的差异。并且发现省长任期对于支出结构变化的影响更为显著与剧烈。(2)对于经济建设支出,主要干部的规划导向是力争上游,即处于全国均值线下省份有动力向上提升,处于均值线以上省份也会投入更多资源。(3)对于科教文卫等类型的财政支出,主要干部的规划导向是趋于均值,即与全国均值靠近。

本章的主要贡献在于:(1)在控制中央预算支出结构的前提下,发现地方主要干部行为对省级财政支出结构具有影响,因此在进行财政社会学的相关研究中,不应忽视地方干部行为可能产生的影响。(2)对我国各个类型预算支出的间断强度进行测度,发现不同省份、不同类型之间的差异性,经济建设、科教文卫支出符合间断平衡类特点,而公共安全支出符合渐进主义特点,为之后研究提供参考与借鉴。(3)系统考察和对比了主要干部任期对不同预算支出类型的影响,发现主要干部任期仅对间断平衡类支出会产生显著影响,而对渐进主义类支出影响不显著。(4)对主要干部规划导向进行了深入探讨,发现对于不同类型的财政支出,主要干部具有不同的规划导向,以此解释各省不同预算支出类型的离散程度存在差异性。

第一节　任期与影响预算支出结构的理论基础

本节首先对学界的预算理论研究成果进行综述,对渐进主义和间断平衡两种预算模式的发展、特征以及预算间断产生的原因、度量方法进行阐述。并且基于已有研究结论,梳理在不同的财政支出领域中,主要干部规划导向的差异性。

一、渐进主义与间断平衡

（一）理论演变及其概念界定

20 世纪 60 年代,瓦尔达夫斯基(Wildavsky)和芬诺(Fenno)等人的研究工作推动了渐进主义研究的发展(Reddick,2003)[①]。渐进主义模式的基本逻辑是,预算制定机构在制定下一年的预算支出时,会充分考虑上一年预算的情况,在边际基础上进行适度的增加或减少(Wildavsky,1964)[②]。下一年的预算会呈现出"基数"加上"边际递增"或"边际递减"的特征(马骏、叶娟丽,2003)[③]。尽管渐进主义很快得到了广泛的应用,但是在学术界仍得不到一致的认同(Schick,1969;Wanat,1974;Bailey,Connor,1975)[④⑤⑥],它最为致命的弱点在于无法解释预算中大规模的变动,这些变化在现实中虽然较少但仍是存在的。

由于渐进主义无法解释预算中的大规模变动,所以间断平衡模式得以发展。该理论最早出现在生物进化学,20 世纪 90 年代初期,鲍勃加特纳(Baumgartner)和琼斯(Jones)将间断平衡理念引入预算研究。间断平衡模式认为预算决策有惯性,很大程度上偏向于维持现有的资源分配状况。但是当新问题产生,或者决策者的注意力发生转变时(Jones,1996;Jones,Baumgartner,2012;Flink,2017)[⑦⑧⑨],以前

[①] Reddick C.G., "Budgetary Decision Making in the Twentieth Century: Theories and Evidence", *Journal of Public Budgeting Accounting and Financial Management*, Vol.15, 2003.

[②] A.Wildavsky, *The Politics of the Budgetary Process*, Boston: Little Brown and Co., 1964.

[③] 马骏、叶娟丽:《公共预算理论:现状与未来》,《武汉大学学报(社会科学版)》2003 年第 3 期。

[④] Schick, Allen, "Systems Politics and Systems Budgeting", *Public Administration Review*, Vol.29, No.2, 1969, pp.137-151.

[⑤] Wanat J., "Bases of Budgetary Incrementalism", *American Political Science Association*, Vol.68, No.3, 1974, pp.1221-1228.

[⑥] Bailey, John J., Connor et al., "Operationalizing Incrementalism: Measuring the Muddles", *Public Administration Review*, Vol.35, No.1, 1975, p.60.

[⑦] Jones, B.D., Baumgartner, F.R., True, J.L., *The Shape of Change: Punctuation and Stability in U.S.Budgeting*, 1974-1, Presented at the Midwest Political Science Association, Chicago, 1996.

[⑧] Jones, B.D., Baumgartner, F.R., "From There to Here: Punctuated Equilibrium to the General Punctuation Thesis to a Theory of Government Information Processing", *Policy Studies Journal*, Vol.40, No.1, 2012, pp.1-20.

[⑨] Flink, C.M., "Rethinking Punctuated Equilibrium Theory: A Public Administration Approach to Budgetary Changes", *Policy Studies Journal*, Vol.45, No.1, 2017, pp.101-120.

的预算分配方案就不再起作用,决策者会制定新的预算决策。此时,预算中的重大变迁就发生了(Baumgartner,Jones,1993)①。

(二)预算支出非连续性原因及其量化方法

旧的预算决策已经不再适应新的环境,但是政府组织仍然不愿意去改变,从而存在制度惯性(Josep 等,2011)②。尽管制度存在惯性,但是政治系统在输入信息转化为输出结果的过程中,会经历新参与者的加入、新信息的获取以及突然间注意力的转移,这些因素都将对输出结果转化施加额外的成本,这些额外的成本就是制度中的摩擦(Jones 等,2009)③。随着官员换届导致了决策者的更替,新上任的政府部门将会对信息进行重新处理与选择(Jones 等,2012)④。决策者选择所有信息中的某一方面进行处理,该信息选择也意味着一种决策机制,从而将该信息作为决策者努力的对象(Jones 等,1996)⑤,进而导致预算支出结构的不连续性,产生了制度摩擦(Flink,2017)⑥。

国外学者采用L—峰度⑦来衡量间断的强度,它能够综合评估一组数据变化的分布情况(Decarlo L T,1997)⑧。L—峰度属于频率分析的研究方法,最早运用于水文学的统计研究(Dalrymple,1960)⑨。比起传统峰度易受极端值的影

---

① Baumgartner F.R.,Jones B.D.,"Agendas and Instability in American Politics",*The Journal of Politics*,1993.

② Josep Espluga, Alba Ballester, Nuria Hernández Mora, et al., "Participación Pública e Inercia Institucional en La gestión Del Agua en España",*Reis*,2011,pp.3-26.

③ Jones,Bryan D.,*Agendas and Instability in American Politics*,The University of Chicago Press,2009.

④ Jones,B.D.,Baumgartner,F.R.,"From There to Here:Punctuated Equilibrium to the General Punctuation Thesis to a Theory of Government Information Processing",*Policy Studies Journal*,Vol.40,No.1,2012,pp.1-20.

⑤ Jones,B.D.,Baumgartner,F.R.,True,J.L.,*The Shape of Change:Punctuation and Stability in U. S.Budgeting*,1974-1,Presented at the Midwest Political Science Association,Chicago,1996.

⑥ Flink,C.M.,"Rethinking Punctuated Equilibrium Theory:A Public Administration Approach to Budgetary Changes",*Policy Studies Journal*,Vol.45,No.1,2017,pp.101-120.

⑦ 全称为线性矩法的峰度参数(L-moment of the Kurtosis Score),本章中简称L—峰度。

⑧ Decarlo L.T.,"On the Meaning and Use of Kurtosis",*Philosophical Investigations*,Vol.5,No.3,1997,pp.190-204.

⑨ Dalrymple,T.,*Flood Frequency Analyses*,U.S.Geological Survey,1960.

响(*Sharma*,*Paliwal*,2006)①,L—峰度能够可靠测度预算变化情况,但是对于极端值所产生的影响较不敏感(Hosking,1990)②。布鲁宁(Breunig)和科斯基(Koski)③将该方法引入预算研究领域,考察一系列年份里财政资金流量的变化,L—峰度参数取值在 0 到 1 之间,数值增大,表明 L—峰度越高,即间断强度越大。布鲁宁(Breunig)和科斯基(Koski)使用 L—峰度来测算美国 50 个州的预算间断强度,发现各州的间断强度具有很大差异性。鲍姆加特纳(Baumgartner)等④通过 L—峰度测算了美国、丹麦、比利时等国的预算间断强度,来反映这些国家的制度摩擦程度。

L—峰度的计算方法如下:假设一组随机序列 X ,以及累积分布函数 $F(x) = P(X <= x)$ 。对于给定的样本序列 $X_1, X_2, \cdots, X_n$,将这些样本按照从小到大的顺序进行排列,使得 $X_{1,n} \leqslant X_{2,n} \leqslant \cdots \leqslant X_{n,n}$ 。线性矩的第 r 个 λ_r 。可以表示如下:

$$\lambda_r = \frac{1}{r} \sum_{k=0}^{r-1} (-1)^k \binom{r-1}{k} E(X_{r-k,r}) \ , r = 1, 2, \cdots \qquad (8-1)$$

其中,表示相应的 r 阶统计数据的线性函数, $E(X_{r-k,r})$ 可以被表示为:

$$E X_{j,r} = \frac{r!}{(j-1)! \ (r-j)!} \int x \{ F(x) \}^{j-1} \{ 1 - F(x) \}^{r-j} dF(x)$$

$$(8-2)$$

因此,前 4 阶线性矩可以表示如下:

①　Sharma A.,Paliwal K.K.,"Subspace Independent Component Analysis Using Vector Kurtosis", *Pattern Recognition*,Vol.39,No.11,2006,pp.2227-2232.

②　Hosking J.R.M.,"L-Moments:Analysis and Estimation of Distributions Using Linear Combinations of Order Statistics", *Journal of the Royal Statistical Society*, Vol. 52, No. 1, 1990, pp.105-124.

③　Breunig C., Koski C., "Topping off and Bottoming out:Setting Budget Priorities through Executive Power",*Policy Studies Journal*,2018.

④　Baumgartner F.R., Breunig C., Green-Pedersen C. et al., "Punctuated Equilibrium in Comparative Perspective",*American Journal of Political Science*,Vol.53,No.3,2009,pp.603-620.

$$\lambda_1 = EX = b_0 = \int_0^1 x\,dF$$

$$\lambda_2 = \frac{1}{2}E(X_{2,2} - X_{1,2}) = 2b_1 - b_0 = \int_0^1 x(2F-1)\,dF$$

$$\lambda_3 = \frac{1}{3}E(X_{3,3} - 2X_{2,3} + X_{1,3}) = 6b_2 - 6b_1 + b_0$$

$$= \int_0^1 x(6F^2 - 6F + 1)\,dF \tag{8-3}$$

$$\lambda_4 = \frac{1}{4}E(X_{4,4} - 3X_{3,4} + 3X_{2,4} - X_{1,4}) = 20b_3 - 30b_2 + 12b_1 - b_0$$

$$= \int_0^1 x(20F^3 - 30F^2 + 12F - 1)\,dF$$

其中，$b_i = \int_0^1 xF^i\,dF$。根据以上得到的数据，可以用来计算 L—峰态。L—峰度的计算公式如下：$L - kurtosis = \dfrac{\lambda_4}{\lambda_2}$

二、预算影响力和规划导向

本章中将地方官员对预算支出作出改革的动机和对预算进行支配的能力称为预算影响力。已有学者研究表明，地方主要干部任期的增加，对于其预算影响力具有显著影响（Guo，2009；周晓慧、邹肇芸，2014；耿曙等，2016）[1][2][3]。

另外，我国地方政府支出项目繁多，不同的支出领域有不同的规划导向。龚璞（2015）[4]等研究发现，官员任期与政府财政支出、社会保障事业发展、科教文卫支出呈现非线性关系。具体来看，对于经济建设类财政支出，经济建设与发展

---

[1]　Guo G.，"China's Local Political Budget Cycles"，*American Journal of Political Science*，Vol.53，No.3，2009，pp.621–632.

[2]　周晓慧、邹肇芸：《经济增长、政府财政收支与地方官员任期——来自省级的经验证据》，《经济社会体制比较》2014年第6期。

[3]　耿曙、庞保庆、钟灵娜：《中国地方领导任期与政府行为模式：官员任期的政治经济学》，《社会科学文摘》2016年第2期。

[4]　龚璞、俞晗之、吴田、吴洵：《地方官员更替、任期与支出政策变动——基于1980—2011年省级面板数据的实证研究》，《公共管理评论》2015年第1期。

水平仍然是官员的考核指标之一,与经济建设相关的财政支出能够直接促进当地经济发展。《中华人民共和国教育法》明文规定"国家财政性教育经费支出占国民生产总值的比例应当随着国民经济的发展和财政收入的增长逐步提高。具体比例和实施步骤由国务院规定"。因此,本章认为,科教文卫类的财政支出的规划导向可能是与全国平均水平趋近,达到趋于均值的目的。对于公共安全类财政支出,李宏(2018)[①]研究发现公共安全支出与社会稳定水平的变化之间有着稳定的联系,张丽等(2017)[②]研究发现公共安全支出对总体刑事犯罪仍保持着显著的抑制作用,由此本章认为,该部分支出需要达到满足社会安定的最低标准(见表8-1)。

表8-1　不同财政支出规划导向的梳理

支出类型	已有研究结论	本章总结的规划导向
经济建设	在官员任期内,地方财政在基本建设方面的支出比重显著上升(张牧扬,2013)	力争上游:增加该部分投入
科教文卫	各省教育支出不均衡可能与国家长期教育政策目标有关(廖楚晖,2004),《教育法》也明文规定国家财政性教育经费支出占国民生产总值的比例	趋于均值:向全国均值靠近
公共安全	公共安全支出与社会稳定水平的变化之间有着稳定的联系(李宏,2018),对总体刑事犯罪仍保持着显著的抑制作用(张丽等,2017)	趋于均值:向全国均值靠近

　　综上所述,学者们已经对于渐进主义、间断平衡概念进行了梳理与定义,并且对造成预算支出不连续的原因和测度方法进行了研究,也对地区特征进行了考察。然而,地方官员更替对省级财政支出结构的影响尚未形成定论,已有研究大多基于单一财政支出类型进行阐述与研究,并未全面考察我国地方官员变动、任期变化对于省级财政支出的影响,以及进一步讨论省级支出结构对于规划导向的影响。因此,本章将借鉴已有研究脉络,首先,将基于L—峰度对我国不同预算支出项目进行测度,考察其符合何种模式;其次,基于官员换届角度,分别考

---

　　①　李宏:《新形势下公共安全支出与社会稳定维护的实证分析》,《广州大学学报(社会科学版)》2018年第4期。
　　②　张丽、吕康银、陈漫雪:《公共安全支出对犯罪抑制作用的实证检验》,《税务与经济》2017年第1期。

察省长、书记任期对于支出结构的影响;最后,考察省级财政支出结构变化如何影响规划导向,并深入讨论对于不同的财政支出结构,规划导向的差异性。

第二节　任期对预算周期影响的典型事实

为了探讨主要干部更替能否引发省级财政支出结构的变动,本章首先对我国既有的典型事实进行判断,对我国各类型的财政支出模式进行识别。其次,基于任期视角,引入地区支出结构的差异情况,来考察任期变化对于不同类型财政支出结构所产生的影响,以此发掘不同模式的规律性与差异性。最后,本章将继续考察预算结构变动对于规划导向的影响,进而提出本章的理论假设。

一、我国情境中的典型事实

(一)我国财政支出符合的预算变迁模式

本章使用我国地方省级面板数据,对各省行政单位财政预算支出的变动频率进行了计算①。图8-2展示全国层面各个类型的财政预算支出的变动频率分布,从图中可以看出,不同类型的财政支出体现了不同预算模式的支出特征。其中,公共安全类的预算支出变动,绝大部分都分布在较小的变动区间内,具有很明显的"高频率、小变动"特点,较为符合渐进主义的变化特征,连续动力调整是主要的决策机制。而经济建设、科教文卫类的预算支出变动图,虽然也有部分是落在较小的变化区间内,展现了预算调整的温和与渐进性,但是具有很明显的"厚尾"形态,说明存在很多"小概率、大变动"的情况,在预算支出决策过程中,存在大量的微小调整和偶尔的极端变化,较为符合间断平衡的变化特征。

本章进一步使用L—峰度来测度间断平衡的间断强度,计算了我国各省、各类型财政支出的L—峰度情况。根据图8-3、图8-4、图8-5可以看出,各个省份在不同类型财政支出上的L—峰度存在较大异质性,其中,经济建设类预算的L—峰度平均值为0.22,科教文卫的L—峰度平均值为0.21,公共安全的L—峰

---

① 财政支出分类说明见表8-2。

（单位：%）

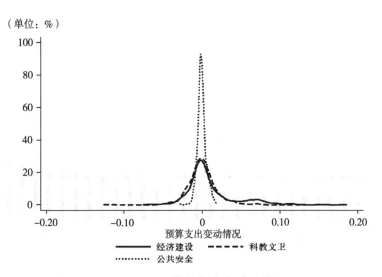

图 8-2　各类财政预算变动频率

资料来源：多年数据来自《中国财政年鉴》（2003 卷—2017 卷），中国财政年鉴编辑部编：《中国财政年鉴》（2014 卷），中国财政杂志社 2014 年版，第 198—274 页等。

度平均值为 0.18，其中内蒙古、重庆等五省市的 L—峰度较低，表现出强烈的渐进主义特征。由图可知，同一省份不同类型的财政支出的 L—峰度也存在差异，以上海市为例，上海市在经济建设、科教文卫支出的 L—峰度都位于全国前列，但是公共安全的 L—峰度排在全国末流，说明各个省份对于不同类型财政支出的重视程度并不相同。由此，可以归纳出以下典型事实：

典型事实 1：公共安全支出在预算变动频率上，具有"高频率、小变动"的变动特点，并且总体来看，其间断强度较小，更加接近渐进主义模式。

典型事实 2：经济建设和科教文卫支出，在预算变动上具有"小频率、大变动"特点，并且预算支出的间断强度较大，符合间断平衡特征。

（二）官员更替对于财政支出结构的影响

本章引入官员换届因素，绘制了各个财政支出、现任主要干部各年度财政支出结构、与前任主要干部任期内该财政支出比例的均值的散点图。

根据图 8-6 可以看出，经济建设类的财政支出散点分布较为广泛，绝大多数位于图中右下部分。说明从整体来看，现任主要干部的经济建设支出，与前任主要干部的支出比例存在较大的差异，并且现任主要干部具有较强的动机去增加该类型财政支出比例，散点图呈现向右下方扩展的态势。

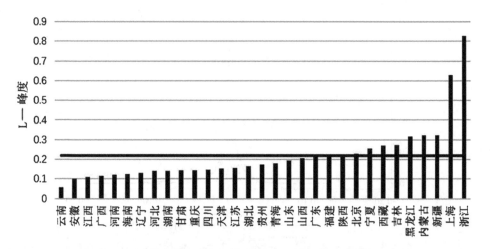

图 8-3　经济建设支出的 L—峰度

资料来源:来自于中国经济与社会发展统计数据库,中国经济与社会发展统计数据库编辑委员会,中国经济社会大数据研究平台,见 http://data.cnki.net/。

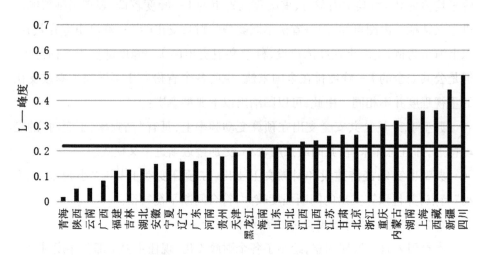

图 8-4　科教文卫支出的 L—峰度

资料来源:来自于中国经济与社会发展统计数据库,中国经济与社会发展统计数据库编辑委员会,中国经济社会大数据研究平台,见 http://data.cnki.net/。

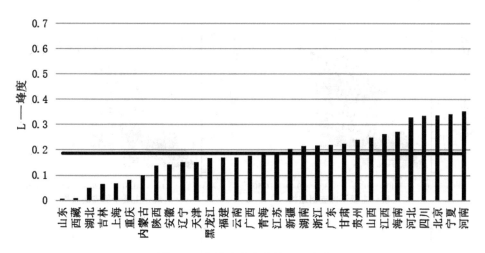

图 8-5　公共安全支出的 L—峰度

资料来源:多年数据来自《中国财政年鉴》(2003 卷—2017 卷),中国财政年鉴编辑部编:《中国财政年鉴》(2014 卷),中国财政杂志社 2014 年版,第 198—274 页等。

科教文卫支出的散点分布较为集中,均匀地分布在对角线两侧,说明对于科教文卫类型的财政支出,相比较前任主要干部,现任主要干部可能增加或减少该部分支出比例。对于公共安全支出,散点图总体分布在对角线两侧,并且整体位于图中的左下角,说明该部分财政支出基数比例本身较小,并且现任主要干部偏离动机也较不明显。由此,本章归纳出以下典型事实:

典型事实 3:对于不同类型财政支出类型,现任主要干部支出比例与前任比例的偏离情况具有很大的差异性。总体来看,现任主要干部在经济建设支出上,与前任的支出比例偏离最为明显,并且现任主要干部具有很强动机去提升经济建设类的支出比例。科教文卫支出也存在一定偏离现象,但是偏离较经济建设支出更弱。公共安全支出的偏离情况最为不明显。

二、基于典型案例分析所构建的假设

基于我国的典型事实,本章将进一步提出研究的理论假设。本章以地方干部换届作为研究切入点:随着地方干部换届,新任干部对于不同支出领域会赋予新的权重,导致财政资源重新分配。

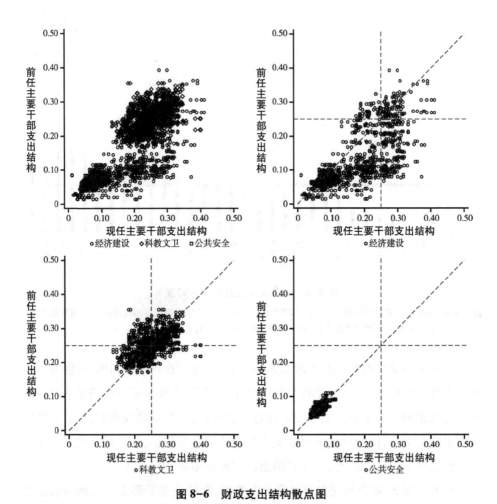

图8-6 财政支出结构散点图

资料来源:多年数据来自《中国财政年鉴》(2003卷—2017卷),中国财政年鉴编辑部编:《中国财政年鉴》(2014卷),中国财政杂志社2014年版,第198—274页等。

(一)主要干部任期对财政支出结构的效应分析

通过典型事实分析可知,公共安全支出符合渐进主义特点,其预算结构变动核心是在小范围内变化,对于任期变化较为不敏感,预算支出并不会随着干部任期因素而发生太大改变,其散点图也佐证了该观点。基于上述发现,本章提出假设1。

假设1:对于渐进主义类的财政支出,地方干部的任期长度变化对该类财政支出结构的变化不具有显著影响。

经济建设和科教文卫支出,其预算制定符合间断平衡的特征(低频率,大变动),可能与干部任期和权威变化具有较高的关联性与敏感性。在中国的行政体制中,干部流动是维护民主集中的重要举措,任职时间可以反映干部在某一职位的积累期和流动情况。随着任期的增长,其对预算的掌控能力增加,更有可能突破已有预算惯性,从而发生较大的变动,并且其典型事实的散点图分布也较为分散,由此,提出本章的理论假设2:

假设2:对于间断平衡类的财政支出,任期越长,领导力越强,预算影响力也相应增强,从而与前任的支出结构偏离越大。

(二)干部规划导向对财政支出结构变化的影响

本章认为干部通过改变省级财政支出结构,是为了实现其规划导向,并且对于不同的分类支出,其最终的规划导向存在差异。结合已有文献梳理,本章提出以下研究假设:

假设3:与前任干部预算支出结构的差异,将会进一步影响该省财政支出与全国均值的差距,从而实现规划导向。对于经济建设类的财政支出,干部的规划导向是力争上游,即均值线以下省份有动力向上提升,均值线以上省份也有动力投入更多资源。对于科教文卫等类型的财政支出,干部的规划导向是趋于均值,即与全国均值水平趋近。

第三节　任期影响预算支出结构的实证策略

基于典型事实分析,本章提出了三个假设:对于渐进主义类的财政支出,干部任期(以下简称"任期")与财政支出结构的变化并未有显著关系;对于间断平衡类的财政支出,任期越长,领导力越强,从而与前任的支出结构会有更大的差异。并且,与前任干部预算支出结构的差异,将会影响该财政支出与全国均值的差距,并且不同类型的财政支出将会有不同的效果。为了验证以上假说,本章基于我国省级面板数据,使用固定面板回归、系统 GMM 等方法,通过构造省级财政支出结构变化、财政支出结构与全国均值的差异等指标,使用在任时间来度量预算影响力,以此来考察对最终规划导向的影响。

一、指标构建与阐释说明

(一)省级财政支出结构的变动趋势与特征

在描述预算支出结构时,本章将总预算支出分为经济建设支出、科教文卫支出以及公共安全支出三类预算支出科目。这主要是因为预算的分类支出并不是独立的,而是相互关联,并且需要考虑在支出上限一定的情况下如何权衡各项支出。当现任干部进行预算支出结构调整时,其决定势必对不同类型的预算支出产生不同影响,通过资金的使用领域划分出不同的预算分类情况,这样可以使得我们更为全面地考察干部任期对于财政支出结构的影响,以及对于前任支出结构的偏离情况。

在数据处理上,我们对预算支出的每个分类,分别计算差异率并以此来描述现任主要干部的支出结构与前任的差异情况,以此体现财政支出结构的变化。

（二）财政支出结构与全国平均水平的偏差分析

当讨论干部规划导向时,需要测度省级财政支出结构与全国均值的差异情况,我们计算了每个预算支出科目相对于预算总支出的占比,用 p_{it} 表示。前任干部的支出结构,我们用其任期内财政支出比例的均值来表示,之后计算现任干部每年的预算支出占比与前任干部均值的差异率,用 dr_{it} 表示,计算公式可以表示为:

$$dr_{it} = \frac{p_{it} - \overline{p_{t-1}}}{\overline{p_{t-1}}} \qquad (8-4)$$

省级财政支出结构与全国均值的差异情况测度方面,本章对各级财政支出比例的全国均值情况用 $\overline{tp_t}$ 表示;各省该年度预算支出比例用 p_{it} 表示;从而能够计算各省财政支出结构与全国均值的差异率 tdr_{it} ,计算公式如下:

$$tdr_{it} = \frac{p_{it} - \overline{tp_t}}{\overline{tp_t}} \qquad (8-5)$$

其中, p_{it} 表示现任干部每年财政预算占比情况, $\overline{p_{t-1}}$ 表示上任干部任期内财政支出比例的均值。

二、数据说明与描述性统计

本章利用省级面板数据对上述模型与假设进行研究,由于港澳台的数据缺失,在下文研究中均予以剔除。本章所使用的经济数据来源于国家统计局、中国统计年鉴、各省的财政年鉴以及中国经济与社会发展统计数据库,其中省级干部的任期、年龄、换届等数据来自于人民网公开发布的"中国领导干部资料库"。

在控制变量中,本章通过上一年度"中央与地方财政支出结构的差异情况",以此来表示中央政策对于地方干部制定预算结构时的影响,当地方与中央支出结构存在较大差异时,在下一个预算年度里,地方干部可能会根据双方差异情况进行调整,因此引入该变量可以进一步控制中央政策的影响。① 此外,我国于 2007 年进行了项目支出预算制度改革,地方的预算支出项目统计口径有较大的变动,在 2007 年以前,我国以部门作为科目分类依据,在 2007 年之后以经费的支出功能进行分类。因此,本章依据财政部预算司编制的《政府收支分类改革问题解答》,对改革前后的预算科目进行了衔接与匹配,并且根据资金的实际用途,选取其中部分支出项目归纳为经济建设、科教文卫、公共安全三类支出。其中,经济建设支出涵盖了与地方经济发展相关的财政支出,例如,与第一产业相关的农林水事务支出,与第二产业相关的工业类型支出,与第三产业相关的商业服务业支出,以及部分相配套支出;科教文卫支出涵盖了我国科学技术、教育、文化传媒和医疗卫生支出;公共安全支出主要是公检法司等相关支出,具体划分标准可见表 8-2,相关变量的统计描述见表 8-3。

表 8-2　各类财政预算支出的定义说明②

支出项目	2007 年之前	2007 年之后
经济建设类	农林水气象等部门事业费+工业交通部门的事业费+流动部门事业费类+农业综合开发支出	农林水事务支出+国土资源气象等事务+资源勘探电力信息等事务+交通运输+商业服务业等事务
科教文卫类	文体广播事业费+教育事业费类+科学事业费类	文化体育与传媒+教育、医疗卫生+科学技术
公共安全类	公检法司支出	公共安全

① 本章数据区间为 2010—2018 年,数据截止于 2018 年的原因主要在于《中华人民共和国预算法》的修正。根据 2018 年 12 月 29 日第十三届全国人民代表大会常务委员会第七次会议提出修正《中华人民共和国预算法》,修正后的《中华人民共和国预算法》进一步加强了财政预算管理的规范性和科学性,对政府间财政支出结构有较大影响。

② 在 2007 年政府收支科目改革之前,是以支出部门作为预算项目的分类依据。其中诸如农林水气象等部门事业费涵盖了我国预算支出中用于举办或补助农业、农垦、林业、牧业、水产、水利、气象等事业的费用。在 2007 年改革之后,该部分预算科目大部分保留在农林水事务支出,也有部分划分至国土资源气象等事务、资源勘探电力信息等事务,因此本章对其进行了匹配。其他预算科目的匹配标准相同。诚然,由于数据可获得性,无法完全还原改革前的预算科目,因此本章在之后进行了稳健性检验,以解决数据连贯性问题。

表 8-3　各变量的描述性统计

	变量	均值	标准差	最小值	最大值
省长	经济建设支出占比差异率	0.805	1.119	−0.376	13.06
	科教文卫支出占比差异率	0.056	0.136	−0.259	0.837
	公共安全支出占比差异率	−0.054	0.144	−0.396	0.562
	任期	3.058	1.884	1.000	10.00
	年龄	58.00	3.933	45.00	65.00
	来自中央	0.251	0.434	0.000	1.000
	来自本省	0.601	0.490	0.000	1.000
书记	经济建设支出占比差异率	0.801	1.067	−0.359	9.543
	科教文卫支出占比差异率	0.0429	0.125	−0.281	0.599
	公共安全支出占比差异率	−0.042	0.157	−0.387	0.642
	任期	3.378	2.280	1.000	14.00
	年龄	59.76	4.194	47.00	70.00
	来自中央	0.369	0.483	0.000	1.000
	来自本省	0.295	0.457	0.000	1.000
规划导向	经济建设支出与全国均值的差异	−0.001	0.231	−0.758	0.838
	科教文卫支出与全国均值的差异	0.001	0.142	−0.381	0.489
	公共安全支出与全国均值的差异	−0.001	0.176	−0.357	0.606
	科教文卫支出与全国均值的绝对差异	0.113	0.086	0.000	0.489
地方与中央的差异	地方与中央在经济建设支出比例的差异	0.125	0.081	−0.054	0.346
	地方与中央在科教文卫支出比例的差异	0.117	0.044	−0.015	0.250
	地方与中央在公共安全支出比例的差异	−0.008	0.030	−0.066	0.072
其他控制变量	老龄化率	0.126	0.026	0.067	0.219
	GDP	9.025	1.149	5.221	11.30
	常住人口	8.084	0.859	5.606	9.306
	工业企业	8.603	1.382	4.025	11.09
	工业生产总值	8.014	1.379	2.626	10.39
	第一产业增加值	6.666	1.164	3.706	8.513
	第二产业增加值	8.240	1.226	3.864	10.47
	第三产业增加值	8.159	1.152	4.572	10.65

三、计量模型

本章使用固定效应面板回归、系统 GMM 方法（System GMM）①来验证前文所提出的理论假设。

步骤 1：验证假设 1 和假设 2，任期变化对于渐进主义类的财政支出结构变动没有显著影响，对于间断平衡类的财政支出结构变动具有促进效应。

在固定效应面板回归中，本章选取了各省现任干部的预算支出占比与前任干部均值的差异率作为被解释变量，干部的任期时长作为核心解释变量。通过双向固定效应验证前文假设，采用的回归方程如下。

$$dr_{it} = \alpha_0 + \alpha_1 \cdot period_{it} + \alpha_2 \cdot offical_{it} + \alpha_3 \cdot diverge_{it-1} + \alpha_4 \cdot X + \alpha_t + \alpha_i + \varepsilon_{it}$$

$$(8\text{-}6)$$

其中，被解释变量 dr_{it} 表明第 i 个干部，其第 t 年某项财政预算支出占比与前任干部均值的差异率。核心解释变量 $period_{it}$ 表示该现任干部的任期，$offical_{it}$ 表示该干部其他特征变量，$diverge_{it-1}$ 表示前一年度地方与中央在财政支出结构上的差异情况，X 表示其他控制变量，α_t、α_i 表示时间和空间的固定效应，ε_{it} 为残差项。

由于支出结构变化是一个动态过程，当前的支出结构变化与之前的变化程度相关，因此需要考察支出结构动态变化的影响。使用系统 GMM 回归时，在回归方程中加入了地方政府之前年度里财政支出结构变化的变量。

步骤 2：验证假设 3，与前任干部预算支出结构的差异，将会影响该财政支出与全国均值的差距，并且不同类型的财政支出将会有不同的效果。

此时将各省财政支出结构与全国均值的差异作为被解释变量，省级财政支出结构变化作为核心解释变量。

$$dr_{it} = \alpha_0 + \sum_{j=1}^{M} \lambda dr_{it-1} + \alpha_1 \cdot period_{it} + \alpha_2 \cdot offical_{it} + \alpha_3 \, diverge_{it-1}$$
$$+ \alpha_4 \cdot X + \varepsilon_{it} \qquad (8\text{-}7)$$

---

① 用于估计动态面板数据模型的广义矩估计法，通过同时使用水平方程和差分方程，以应对内生性、个体效应和动态关系的问题。

其中,被解释变量 dr_{it} 表明第 i 个干部,其第 t 年某项财政预算支出占比与前任干部均值的差异率, dr_{it-1} 为前一期的差异率, M 为最大滞后阶数。其余变量定义如上。

步骤3:模型设定为:

$$td\, r_{it} = \beta_0 + \beta_1 \cdot d\, r_{it} + \beta_2 \cdot offical_{it} + \beta_3 \cdot X + \beta_t + \beta_i + \varepsilon_{it} \qquad (8-8)$$

第四节　任期影响预算支出结构的实证结果分析

在实证分析中,本章首先分别对省长、书记任期对于财政支出结构的影响进行了研究分析,研究结果发现省长、书记任期变化对于省级财政支出结构差异都是具有显著影响,但是省长任期变化的影响更为明显,并且对于渐进主义类的财政支出,主要干部的任期长度与财政支出结构的变化并未有显著关系;对于间断平衡类的财政支出,主要干部任期长度与前任支出结构的差异率具有显著正相关关系,由此证明了假设1和假设2。其次,本章对财政支出结构变化对主要干部规划导向的影响进行研究,发现对于经济建设类的财政支出,主要干部的规划导向是力争上游,随着主要干部任期增加,省级支出结构变化增大,并且也导致了省级支出结构与全国比例均值的差异。对于科教文卫支出,主要干部的规划导向是趋于均值,即该类型支出比例会向全国均值水平靠近,并且对于经济建设的财政支出将会在一定程度上挤出科教文卫支出,由此证明了假设3。

一、主要干部任期对于财政支出结构的效应分析

(一)省长任期的效应

表8-4展示了省长任期对支出结构变化的影响。具体来看,在控制了上一年度中央与地方支出比例的差异情况时,对于经济建设、科教文卫两类具有间断平衡特征的财政支出,省长任期变化对其与前任的差异率具有显著正向的影响,说明随着省长任期的增加,其更容易与前任的支出结构产生差异,但是对两者的

影响大小存在差异,对于经济建设类的回归系数为 0.301,明显大于科教文卫的回归系数 0.014,说明对于经济建设类的财政支出,省长任期的变化影响更为剧烈,其差异程度会比科教文卫支出更加明显;对于公共安全此类具有渐进主义特征的财政支出,省长任期长度变化对于其与前任的差异率并未产生显著影响,主要原因是渐进主义类的财政支出都是在"小范围"内发生变动,其变动形式并不随着主要干部换届、主要干部任期长度等人事因素产生显著变化。列(4)—(5)展示了系统 GMM 回归结果。可以看出,前一期与前任的差异程度对于当期差异存在动态影响,在考虑动态影响的情况下,省长任期变化对于与前任支出结构的差异的影响效果依旧稳健。

表 8-4　省长任期对支出结构变化的影响

因变量: 与前任差异率	固定效应面板回归			系统 GMM 回归		
	(1)	(2)	(3)	(4)	(5)	(6)
	经济建设	科教文卫	公共安全	经济建设	科教文卫	公共安全
与前任差异率 (前一期)				0.494*** (0.030)	0.622*** (0.063)	0.435*** (0.049)
任期长度	0.301*** (0.023)	0.014*** (0.003)	-0.002 (0.003)	0.308*** (0.016)	0.015*** (0.002)	-0.016*** (0.003)
来自中央	-0.147 (0.147)	-0.017 (0.021)	0.013 (0.020)	-0.200** (0.087)	-0.010 (0.015)	0.043** (0.020)
来自本省	-0.039 (0.145)	-0.059*** (0.020)	-0.008 (0.019)	-0.055 (0.077)	-0.028* (0.017)	0.019* (0.020)
主要干部年龄	-0.033*** (0.012)	-0.004** (0.002)	0.002 (0.002)	-0.046*** (0.014)	-0.003 (0.002)	0.004*** (0.002)
地方与 中央的差异 (前一期)	-0.800 (1.960)	2.714*** (0.280)	7.651*** (1.033)	-4.495*** (0.297)	-1.263*** (0.169)	1.056 (0.221)
控制变量	控制	控制	控制	控制	控制	控制
时间效应	控制	控制	控制	控制	控制	控制
个体效应	控制	控制	控制	控制	控制	控制

注:*、**、*** 分别表示在 10%、5%和1%的置信水平上显著,括号内为标准差。下同。

（二）书记任期的效应

表8-5展示了书记任期变化所产生的影响。列（1）—（3）展示了书记任期变化对其与前任差异率的影响，对于经济建设支出，书记任期变化同样对其与前任的差异率产生了显著正向的影响，而对于科教文卫、公共安全支出，书记任期长度变化同样未能产生显著影响。列（4）—（6）为系统GMM回归结果。前一期与前任的差异程度对于当期差异存在动态影响，书记任期对于自身与前任的差异率的影响与固定效应面板回归结果基本相同。

表8-5　书记任期对支出结构变化的影响

因变量： 与前任差异率	固定效应面板回归			系统 GMM 回归		
	（1）	（2）	（3）	（4）	（5）	（6）
	经济建设	科教文卫	公共安全	经济建设	科教文卫	公共安全
与前任差异率 （前一期）				0.359 *** （0.041）	0.639 *** （0.085）	0.420 *** （0.063）
任期长度	0.203 *** （0.021）	0.004 （0.003）	0.001 （0.003）	0.102 ** （0.030）	0.006 （0.005）	0.001 （0.004）
来自中央	0.152 （0.106）	−0.022 （0.016）	−0.026 （0.017）	−0.061 （0.265）	−0.036 （0.033）	−0.048 （0.044）
来自本省	0.038 （0.120）	0.016 （0.018）	−0.012 （0.020）	−1.763 ** （0.363）	−0.064 （0.065）	−0.019 （0.077）
主要干部年龄	0.006 （0.011）	−0.004 *** （0.002）	−0.005 *** （0.002）	0.115 （0.042）	−0.005 （0.007）	−0.002 （0.005）
地方与中央的 差异（前一期）	0.380 （1.819）	2.308 *** （0.271）	7.997 *** （1.231）	−4.533 *** （0.678）	−0.792 ** （0.232）	1.058 *** （0.146）
控制变量	控制	控制	控制	控制	控制	控制
时间效应	控制	控制	控制	控制	控制	控制
个体效应	控制	控制	控制	控制	控制	控制

（三）省长与书记任期效应总结

通过对比省长、书记相同类型的财政支出的回归系数，可以看出省长任期对其支出结构的差异的影响更为显著，并且其影响效果在不同的回归模型中更为相近。而书记任期对其支出结构的差异影响，影响程度和显著性都比省长更小。根据以上结果，任期变化对省长与前任在支出结构上的偏离程度和倾向产生了更大的影响,主要原因是在省级政府决策过程中,省长对于财政支出的影响力更大,杨良松(2014)对于天津等三省市的案例分析也佐证了该结论。

并且,综合上述结果可以看出,地方主要干部任期变动对于不同类型的财政支出结构变化影响并不相同,对于公共安全等渐进主义类型的财政支出,主要干部的任期长度与财政支出结构的变化并未有显著关系。但是对于经济建设、科教文卫已修改间断平衡类的财政支出,主要干部任期长度与前任支出结构的差异率具有显著正相关关系,说明主要干部任期越长,领导力越强,预算影响力相应增强,从而与前任的支出结构会有更大的差异。由此,假设 1 和假设 2 得以证明。

二、财政支出结构变化对主要干部规划导向的效应分析

在前文分析中,本章已经论证了假设 1 和假设 2。在本节中,将对省级财政支出结构变化对主要干部规划导向的影响进行论证。表 8-6 归纳了任期、支出结构和规划导向的实证结果,表 8-7 中展示了实证回归的具体结果。由于前文已经证明省长相比较书记,对于省级财政支出具有更大影响,因此在下文回归中仅对省长数据进行讨论。可以看出,省长任期变化对于不同类型的财政支出的规划导向的影响并不相同,并且在控制支出结构变化①这个中介变量之后,对于不同的支出类型,任期产生的影响也发生了明显变化。

表 8-6　任期、支出结构和规划导向的实证结果归纳

	衡量主要干部规划导向所用的变量	任期变化对主要干部规划导向的影响	控制支出结构变化,任期对规划导向的影响	回归结果发生变化的解释
经济建设	经济建设支出与全国均值的差异率	显著正向	不显著	完全中介
科教文卫	科教文卫支出与全国均值的差异率的绝对值	显著负向	更为显著负向	遗漏变量

---

①　省级财政支出结构变化用"与前任支出结构的差异率"表示。

— 225 —

	衡量主要干部规划导向所用的变量	任期变化对主要干部规划导向的影响	控制支出结构变化,任期对规划导向的影响	回归结果发生变化的解释
公共安全	公共安全支出与全国均值的差异率	不显著	不显著	—

图 8-7 展示了表 8-7 中列(1)—(3)回归结果,探讨了对于经济建设支出,省级财政支出结构是如何影响财政支出比例与全国比例均值的差异。列(1)、(2)结果显示,省长任期对于经济建设支出与全国均值的差异率具有显著正向影响;支出结构变化对于经济建设支出与全国均值的差异率也具有显著正向影响,并且前文中已经证明省长任期变化将会显著正向促进支出结构的变化,因此"任期变化—支出结构变化—与全国均值差异"逻辑链条形成闭环。图 8-8 右图可以看出,当控制省级支出结构变化时,省长任期长度对于其与全国均值的差异率的影响变得不显著,说明存在"完全中介"效应,省长任期变化完全通过支出结构变化这个中介变量,来影响其规划导向,即与全国均值差异率。并且,通过回归结果的正负可以看出,对于经济建设支出,主要干部任期变化从而导致的支出结构的变化,对于其与全国均值的差异率具有显著正向的促进作用,即此时主要干部规划导向是力争上游,即均值线以下省份有动力向上提升,均值线以上省份为了成为全国标杆也有动力继续向上提升。

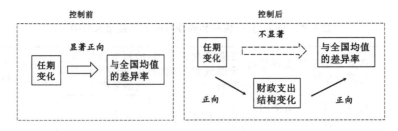

图 8-7　经济建设支出影响机制

资料来源:笔者自制。

表8-7　财政支出结构变化对主要干部规划导向影响

支出比例与上年全国比例均值的差异率	省长								
	(1)	(2)	(3)	(4)	(5)	(6)	(7)	(8)	(9)
	经济建设	经济建设	经济建设	科教文卫	科教文卫	科教文卫	公共安全	公共安全	公共安全
省长任期长度	0.010*** (0.004)		-0.002 (0.004)	-0.001 (0.002)		-0.006*** (0.001)	0.001 (0.002)		0.002 (0.002)
与前任差异率		0.041*** (0.007)	0.044*** (0.008)		0.532*** (0.019)	0.545*** (0.019)		0.512*** (0.026)	0.513*** (0.026)
省长来自中央	-0.046* (0.023)	-0.040* (0.022)	-0.038* (0.023)	0.035** (0.015)	0.025*** (0.008)	0.031*** (0.008)	0.014 (0.015)	0.005 (0.010)	0.003 (0.010)
省长来自本省	-0.060*** (0.023)	-0.058*** (0.022)	-0.057*** (0.022)	0.005 (0.014)	0.028*** (0.008)	0.034*** (0.008)	0.005 (0.014)	0.004 (0.010)	0.002 (0.010)
省长年龄	-0.004* (0.002)	-0.003* (0.002)	-0.003 (0.002)	0.003*** (0.001)	0.003*** (0.001)	0.004*** (0.001)	0.002 (0.001)	0.001 (0.001)	0.001 (0.001)
控制变量	控制	控制	控制	控制	控制	控制	控制	控制	控制
时间效应	控制	控制	控制	控制	控制	控制	控制	控制	控制
个体效应	控制	控制	控制	控制	控制	控制	控制	控制	控制

图8-8进一步展示了表8-7中列(4)—(6)的实证结果。可以看出,支出结构变化对于科教文卫支出与全国均值的差异率具有显著正向影响,并且前文中已经证明省长任期也将会显著正向改变支出结构的变化,因此影响机制的逻辑链成立;但是省长任期对于科教文卫支出与全国均值的差异率并未能够产生显著影响,可能的原因是存在其他遗漏变量,抵消了已有逻辑的正向作用,从而任期变化无法显著影响其与全国均值的差异程度。在列(6)中,控制了支出结构变化之后,发现任期变化对于科教文卫支出与全国均值的差异率具有显著负向影响,说明主要干部对于科教文卫支出的规划导向,并不是力争上游,并且该结论进一步证实了"遗漏变量"现象的存在,本章将在下一节中进行深入讨论。

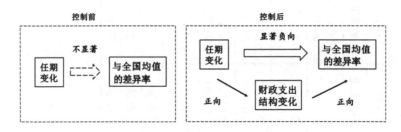

图8-8　科教文卫支出影响机制

资料来源:笔者自制。

图8-9展示了表8-7中列(7)—(9)结果,可以看出省长任期变化对于公共安全支出与全国均值的差异率并未产生显著影响,并且前文中已经证明省长任期也无法显著影响支出结构的变化,进一步说明,主要干部任期无法有效解释公共安全此类渐进主义类型支出的变动。列(9)将相关变量同时放入回归方程,也是得到了相类似结果。

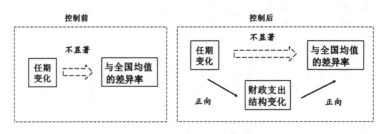

图 8-9　公共安全支出影响机制

资料来源:笔者自制。

三、财政支出结构变化对科教文卫支出效应的进一步讨论

在上节中,本章发现对于科教文卫类的财政支出,变量单独回归时,省长任期对于科教文卫支出与全国均值的差异率并未产生显著影响,但是当控制省级财政支出结构变化时,省长任期变化将会显著负向影响该省与全国均值的差异率。说明对于科教文卫支出,主要干部规划导向并不是力争上游,而是存在其他的机制。因此,本章将被解释变量更换成科教文卫支出比例与全国均值差异率的绝对值,将财政支出结构变化对主要干部规划导向的影响进一步展开讨论。

图8-10展示了表8-8的实证结果。表中列(1)—(3)展示了对于科教文卫支出,省级财政支出结构是如何影响财政支出比例与全国比例均值的绝对差异率的。列(1)、(2)展示了单独对相关变量进行两两回归时,支出结构变化对科教文卫与全国均值的绝对差异率为显著正向影响,并且前文中已经证明省长任期变化将会显著正向促进支出结构的变化,因此影响逻辑链条形成闭环。但是,任期变化对于科教文卫与全国均值的绝对差异率具有显著负向影响,说明存在潜在"遗漏变量",导致已有的影响机制效果被抵消,从而产生了负向影响。在列(3)中,控制了支出结构变化之后,发现任期变化所产生的负向影响依旧显著,且此时回归系数效果增大,进一步证实了存在"遗漏变量"现象的猜想。

表8-8 财政支出结构变化对科教文卫支出的进一步讨论

省长	(1) 科教文卫支出与全国均值的绝对差异率	(2) 科教文卫支出与全国均值的绝对差异率	(3) 科教文卫支出与全国均值的绝对差异率	(4) 经济建设支出与全国均值的差异率	(5) 科教文卫支出与全国均值的绝对差异率	(6) 科教文卫支出与全国均值的绝对差异率
省长任期长度	-0.003 * (0.002)		-0.004 ** (0.002)	0.010 *** (0.004)		-0.004 ** (0.002)
与前任差异度		0.168 *** (0.028)	0.178 *** (0.028)			0.175 *** (0.028)
经济建设支出与全国均值的差异率					-0.053 * (0.028)	-0.035 (0.027)

省长	(1) 科教文卫 支出与全国 均值的绝 对差异率	(2) 科教文卫 支出与全国 均值的绝 对差异率	(3) 科教文卫 支出与全国 均值的绝 对差异率	(4) 经济建设 支出与全国 均值的 差异率	(5) 科教文卫 支出与全国 均值的绝 对差异率	(6) 科教文卫 支出与全国 均值的绝 对差异率
来自中央	-0.008 (0.013)	-0.014 (0.012)	-0.010 (0.012)	-0.046 * (0.023)	-0.013 (0.013)	-0.011 (0.012)
来自本省	-0.033 *** (0.012)	-0.027 ** (0.012)	-0.023 * (0.012)	-0.060 *** (0.023)	-0.038 *** (0.012)	-0.026 ** (0.012)
省长年龄	0.001 (0.001)	0.001 (0.001)	0.002 (0.001)	-0.004 * (0.002)	0.001 (0.001)	0.001 (0.001)
控制变量	控制	控制	控制	控制	控制	控制
时间效应	控制	控制	控制	控制	控制	控制
个体效应	控制	控制	控制	控制	控制	控制

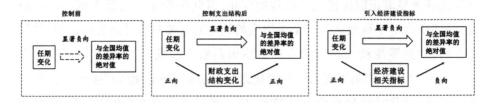

图 8-10　科教文卫支出影响机制进一步分析

资料来源:笔者自制。

　　进一步地,在列(4)—(6)中,本章引入"经济建设支出与全国均值的差异率"作为新的中介变量,以此考察对于其他项目的分类支出,是否"挤出"了科教文卫类财政支出。通过列(4)的回归结果可以看出,省长任期长度对于经济建设支出与全国均值的差异率具有显著正向影响,列(5)结果显示,经济建设类指标显著降低了科教文卫支出比例与全国均值的绝对差异率,说明对于经济建设类的财政支出,在一定程度上会挤出对于科教文卫的支出。在列(6)中,本章将相关变量均加入回归方程中,可以看出中介变量"经济建设支出与全国均值的差异率"虽然能够在一定程度上解释任期变化所产生的负向作用,但是并非完全替代效应,可能还存在其他类型的财政支出结构,产生了挤出效应,有待之后研究进一步检验。

并且,通过回归结果的正负影响可以看出,对于科教文卫这类的财政支出,主要干部任期变化对于其与全国均值的绝对差异率,产生了显著负向的影响,即省级主要干部趋向于使科教文卫支出向全国均值水平趋近,并没有动机增加更多投入。说明对于科教文卫支出,主要干部的规划导向是趋于均值,假设3得以验证。

第五节　实证分析的有效性验证

在此部分,我们分别针对模型有效性、指标有效性、数据有效性等展开稳健性检验:首先,将干部数据同时加入回归模型中,考察是否存在相互影响,以此检验主回归模型设定的有效性;通过改变主要干部与前任支出结构差异指标,验证所构造指标的有效性,以保证本章结果的稳健可信。其次,由于2007年我国进行了项目支出预算制度改革,可能造成前后支出项目数据的不连续性,因此本章将尝试只保留2007年之后数据,以此确保数据的有效性。最后,本章将对样本进行分年度考察,以保证结论的稳健性。

一、模型有效性检验

在省级行政部门中,省长和书记都作为最高行政长官,都有能力通过激励去影响当地的财政支出,有可能存在相互影响的现象。因此,本章将省长任期、书记任期以及两者的特征变量同时加入回归方程中,考察以上变量对于其各自与前任的差异率的影响。表8—9展示了省长、书记任期对省长与前任差异率的影响。在控制了上一年度中央与地方支出比例差异的情况下,省长任期变化对于自身与前任的差异率的影响与主回归相似,而书记任期对于省长与前任支出结构的差异影响较为不明显。列(4)—(6)展示了在控制省长相关变量情况下,书记任期对于自身与前任的差异率影响,其产生的效果都与主回归相同。综合上述结论可知,省长与书记的任期对于自身与前任支出结构的差异率并未产生交互的影响,其仅仅影响自身与前任的差异情况,说明主回归的模型设立有效。

表 8-9　模型有效性检验

因变量:与前任差异率	省长			书记		
	(1)	(2)	(3)	(4)	(5)	(6)
	经济建设	科教文卫	公共安全	经济建设	科教文卫	公共安全
省长任期长度	0.291*** (0.023)	0.015*** (0.003)	−0.003 (0.003)	0.026 (0.022)	0.004 (0.003)	−0.001 (0.004)
书记任期长度	0.027 (0.021)	0.001 (0.003)	−0.007** (0.003)	0.199*** (0.021)	0.004 (0.003)	0.000 (0.003)
省长来自中央	0.300*** (0.113)	−0.045*** (0.016)	0.008 (0.016)	0.126 (0.107)	−0.018 (0.016)	−0.026 (0.018)
省长来自本省	−0.036 (0.125)	0.001 (0.018)	−0.002 (0.018)	0.031 (0.124)	0.021 (0.018)	−0.006 (0.021)
省长年龄	0.008 (0.011)	−0.003** (0.002)	0.002 (0.002)	0.004 (0.011)	−0.005*** (0.002)	−0.005*** (0.002)
书记来自中央	−0.092 (0.147)	−0.023 (0.021)	0.011 (0.020)	−0.278** (0.140)	0.023 (0.020)	0.015 (0.023)
书记来自本省	−0.043 (0.145)	−0.060*** (0.020)	−0.009 (0.020)	−0.253* (0.138)	−0.011 (0.020)	0.029 (0.022)
书记年龄	−0.036*** (0.013)	−0.004** (0.002)	0.002 (0.002)	−0.004 (0.012)	0.000 (0.002)	0.002 (0.002)
地方与中央的差异(前一期)	−1.044 (1.958)	2.544*** (0.280)	7.408*** (1.064)	−0.514 (1.878)	2.249*** (0.275)	7.692*** (1.251)
控制变量	控制	控制	控制	控制	控制	控制
时间效应	控制	控制	控制	控制	控制	控制
个体效应	控制	控制	控制	控制	控制	控制

二、指标有效性检验

在主回归中,对于各个支出类型,本章用现任主要干部的财政支出比例,与前任支出任期内财政支出比例的均值的差异率,来衡量现任主要干部与前任支出结构的差异情况。但是在实际情境中,现任主要干部难以直接了解前任主要干部支出结构的均值,但可以看到前任主要干部任期最后一年时的财政支出结构。因此,本章将被解释变量替换为现任主要干部与前任最后任期时支出比例的差异率。表 8-10 中列(1)—(3)展示了省长对其与前任差异率的影响。可以看出,省长任期变化对于自身与前任的差异率的影响与主回归大部分相似。列(4)—(6)为书记任期对其与前任差异率的影响,其影响效果都与主回归相同。

表 8-10　指标有效性检验

与前任最后任期时支出比例的差异率	省长			书记		
	(1)	(2)	(3)	(4)	(5)	(6)
	经济建设	科教文卫	公共安全	经济建设	科教文卫	公共安全
任期长度	0.321 *** (0.025)	0.016 *** (0.003)	-0.014 *** (0.003)	0.234 *** (0.020)	0.010 *** (0.003)	-0.005 (0.004)
来自中央	0.031 (0.160)	0.015 (0.022)	0.015 (0.020)	0.084 (0.104)	-0.046 *** (0.014)	-0.019 (0.019)
来自本省	0.072 (0.158)	-0.058 *** (0.022)	-0.012 (0.020)	0.048 (0.117)	-0.013 (0.016)	-0.004 (0.022)
主要干部年龄	-0.030 ** (0.014)	-0.001 (0.002)	0.006 *** (0.002)	0.003 (0.010)	-0.004 *** (0.001)	-0.001 (0.002)
地方与中央的差异(前一期)	-3.147 (2.140)	2.009 *** (0.301)	1.358 (1.045)	-1.363 (1.778)	1.491 *** (0.250)	5.556 *** (1.340)
控制变量	控制	控制	控制	控制	控制	控制
时间效应	控制	控制	控制	控制	控制	控制
个体效应	控制	控制	控制	控制	控制	控制

三、数据有效性检验

根据《财政部关于印发政府收支分类改革方案的通知》,我国于 2007 年 1 月 1 日起对政府收支分类进行了改革,收支分类范围、分类体系和具体科目设置办法等都有较大变化。虽然本章已经尽可能将改革前后的预算科目进行了匹配、归纳,但是由于数据的可得性,难免存在遗漏,无法完全还原改革前的预算科目。因此在稳健性检验中,本章将去除 2007 年之前的相关数据,以此避免 2007 年前后的偏离情况是由于预算科目不连续所产生的。表 8-11 展示了相关的实证结果,可以看出,在控制了上一年度中央与地方支出比例差异的情况下,总体回归结果与主回归较为一致。

表 8-11　数据有效性检验

因变量:与前任差异率	省长			书记		
	(1)	(2)	(3)	(4)	(5)	(6)
	经济建设	科教文卫	公共安全	经济建设	科教文卫	公共安全
任期长度	0.364 *** (0.027)	0.023 *** (0.004)	-0.007 ** (0.003)	0.321 *** (0.024)	0.016 *** (0.004)	-0.002 (0.004)

因变量：与前任差异率	省长			书记		
	(1)	(2)	(3)	(4)	(5)	(6)
	经济建设	科教文卫	公共安全	经济建设	科教文卫	公共安全
来自中央	-0.223 (0.216)	-0.045 (0.028)	-0.011 (0.026)	0.388*** (0.133)	-0.008 (0.020)	-0.020 (0.021)
来自本省	-0.079 (0.212)	-0.072*** (0.028)	-0.043* (0.026)	0.582*** (0.144)	0.052** (0.022)	0.044* (0.023)
主要干部年龄	-0.040** (0.016)	-0.004 (0.002)	0.002 (0.002)	-0.010 (0.014)	-0.006*** (0.002)	-0.010*** (0.002)
地方与中央的差异(前一期)	0.961 (2.726)	2.465*** (0.339)	2.479* (1.495)	2.834 (2.179)	1.794*** (0.322)	2.984* (1.582)
控制变量	控制	控制	控制	控制	控制	控制
时间效应	控制	控制	控制	控制	控制	控制
个体效应	控制	控制	控制	控制	控制	控制

四、分年度考察

为了检验本章结论是否在不同年度里存在稳健性,本章将分年度进行实证检验。本章以 10 年为时间区间,将样本划分为 2003—2013 年,以及 2013 年之后,以此来分年度考察省长任期长度对其与前任支出结构偏离的影响。表 8-12 展示了稳健性检验结果,可以看出,在两个年度区间里,在控制了上一年度中央与地方支出比例偏离的情况下,总体结果具有一致性,主要干部任期长度对于间断平衡类财政支出具有显著的影响,对于渐进主义类支出影响更为不显著,但是在对间断平衡类支出的影响程度上存在区别。在 2013 年之后,相比较之前年度区间,省长任期长度变化对于其与前任在经济建设支出上的偏离影响程度变小,对科教文卫支出影响增大,可能是在新的经济时期,地方主要干部更加注重科教文卫类的财政支出项目,增加该部分项目的支出比重,从而与前任的支出结构产生较大的偏离。

表 8-12 分年度考察的实证结果

因变量：与前任差异率	2013 年之前			2013 年之后		
	(1)	(2)	(3)	(4)	(5)	(6)
	经济建设	科教文卫	公共安全	经济建设	科教文卫	公共安全
任期长度	0.305 ***	0.015 ***	-0.000	0.216 ***	0.019 ***	-0.040 ***
	(0.030)	(0.005)	(0.004)	(0.022)	(0.004)	(0.005)
来自中央	-0.314 *	-0.031	0.042 *	-0.151	-0.051 **	-0.014
	(0.172)	(0.027)	(0.023)	(0.131)	(0.025)	(0.030)
来自本省	0.015	-0.036	0.038 *	0.031	-0.070 ***	-0.001
	(0.147)	(0.023)	(0.020)	(0.129)	(0.024)	(0.031)
主要干部年龄	-0.039 ***	-0.007 ***	0.000	0.002	0.004 **	-0.001
	(0.014)	(0.002)	(0.002)	(0.011)	(0.002)	(0.003)
地方与中央的差异（前一期）	-2.124 *	1.004 ***	1.859 ***	-3.725 ***	0.015	-2.879 **
	(1.091)	(0.256)	(0.274)	(1.390)	(0.275)	(1.400)
控制变量	控制	控制	控制	控制	控制	控制
时间效应	控制	控制	控制	控制	控制	控制
个体效应	控制	控制	控制	控制	控制	控制

随着地方主要干部的换届，新上任的干部可能使政策实施出现较大的变动。然而，面对强大的制度惯性，新任干部如何在其施政决策的最重要领域——政府预算支出方面，体现其施政意图，并表达其规划导向过程呢？对此，在控制中央政策的前提下，我们提出了一个理论解释，并进行了实证检验。

为了全面、系统地解释地方主要干部挑战制度惯性时带来的预算支出不连续，以及最终实现规划导向的整个过程，本章首先对我国既有的典型事实进行了判断，发现我国省级财政支出项目中，各个支出分类符合不同的预算制定模式，其中公共安全类的预算支出符合渐进主义特点，经济建设和科教文卫支出符合间断平衡特征。并且，通过使用 L—峰度对我国各省、各支出类型的间断强度进行测度，本章发现各省在不同类型财政支出上的间断强度存在较大异质性，并且同一省份，对于不同类型的财政支出间断强度也存在差异。总体来看，经济建设、科教文卫两类支出间断强度较大，更加符合间断平衡特点；公共安全间断强度较小，更加接近渐进主义特征。进一步，本章通过引入现任干部与前任干部数据，考察现任干部与前任干部支出结构差异时,发现经济建设支出的差异情况最为明显,并且现任干部具有很强的动机去提升经济建设类的财政支出比例。科教文卫支出差异现象次之,公共安全支出差异情况最为不明显。

在我国典型事实的基础上,本章通过固定效应面板模型和系统 GMM 方法,实证研究发现:(1)在控制了中央财政支出结构的背景下,干部任期变动对于不同类型的财政支出结构变化的影响并不相同,对于渐进主义类的支出并未有显著关系。但是对于间断平衡类的财政支出,干部任期长度与前任支出结构的差异率具有显著正向关系。通过对比省长和书记的影响,本章发现省长任期对于支出结构变化影响更为显著与剧烈。(2)对于经济建设的财政支出,干部的规划导向是力争上游,即处于全国均值线以下省份有动力向上提升,处于均值线以上省份将会投入更多资源,力图成为全国标杆。(3)对于科教文卫等类型的财政支出,干部的规划导向是趋于均值,即该类支出与全国均值靠近。

根据描述性分析可知,各省财政支出结构存在差异性,本章从制度惯性与预算间断视角,对省级财政支出结构的变化提供了新的研究视角,在财政社会学研究中不应忽视地方主要干部行为的影响。并且,本研究借鉴国外已有研究思想,将 L—峰度概念引入财政学研究领域,测度政策间断强度,给衡量政策变化强度提供了新的工具支持。本章还系统考察和对比了干部任期对不同预算支出类型的影响,并对干部规划导向进行了深入考察。最后,介于篇幅原因,本章并未对财政支出类型进一步地细分和考察,这些不足还有待接下来的研究继续探讨,从而为认识地方财政支出结构变动提供新的理论。

第九章 财政收入变化与预算支出结构调整

党的二十大要求政府部门加大多元化科技投入、提升科技投入效能,政府在科学技术领域的财政投入对于促进科技高质量发展具有重要作用,财政科技支出呈现明显增长态势(李屹然、谢家智,2020)[1]。由于地方政府能够更全面和便利地掌握基层科技发展情况,我国财政科技支出逐渐呈现由中央政府向地方政府转移的趋势(陈亚平、韩凤芹,2020)[2]。在城市层面,不同地方政府间的财政科技预算存在较大差异。2022 年,地级市财政科技支出预算最高达 4587417 万元,最低仅为 1401 万元;财政科技支出占一般公共预算支出的比例的最高值为17.8%,最低值仅为 0.1%。什么因素会影响一个城市的科技支出水平呢? 已有研究发现财政分权(周克清等,2011;白俊红、戴玮,2017)[3][4]、官员任期(卞元超、白俊红,2017;李恩极、李群,2020)[5][6]、政府竞争(罗贵明,2017;辛冲冲、陈志勇,2018)[7][8]、财政透明度(潘修中,2017)[9]等因素是地方政府财政科技支出

---

① 李屹然、谢家智:《中国式分权、外溢效应与地方政府科技投入效率》,《软科学》2020 年第 3 期。

② 陈亚平、韩凤芹:《财政分权、政府间竞争与财政科技投入——基于省级面板数据的实证》,《统计与决策》2020 年第 15 期。

③ 周克清、刘海二、吴碧英:《财政分权对地方科技投入的影响研究》,《财贸经济》2011 年第 10 期。

④ 白俊红、戴玮:《财政分权对地方政府科技投入的影响》,《统计研究》2017 年第 3 期。

⑤ 卞元超、白俊红:《官员任期与中国地方政府科技投入——来自省级层面的经验证据》,《研究与发展管理》2017 年第 5 期。

⑥ 李恩极、李群:《官员任期、标尺竞争与地方政府科技支出——基于地级市数据和两区制空间杜宾模型的新证据》,《研究与发展管理》2020 年第 6 期。

⑦ 罗贵明:《转移支付下地方政府科技投入空间效应研究——基于 1997—2014 年省级面板数据的实证分析》,《科技进步与对策》2017 年第 15 期。

⑧ 辛冲冲、陈志勇:《财政分权、政府竞争与地方政府科技支出——基于中国省级面板数据的再检验》,《山西财经大学学报》2018 年第 6 期。

⑨ 潘修中:《财政分权、财政透明度与地方财政科技投入》,《科学管理研究》2017 年第 1 期。

变动的驱动力。有别于已有研究将关注点放在某一具体政策或制度因素的影响上的做法,本章从地方政府财政预算的角度构建并验证了财政收入变动影响财政科技支出预算的理论路径。本章认为,财政科技支出预算受到财政收入变化的收入效应与替代效应影响。其中,收入效应是指财政收入下降将直接导致财政科技支出金额下降。这是因为,财政科技支出属于与财政收入挂钩的支出,在挂钩要求下地方政府拥有一定的科技支出自主权,财政收入减少时,地方政府会依据财政收入的变动相应下调财政科技预算。替代效应是指财政收入下降将导致更具刚性的支出项目对财政科技支出产生替代,造成财政科技支出占一般公共预算支出比例下降。这是因为,当财政收入减少时,地方政府具有更强的动机优先保障能够快速促进经济发展的经济建设类支出和与基本民生直接相关的支出,而财政科技支出短期内拉动经济和改善民生的效果较不明显,因此地方政府会调整财政支出结构,将更多的支出用于经济建设类支出和与民生直接相关的支出,减少财政科技支出占一般公共预算支出的比例①。

研究收入效应与替代效应的难点在于财政科技支出与财政收入间互为因果而导致的内生性问题(王德娟、贾建宇,2017)②。一方面,科技发展能够推动经济增长,政府和私人的科技投入总和越多,经济增长越快(Romer,1990)③;有学者基于内生增长模型进一步指出,科技研发投入的增加能推动经济增长(Aghion和 Howitt,1992;Grossman 和 Helpman,1993)④⑤。众多研究发现,科技支出可以通过提升科技创新能力(车德欣等,2020)⑥和全要素生产率(孙青,2022)⑦,间接推动经济增长(段梦、娄峰,2021)⑧。另一方面,经济发展和财政收入也会影

① 姚东旻、庄露、高文静:《地方政府财政科技支出预算的收入效应与替代效应》,《经济学动态》2024 年第 1 期。

② 王德娟、贾建宇:《财政科技投入与经济增长的分析研究》,《科学管理研究》2017 年第 2 期。

③ Romer P.M.,"Endogenous Technological Change",*Journal of Political Economy*,Vol.98,No.5,1990,pp.S71-S102.

④ Aghion,P.,P.Howitt,"A Model of Growth through Creative Destruction",*Econometrica*,Vol.60,No.2,1992,pp.323-351.

⑤ Grossman,G.M.,E.Helpman,*Innovation and Growth in the Global Economy*,MIT Press,1993.

⑥ 车德欣、吴传清、任晓怡、吴非:《财政科技支出如何影响企业技术创新?——异质性特征、宏观微观机制与政府激励结构破解》,《中国软科学》2020 年第 3 期。

⑦ 孙青:《财政科技投入、科研人力资本对科技创新的影响》,《统计与决策》2022 年第 1 期。

⑧ 段梦、娄峰:《财政科技投入、全要素生产率与经济增长》,《统计与决策》2021 年第 14 期。

响科技支出。税收制度具有自动稳定器的作用,在经济下行时,随着生产紧缩、失业率升高、居民收入减少,税收收入相应下降,财政科技支出可能随之减少。为了更准确地识别收入效应和替代效应对财政科技支出预算的影响,本章借助"撤县设区"这一准自然实验构造短期内影响地方财政收入的外生冲击,以克服财政收入与财政科技支出变动之间反向因果的内生性问题。"撤县设区"一般指直辖市或地级市将下辖的县改设为市辖区,这是在中央指导下推行的一项针对县级行政区划变动的改革。进行"撤县设区"的城市需要满足一定的条件要求和程序要求,在获得省级政府同意并经过民政部和国务院实地考察达标后方能实行,与地级市政府的财政支出行为无关,具有外生性。已有研究发现"撤县设区"会对经济发展和地方的财政收支产生不利影响(于志强等,2016;叶冠杰、李立勋,2018;钱金保、邱雪情,2019;吉黎、邹埴埸,2019)①②③④,因此能够作为短期内影响地方财政收入的一项外生冲击。

借助"撤县设区"这一准自然实验,本章使用全国 262 个城市的面板数据,采用 PSM—多时点 DID 的因果推断方法,验证地级市财政科技支出预算是否受收入效应和替代效应影响。在此基础上,本章利用夏普利值分解方法对收入效应和替代效应进行定量研究,并讨论了收入效应和替代效应随时间发生的动态变化以及两种效应在不同特征城市中的异质性表现。研究发现,地级市财政科技支出预算受到收入效应和替代效应影响,在两种效应的共同作用下,财政收入的减少将导致财政科技支出占一般公共预算比例显著下降,上述结论均能通过稳健性检验;从定量分解的结果来看,财政科技支出预算的收入效应总体大于替代效应,且随着时间发展,收入效应逐渐扩大,替代效应逐渐缩小。在异质性方面,经济水平不同、区域内发展不平衡程度不同的城市之间财政科技支出预算的收入效应和替代效应存在差异,替代效应在经济水平较低、发展不平衡程度较高的城市中更大,而收入效应在经济水平较高、发展不平衡程度较低的城市中更

---

① 于志强、吴建峰、周伟林:《大城市撤县设区经济绩效的异质性研究——基于合成控制的实证分析》,《上海城市管理》2016 年第 6 期。

② 叶冠杰、李立勋:《行政区划调整与管理体制改革对经济强县经济发展的影响——以广东省佛山市顺德区为例》,《热带地理》2018 年第 3 期。

③ 钱金保、邱雪情:《"撤县设区"如何影响财政收支?——基于激励视角的再研究》,《南方经济》2019 年第 8 期。

④ 吉黎、邹埴埸:《撤县设区后地方财力增强了吗?》,《财政研究》2019 年第 12 期。

大。本章可能的边际贡献主要体现在：在技术层面，利用"撤县设区"这一外生冲击克服了财政科技支出与财政收入之间互为因果的内生性问题，更准确地衡量财政收入对财政科技支出的影响。在理论层面，首先，本章在政府预算的体系内构建了以收入效应和替代效应为路径的财政科技支出预算变动的逻辑框架，突破了已有研究从具体制度政策入手的研究范式；其次，本章对影响财政科技支出预算的收入效应和替代效应进行了定量分解，比较了收入效应和替代效应对不同特征城市的异质性影响，明晰了收入效应和替代效应对财政科技支出预算的作用机制，有助于各地更有针对性地制定科技发展目标及政策；最后，本章确认了"撤县设区"改革对地级市财政状况以及科技投入的负面影响，丰富和拓展了关于行政区划改革政策效应的研究成果。

本章余下部分的安排为：第一节介绍了收入效应和替代效应发挥作用的理论路径，并提出了本章的研究假说；第二节是数据说明及实证策略设计；第三节为结果的分析和讨论，主要包括基准结果分析、稳健性检验与证伪性检验；第四节进行收入效应与替代效应的定量分解，讨论了两种效应的动态变化以及在不同特征城市中的异质性；最后是本章的研究结论和政策建议。

第一节　财政收入变化与预算支出结构调整的理论路径

财政收入变动对财政科技支出预算的两种影响效应可概括为收入效应与替代效应。其中，收入效应指的是财政收入总量的变化对财政科技支出预算金额变动的直接影响；替代效应指的是财政收入总量变化时，刚性不同的支出项目预算变动幅度不同，由此导致财政科技支出占总支出比例发生变化。结合我国的相关制度设计，本章认为，在一般公共预算收入减少时，财政科技支出预算将同时受到收入效应和替代效应影响，最终导致科技支出占一般公共预算支出比例的下降，具体影响路径见图 9-1。

一、影响财政科技支出预算的收入效应

财政收入变动会对财政科技支出预算的调整产生直接影响，财政科技支出将与财政收入发生同方向变动。2016 年《国务院关于推进中央与地方财政事权

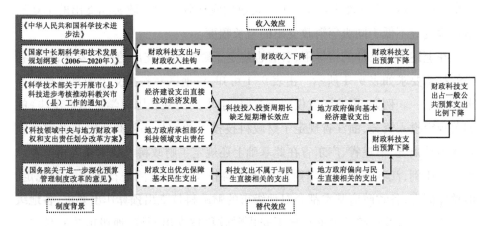

图 9-1　影响财政科技支出预算的收入效应与替代效应

资料来源:笔者自制。

和支出责任划分改革的指导意见》将科技研发确定为中央与地方共同财政事权,并明确各承担主体的职责,要求省级政府按照财政事权划分原则合理确定省以下政府间财政事权。2019 年《国务院办公厅关于印发科技领域中央与地方财政事权和支出责任划分改革方案的通知》进一步明确,地方政府的支出责任侧重于技术开发和应用转化,地方政府需要承担一定的财政科技支出责任,拥有一定的财政科技支出自主权。

　　然而,地方政府的财政科技支出自主权具有一定限制。我国国家层面的法律法规和地方政府出台的相关条例均表明财政科技支出属于挂钩预算,与一个地区的国内生产总值和财政收入密切相关。①《中华人民共和国科学技术进步法》指出,国家财政用于科学技术经费的增长幅度,应当高于国家财政经常性收入的增长幅度。《国家中长期科学和技术发展规划纲要(2006—2020 年)》也规定,地方各级政府在预算编制和执行中要体现《中华人民共和国科学技术进步法》要求的法定增长,保证科技经费增长幅度高于财政经常性收入的增长幅度,并规定了全社会研发投入占 GDP 比例于 2020 年达到 2.5% 的具体目标。此外,《科学技术部关于开展市(县)科技进步考核推动科教兴市(县)工作的通知》也

————————

　　①　挂钩预算指重点支出项目同财政收支增幅或同国内生产总值挂钩。国家发展改革委《关于 2016 年深化经济体制改革重点工作的意见》规定"清理规范重点支出同财政收支增幅或生产总值挂钩事项,一般不采取挂钩方式",但当前《中华人民共和国科学技术进步法》等法律仍存在挂钩规定(杜涛,2020)。

要求县(市、区)级财政的科技三项经费数额应达到本级财政实际支出的1.0%，增长幅度应不低于同级年财政支出的增长幅度。

在上述中央文件的指导下，各省也规定了财政科技支出的挂钩要求，部分省份的挂钩要求如表9-1所示。由表9-1可知，各地区对科技支出的具体挂钩要求详略不一。例如，黑龙江省仅要求按照《中华人民共和国科学技术进步法》的相关规定投入资金，浙江省规定了财政科技投入的增长幅度高于财政经常性收入的增长幅度，福建省、广东省在此基础上还规定了财政科学技术投入占财政总支出的比例，江苏省则对新增财政支出中科技支出的比例进行了进一步规定。但总体而言，各省政府基本都会对地级市的财政科技支出预算作出要求，各地级市需要在国家及省级政府的指导下安排财政科技支出预算，地级市政府具有一定的科技支出自主权。由于科技支出与财政收入挂钩明显，因此，当国内生产总值下降、财政收入减少时，地级市的科技支出在达到法律法规要求的指标前提下，也可能出现相应地降低。

表9-1　部分省份财政科技支出挂钩要求

文件	内容
《黑龙江省科学技术进步条例》	按时、足额拨付财政性科学技术资金，按照《中华人民共和国科学技术进步法》的相关规定，保障资金投入事项
《浙江省高新技术促进条例》	确保财政科技投入的增长幅度高于财政经常性收入的增长幅度
《福建省科学技术进步条例》	设区的市、县财政安排的科学技术经费占本级财政一般预算支出比例应达到国家科学技术进步考核指标的要求
《广东省促进科学技术进步条例》	全社会研究开发经费占国内生产总值比例须达到国家规定的指标
	全省各级财政科学技术投入的增长速度要高于财政收入的年增长速度
	全省财政科学技术投入占财政总支出的比例达到省规定的指标

基于上述理论路径，在收入效应的作用下，一般公共预算收入的减少将直接导致具有挂钩特征的财政科技支出预算金额下降，由此提出本章假说1。

假说1：财政科技支出预算的变动受收入效应驱动，财政收入的减少将导致财政科技支出预算下降。

二、影响财政科技支出预算的替代效应

政府财政支出结构的变化与经济发展阶段和财政收入密切相关(张志超、

丁宏,2009)①。资本拥有较大的流动性,在经济发展初期,财政收入较低时,地方政府会将财政支出主要用于维持国家秩序,增加经济建设投入。随着经济发展成熟和收入水平的提高,财政支出将向民生方面倾斜。财政科技支出的刚性较小,当地方政府财政收入减少时,出于拉动经济发展和保障基本民生的需求,科技支出容易受到其他支出的替代。

经济建设支出包括基本建设投资、城市维护费、地质勘探费、各项经济建设事业费等(陈工、袁星侯,2007)②,对生产建设具有直接拉动作用,地方政府具有较强的经济建设支出激励(傅勇、张晏,2007)③。虽然科技支出能够在长期内拉动经济增长,增加政府的财政收入,但是科技投入存在投资周期长、风险大、不确定因素多等特征,缺乏短期增长效应(顾元媛、沈坤荣,2012)④。此外,科技投入具有较强的外部性,一个地区的科技投入可能也会使其他地区经济发展受益(周克清等,2011)⑤,财政收入较低的地区更有可能存在"搭便车"的心理,削减本地区的科技支出,而依赖周边地区的科技投入来拉动本地经济的发展。因此,受限于政府科学技术研究开发投资较强的外部性以及较弱的短期经济增长效应,财政收入下降时地方政府为了快速拉动经济增长,将有动力把更多的支出投入经济建设,存在忽视科技投资、重视基本建设投资的偏好(傅勇、张晏,2007)⑥,由此产生经济建设支出对科技支出的替代。

另外,保障基本民生是我国预算安排的优先项。《国务院关于进一步深化预算管理制度改革的意见》指出,要"坚持以人民为中心,兜牢基本民生底线",并要求对财政支出结构进行优化,坚持包括社会保险、社会救助和基本医疗保险等在内的"三保"⑦支出在财政支出中的优先顺序。在国务院的要求下,各地在

① 张志超、丁宏:《优化政府财政支出结构的理论思考》,《经济学动态》2009 年第 4 期。
② 陈工、袁星侯:《财政支出管理与绩效评价》,中国财政经济出版社 2007 年版。
③ 傅勇、张晏:《中国式分权与财政支出结构偏向:为增长而竞争的代价》,《管理世界》2007 年第 3 期。
④ 顾元媛、沈坤荣:《地方政府行为与企业研发投入——基于中国省际面板数据的实证分析》,《中国工业经济》2012 年第 10 期。
⑤ 周克清、刘海二、吴碧英:《财政分权对地方科技投入的影响研究》,《财贸经济》2011 年第 10 期。
⑥ 傅勇、张晏:《中国式分权与财政支出结构偏向:为增长而竞争的代价》,《管理世界》2007 年第 3 期。
⑦ "三保"指保基本民生、保工资、保运转。

预算管理中也突出强调了基本民生支出的优先地位。例如,江西省要求坚持财力下沉,优先安排基本民生、基本运转等必要刚性支出,保基本民生、保工资、保运转底线;①辽宁省要求各级预算安排要将"三保"支出纳入预算足额保障,不留硬缺口;②河南省要求持续压减非重点非刚性支出,以保基本、保战略为重点,压缩非生产性支出;③贵州省则规定在优先安排"三保"支出的基础上,其余重点支出再按照"轻重缓急"的原则,视财力情况安排。④

我国民生支出分为"与民生直接相关的支出"和"与民生密切相关的支出"⑤。其中,"与民生直接相关的支出"包括教育、医疗卫生、社会保障和就业、住房保障、文化等科目;"与民生密切相关的支出"包括科技、节能环保、城乡社区事务、农业水利、交通运输、商业服务业、国土资源气象、粮油物资储备等。"与民生直接相关的支出"相对于科技支出等"与民生密切相关的支出"而言,对于保障基本民生具有更加直接的作用,科技支出在支出预算安排的优先级上低于"与民生直接相关的支出"。因此,在地方财政状况紧张时,地方政府会优先保障基本民生,更加重视"与民生直接相关的支出",而科技支出优先顺序靠后,"与民生直接相关的支出"会对财政科技支出产生替代。

在上述两方面的替代效应的作用下,由于财政科技支出相对于其他支出而言刚性较小,财政收入减少时可能会被率先削减,这会导致科技支出占一般公共预算支出比例下降。由此提出本章假说2。

假说2:财政科技支出预算的变动受替代效应驱动,财政收入减少时财政科技支出会受到刚性更大的支出的替代,导致财政科技支出占一般公共预算支出比例下降。

---

① 《关于江西省2020年全省和省级预算执行情况与2021年全省和省级预算草案的报告》,2021年3月2日。

② 《辽宁省人民政府关于进一步深化预算管理制度改革的实施意见》,辽宁省人民政府,2022年12月28日。

③ 《河南省人民政府关于进一步深化预算管理制度改革的实施意见》,河南省人民政府,2022年5月18日。

④ 《贵州省人民政府关于进一步深化预算管理制度改革的实施意见》,贵州省人民政府,2022年1月28日。

⑤ 根据财政部编的《中国财政基本情况(2011)》的分类方法进行分类。中华人民共和国财政部编:《中国财政基本情况(2011)》,经济科学出版社2012年版。

三、收入效应与替代效应的定量分解

在假说 1 和假说 2 的基础上,结合产生收入效应和替代效应的理论路径,可以对财政科技支出预算的收入效应与替代效应进行定量分解,且两种效应可能存在时间维度的动态变化以及空间维度的异质性。自 2012 年创新驱动发展战略提出以来,国家对科技的重视程度只增不减,连续多年出台相关政策以加强自主创新能力建设,加快实施创新驱动发展战略。2013 年,《国务院关于印发"十二五"国家自主创新能力建设规划的通知》强调全社会加强自主创新能力建设,加快推进创新型国家建设。2015 年《中共中央　国务院关于深化体制机制改革加快实施创新驱动发展战略的若干意见》进一步提出要加快实施创新驱动发展战略。随后两年间出台的《促进科技成果转移转化行动方案》《关于深化科技奖励制度改革的方案》《关于深化科技奖励制度改革的方案》等文件体现了国家有关深化科技体制改革、加大科技创新的扶持力度、促进科技成果转化的决心和力度。2024 年党的二十届三中全会审议通过《中共中央关于进一步全面深化改革　推进中国式现代化的决定》,多次提到科技成果转化工作的相关改革措施,明确科技成果转化十大改革方向。随着国家对科技发展重视程度的提高,科技投入的刚性有所提高,财政科技支出在预算安排中的重要性也将随之提升,本章认为,随着时间发展,财政科技支出受到其他支出的替代程度将逐渐降低,替代效应对财政科技支出预算变动的解释力将呈现动态下降趋势,相应地,收入效应对财政科技支出预算变动的解释力将越来越高。

此外,对于不同类型的城市而言,影响财政科技支出预算的收入效应和替代效应的大小可能存在差异。首先,经济发展水平可能影响财政科技支出预算的收入效应和替代效应。经济发展水平较高的城市往往更注重经济发展的质量,对经济建设类支出的偏向将有所削弱,经济建设类支出占总支出的比例往往更低(齐福全,2007)[①]。实现经济高质量发展需要高水平的科技创新作为支撑(刘垠等,2022)[②],在经济水平较高的城市中科技投入拥有更高的优先级,财政科技

[①]　齐福全:《地方政府财政支出与经济增长关系的实证分析——以北京市为例》,《经济科学》2007 年第 3 期。

[②]　刘垠、陆成宽、叶青、刘园园:《以高水平科技创新支撑经济高质量发展》,《科技日报》2022 年 3 月 6 日。

支出预算调整将主要由收入效应驱动,受到替代效应的影响较小。而对于经济水平较低的城市而言,政府一般将基础建设投资作为公共支出的重点(张志超、丁宏,2009)①,会更加注重经济拉动作用最直接的支出项目,科技投入在预算安排中的顺序更加靠后,财政科技支出预算调整主要由替代效应驱动。其次,区域内发展不平衡程度也会影响财政科技支出预算的收入效应和替代效应。当财政收入下降时,面临基本民生保障问题的人口数量更多,要求地方政府更为迫切地保障基本民生需求。因此在这些城市中,科技投入的优先性较低,财政科技支出更有可能受到教育支出、社会保障支出等"与民生直接相关的支出"的替代,财政科技支出预算受替代效应的影响程度更大,且替代效应在不平衡程度较高的城市中的解释力要高于不平衡程度较低的城市。

假说3:财政科技支出预算的收入效应与替代效应存在时间上的动态变化和地区上的异质性。

假说3a:财政科技支出预算的替代效应将随时间呈现动态下降趋势,而收入效应将呈动态上升趋势。

假说3b:财政科技支出预算的替代效应在经济水平较低、区域内发展不平衡程度较高的城市中更大;财政科技支出预算的收入效应在经济水平较高、区域内发展不平衡程度较低的城市中更大。

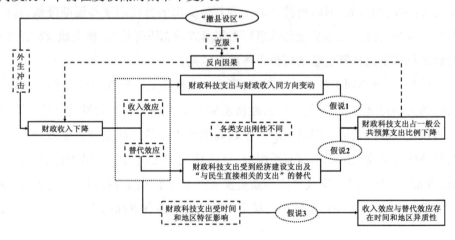

图 9-2　理论逻辑图

资料来源:笔者自制。

---

① 张志超、丁宏:《优化政府财政支出结构的理论思考》,《经济学动态》2009 年第 4 期。

第二节　财政收入变化与预算支出结构
调整的实证策略

一、数据说明

为满足城市建设的需要,自 20 世纪八九十年代起,我国行政区划调整频繁。在 21 世纪之前,我国的县级行政区划调整以"撤县设市"①为主,"撤县设区"尚未在全国范围内推行(乔俊峰、黄智琛,2021)②。1997 年后,"撤县设市"因未达到城市化和工业化的预期而被叫停(Fan 等,2012)③,"撤县设区"便取代"撤县设市"成为满足城市扩张最主要的行政区划调整方式。图 9−3 展示了 1998—2021 年"撤县设区"改革的数量统计。由图 9−3 可知,"撤县设区"的第一个高峰期于 2004 年结束。2005—2010 年,因土地城镇化速度快于人口城镇化速度(王志锋、葛雪凝,2022)④,"撤县设区"政策有所收紧,期间仅有少数城市进行了"撤县设区"。2009 年"省直管县"改革后,市级政府财政能力的削弱加大了其财政压力,地级市政府纷纷开始通过"撤县设区"巩固对资源的控制权,增加财政收入(才国伟等,2011)⑤,"撤县设区"的第二个高峰期出现(谢贞发等,2022)⑥。近年来,每年进行"撤县设区"的城市数量趋于稳定。

"撤县设区"需要满足一定条件。民政部《市辖区设置标准(征求意见稿)》规定了"撤县设区"需要达到的人口、非农业人口、第二三产业产值和财政收入标准。同时"撤县设区"也有严格的程序要求,必须经省、自治区、直辖市和地级

①　撤销县,设立行政建制与县相同的县级市。

②　乔俊峰、黄智琛:《地方政府债务为何持续扩张——基于撤县设区的准自然实验分析》,《南开经济研究》2021 年第 6 期。

③　Fan,S.et al.,"Challenges of Creating Cities in China:Lessons From a Shote‐Lived County‐to‐City Upgrading Policy",*Journal of Comparative Economics*,Vol.40,No.3,2012,pp.476−491.

④　王志锋、葛雪凝:《行政区划调整影响了地方政府债务吗——基于 254 个城市撤县设区的实证研究》,《宏观经济研究》2022 年第 6 期。

⑤　才国伟、张学志、邓卫广:《"省直管县"改革会损害地级市的利益吗?》,《经济研究》2011 年第 7 期。

⑥　谢贞发、王轩、林姚姚、林子清:《撤县设区、城市规模扩张与基本公共服务配置》,《财贸研究》2022 年第 11 期。

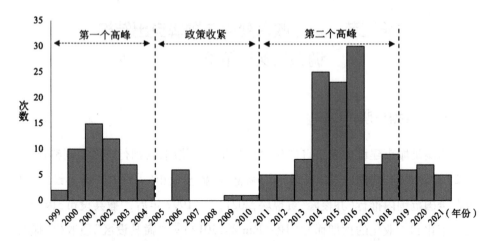

图9-3 1998—2021年全国"撤县设区"行政区划调整情况

资料来源:中华人民共和国行政区划,中国网,见 http://guoqing.china.com.cn/node_7229971.htm。

市政府同意,最后经过民政部和国务院实地考察各方面达标后方能批准行政区划调整方案。因此,在中央的指导下推行的"撤县设区"不受地级市政府的财政支出结构影响,且对地级市政府的支出行为具有外生性。鉴于经济发展、财政收入和财政支出均属于经济结果,用一个经济结果解释另外一个经济结果可能会产生互为因果的内生性问题(陈思霞、卢盛峰,2014)[1],因此本章使用"撤县设区"作为研究财政收入对地方政府财政科技支出预算影响的准自然试验,缓解二者互为因果的内生性问题,更准确地验证财政科技支出预算的收入效应和替代效应(见表9-2)。

表9-2 描述性统计

变量名		变量含义	观测值	均值	标准差	均值	均值
			全样本			处理组	控制组
自变量	*Treat*	是否进行"撤县设区"改革	1670	0.111	0.315		
因变量	科技支出占一般公共预算支出比例	科技支出/一般公共预算支出	1924	0.016	0.014	0.020	0.014

---

[1] 陈思霞、卢盛峰:《分权增加了民生性财政支出吗? ——来自中国"省直管县"的自然实验》,《经济学(季刊)》2014年第4期。

续表

变量名		变量含义	观测值	均值	标准差	均值	均值
				全样本		处理组	控制组
协变量	人口	全市总人口数量(对数)	1923	5.882	0.677	6.170	5.780
	生产总值	全市生产总值(对数)	1920	11.767	0.936	12.260	11.591
	财政收入	全市一般公共预算收入(对数)	1920	13.142	1.315	13.709	12.940
	非农人口	全市非农人口数量(对数)	1483	5.869	0.675	6.156	5.768
	第二、三产业产值	全市第二、三产业产值/总产值	1695	87.039	7.991	89.362	86.220
	人均生产总值	生产总值/总人口数量(对数)	1695	10.595	0.590	10.762	10.535
	固定资产投资	全市固定资产投资总额(对数)	1481	16.072	0.844	16.481	15.928
	就业	全市城镇单位从业人员期末人数(对数)	1922	3.576	0.802	3.987	3.430
	互联网接入	全市互联网宽带接入用户数(对数)	1908	3.975	0.920	4.455	3.805
	用电量	全市工业用电量(对数)	1859	12.818	1.307	13.145	12.699

二、实证策略

鉴于"撤县设区"改革在制度设计上的特殊性,本章将倾向得分匹配法(PSM)与多时点双重差分法(多时点 DID)相结合,使用 PSM—多时点 DID 的方法构造本章的估计策略。首先,由于传统 DID 针对的是政策实施时间相同的情况,对于所有样本均有统一的政策发生时间点。然而,"撤县设区"改革在全国各地实施的时间不一致,具有渐进性特征,无法适用统一的政策发生时点,不能使用传统 DID 进行研究。因此,本章使用了多时点 DID 考察"撤县设区"改革的影响,不对所有样本设置统一的政策时点,该方法目前在渐进性政策的效果评估中被广泛运用(陈思霞、卢盛峰,2014;吉黎、邹埴埸,2019)[1][2]。其次,根据 1993

---

[1] 陈思霞、卢盛峰:《分权增加了民生性财政支出吗? ——来自中国"省直管县"的自然实验》,《经济学(季刊)》2014 年第 4 期。

[2] 吉黎、邹埴埸:《撤县设区后地方财力增强了吗?》,《财政研究》2019 年第 12 期。

年《国务院批转民政部关于调整设市标准报告的通知》出台的《市辖区设置标准（征求意见稿）》，进行"撤县设区"改革的城市需要满足一定的条件。为了保证因变量的变动仅受"撤县设区"影响，而与当地的其他经济及制度因素无关，本章在多时点 DID 的基础上，使用 PSM—多时点 DID 对实证策略进行改进，为处理组个体匹配与其特征最接近的控制组个体，使本章利用"撤县设区"进行的研究更加接近随机实验。

进一步地，本章根据《市辖区设置标准（征求意见稿）》的相关要求选取 PSM 所需的匹配协变量。《市辖区设置标准（征求意见稿）》规定，设立市辖区的城市市域总人口需在 300 万人以上，且市辖区人口需不低于 25 万人，其中非农人口数需大于 10 万人。① 此外，二三产业产值占国内生产总值的比例需超过 75%，全县国内生产总值及财政收入不得低于上一年市辖区的平均水平。基于上述要求以及已有研究的做法，本章选择 GDP（吉黎、邹埴埸，2019）②、人均 GDP（卢方元、李彦龙，2015）③、二三产业产值占 GDP 比重（桑百川、黄漓江，2016；管治华等，2016）④⑤、财政收入（庄汝龙等，2020）⑥、固定资产投资（游士兵、祝培标，2017）⑦、就业人数（吉黎、邹埴埸，2019）⑧、城市总人口（詹新宇、曾傅雯，2021）⑨、非农人口（乔俊峰、黄智琛，2021）⑩互联网使用人数、工业用电量 10 个指标作为 PSM—多时点 DID 的匹配协变量，并将其作为 PSM—多时点 DID 模

---

① 若中心城市的郊县改设市辖区，该县从事非农业人口不得低于就业人口的 70%。

② 吉黎、邹埴埸：《撤县设区后地方财力增强了吗？》，《财政研究》2019 年第 12 期。

③ 卢方元、李彦龙：《金融发展、政府财政支出对城乡居民收入差距的影响——基于地级市面板数据的实证分析》，《金融与经济》2015 年第 12 期。

④ 桑百川、黄漓江：《政府支出与经济波动——基于省级面板数据的实证分析》，《南方经济》2016 年第 8 期。

⑤ 管治华、许坤、许文立：《结构性减税压力下的财政支出效率提升——基于省际间财政支出超效率 DEA 模型分析》，《财政研究》2016 年第 7 期。

⑥ 庄汝龙、李光勤、梁龙武、宓科娜：《撤县设区与区域经济发展——基于双重差分方法的政策评估》，《地理研究》2020 年第 6 期。

⑦ 游士兵、祝培标：《行政区划改革对地区经济发展影响的实证分析》，《统计与决策》2017 年第 2 期。

⑧ 吉黎、邹埴埸：《撤县设区后地方财力增强了吗？》，《财政研究》2019 年第 12 期。

⑨ 詹新宇、曾傅雯：《行政区划调整提升经济发展质量了吗？——来自"撤县设区"的经验证据》，《财贸研究》2021 年第 4 期。

⑩ 乔俊峰、黄智琛：《地方政府债务为何持续扩张——基于撤县设区的准自然实验分析》，《南开经济研究》2021 年第 6 期。

型的控制变量。其中城市总人口、非农人口、GDP、财政收入、二三产业产值占比、人均 GDP 用以衡量市域经济发展水平与"撤县设区"条件的符合程度,固定资产投资、就业人数、互联网使用人数、工业用电量用以更加精确地衡量地级市整体的城市化水平,城市化程度越高的地级市,"撤县设区"的可能性更大。本章的基准回归方程见公式(9-1)。

$$Y_{it} = \alpha + \beta \times Treat_{it} + \theta \times C_{it} + \mu_i + \gamma_t + \varepsilon_{it} \qquad (9-1)$$

其中,Y_{it} 表示城市 i 在第 t 年的被解释变量。在收入效应和替代效应的共同作用下,财政收入的降低将导致科技支出占一般公共预算支出的比例下降,因此本章核心关注的被解释变量为科技支出占一般公共预算支出的比例。在此之前,本章将分别验证收入效应和替代效应的存在。在收入效应的检验中,Y_{it} 为地级市的 GDP、一般公共预算收入及一般公共预算支出;在替代效应的检验中,为了检验财政科技支出是否受到经济建设支出以及"与民生直接相关的支出"的替代,Y_{it} 为地级市科技支出、城市维护建设费用支出(平新乔、白洁,2006;杨良松、庞保庆,2014)[1][2]、教育支出以及社会保障支出(姚东旻等,2022)[3]。$Treat_{it}$ 表示城市 i 在第 t 年是否发生了"撤县设区"改革的虚拟变量。如果城市 i 在第 t 年经历过"撤县设区"改革,则 $Treat_{it} = 1$,否则 $Treat_{it} = 0$。C_{it} 为城市 i 在第 t 年的控制变量,包括城市总人口、非农人口、GDP、财政收入、二三产业产值占比、人均 GDP、固定资产投资、就业人数、互联网使用人数、工业用电量等。μ_i 和 γ_t 分别为城市固定效应和年份固定效应,各自控制了只随城市变化不随时间变化的因素,以及只随时间变化不随城市变化的因素。ε_{it} 为随机扰动项。我们主要关注系数 β 的大小、方向及显著性,它衡量了发生"撤县设区"改革对被解释变量的影响。

三、分解方法

本章使用基于回归方程的夏普利值分解法对地级市财政科技支出预算差异

---

① 平新乔、白洁:《中国财政分权与地方公共品的供给》,《财贸经济》2006 年第 2 期。

② 杨良松、庞保庆:《省长管钱?——论省级领导对于地方财政支出的影响》,《公共行政评论》2014 第 4 期。

③ 姚东旻、崔孟奇、赵江威:《地方政府预算结构差异的制度解释:纵向统筹与横向趋同》,《经济学动态》2022 年第 9 期。

的两大来源——收入效应和替代效应进行分解。其基本思想是,城市财政科技支出预算差异受到多种因素共同影响,剔除某个因素都会对财政科技支出预算差异产生边际贡献,按照该因素所有可能被剔除的路径计算该因素的边际贡献均值,即可得到该因素对财政科技支出预算差异的贡献。

本章的实证分解建立在假说1和假说2的基础上:一方面,城市财政科技支出预算受收入效应影响,城市财政收入的缩减将直接导致财政科技支出的下降;另一方面,地级市财政科技支出预算受替代效应影响,财政收入缩减时其他财政支出预算的替代也会导致财政科技支出的下降。由此可知,城市财政科技支出预算的收入效应即为财政收入变动的直接影响,替代效应即为其他财政支出预算变动的影响。基于此,本章构建了两个维度的分解指标,收入效应维度的指标包括一般公共预算收入,替代效应维度的指标包括教育支出、社保支出和城市维护建设支出,并建立了两个维度的分解指标影响地级市财政科技支出预算的回归方程。

$$Tech_{it} = \alpha + \sum_k \delta_k \times X_{k,it} + \gamma \times C_{it} + \varepsilon_{it} \tag{9-2}$$

其中,$Tech_{it}$ 为 i 城市在 t 年的财政科技支出预算,$X_{k,it}$ 分别表示城市的一般公共预算收入、教育支出、社保支出以及城市维护建设支出,C_{it} 为与前文一致的协变量。令城市间财政科技支出的差异为 $G = g(Tech_{it})$,代入由式(9-2)得到的 $Tech_{it}$ 估计值 $\widehat{Tech_{it}}$,可得

$$G = g(\widehat{Tech_{it}}) = g(\widehat{\alpha} + \sum_k \widehat{\delta_k} X_{k,it} + C_{it} \widehat{\gamma}) = g(f(x)) \tag{9-3}$$

则 $X_{k,it}$ 对 $Tech_{it}$ 的夏普利值可以表示为:

$$S_k = \sum_{x \subseteq X} \varphi_k(x) \times [g(f(x)) - g(f(x \mid X_k))] \tag{9-4}$$

其中,X 是包含 X_k 的所有子集 x 形成的集合,$\varphi_k(x) = \dfrac{(K'-1)!\,(K-K')!}{K!}$ 为子集 x 的加权因子,K' 是集合 x 中的指标个数,K 是参与分解的所有指标个数。$g(f(x))$ 表示各城市在指标 x 上的差异对财政科技支出预算差异的影响,$g(f(x)) - g(f(x \mid X_k))$ 则为在某一剔除路径下 X_k 对财政科技支出预算差异的边际贡献。最后,对所有分解指标的边际贡献求和得到 $\sum S_k$,可得出 X_k 的相

对贡献值 $RS_k = S_k / \sum S_k$。收入效应的大小即为一般公共预算收入的相对贡献值,替代效应的大小为教育支出、社保支出和城市维护建设支出的相对贡献值之和。

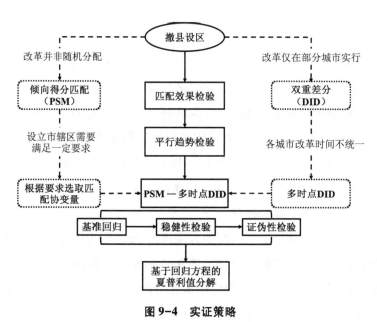

图 9-4　实证策略

资料来源:笔者自制。

四、数据特征的直观分析

正如前文所述,由于"撤县设区"有条件要求,因此可能存在改革城市并非随机选取的问题,能够进行"撤县设区"改革的城市与不能进行"撤县设区"改革的城市可能在城市特征上本身就存在差距。表 9-2 的结果再次说明了有必要进行倾向得分匹配,缓解处理组与控制组在可观测特征上的差异。

基于"撤县设区"这一准自然实验,本章使用地级市数据进行研究。为了对财政科技支出的收入效应和替代效应进行分析,本章除使用地级市的财政科技支出外,同时还使用了与民生直接相关的教育支出、社会保障支出(姚东旻等,2022)①以及属于经济建设类支出的城市维护建设费用支出(平新乔、白洁,

---

① 姚东旻、崔孟奇、赵江威:《地方政府预算结构差异的制度解释:纵向统筹与横向趋同》,《经济学动态》2022 年第 9 期。

2006;杨良松、庞保庆,2014)①②作为对比分析。其中,地级市的科技支出、教育支出和城市维护建设费用支出数据来源于《中国城市统计年鉴》,社会保障支出数据来自于 CEIC 数据库。其余经济数据也均来源于《中国城市统计年鉴》,"撤县设区"数据依据中国行政区划网手动整理得出。

本章样本期内共 71 个城市发生了"撤县设区"改革。为了缓解可能存在的估计偏误,本章对样本进行了如下筛选:首先,由图 9-3 可知,我国在 1999—2004 年以及 2010—2018 年出现过两次"撤县设区"改革的高峰。为了避免 2010 年以前改革对政策效应估计的影响,本章剔除了 2010 年及以前发生"撤县设区"改革的城市样本;其次,由于直辖市的行政区划设置与地级市不同,因此我们剔除了北京市、上海市、天津市、重庆市四个直辖市的样本数据;最后,为了减少财政支出异常值对结果的干扰,本章参考姚东旻等(2022)③的做法,剔除了各类支出比重高于 0.3 的样本数据。

本章首先使用最邻近 1:1 匹配的方法进行 PSM④,为处理组个体匹配与之倾向得分最接近的一个控制组个体。图 9-5 展示了匹配前后各匹配变量的标准偏差变化情况。结果显示,匹配后样本各变量的标准偏差绝对值远小于匹配前,在经过匹配之后处理组与控制组在所有可观测特征上差异大大缩小,且将各变量的标准偏差均控制在 10% 以下。图 9-6 展示了样本匹配前后的倾向得分变化情况。由图 9-6 可知,匹配前处理组和控制组样本的倾向得分值分布存在非共同取值区域,且两组样本倾向得分的核密度分布差距较大。而匹配后两组样本的倾向得分值分布基本一致,样本平衡性较好。图 9-5 和图 9-6 的结果表明,PSM 将协变量特征相近的城市进行了匹配,大大缩小了处理组和控制组在协变量上的差异,本章的 PSM 具有可靠性。

---

① 平新乔、白洁:《中国财政分权与地方公共品的供给》,《财贸经济》2006 年第 2 期。

② 杨良松、庞保庆:《省长管钱?——论省级领导对于地方财政支出的影响》,《公共行政评论》2014 第 4 期。

③ 姚东旻、崔孟奇、赵江威:《地方政府预算结构差异的制度解释:纵向统筹与横向趋同》,《经济学动态》2022 年第 9 期。

④ 稳健性检验部分还将进行 1:2 匹配、1:4 匹配、卡尺匹配以及核匹配。

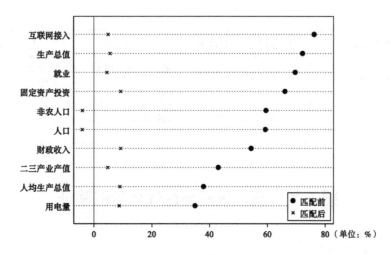

图 9-5　匹配前后协变量标准偏差变化

资料来源:笔者自制。

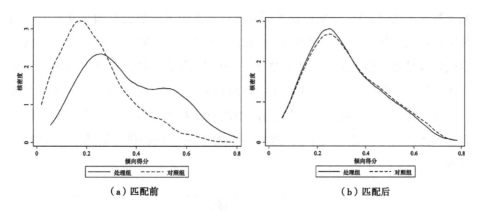

（a）匹配前　　　　　　　　　　　　（b）匹配后

图 9-6　匹配前后倾向得分变化

资料来源:笔者自制。

表 9-3　"撤县设区"的影响研究

政策效应	实证方法	数据类型	影响机制	文献来源
降低经济效率,不利于区域经济发展	SCM	县级	从属关系下的经济资源协调分配缺少经济角色的分工协调	于志强等,2016
	DID	企业级	"撤县设区"加剧了企业的融资约束程度	卢盛峰、陈思霞,2017
	DEA 模型	县级/地市级	"撤市设区"弱化了区县管理自主权	叶冠杰、李立勋,2018

政策效应	实证方法	数据类型	影响机制	文献来源
降低财政收支增速	PSM-DID	广东省县级	"撤县设区"加剧了激励落差	钱金保、邱雪情，2019
降低税收收入	多期DID	地市级	"撤县设区"削弱了政府的税收激励，税收努力程度减少	吉黎、邹埴埸，2019

第三节　收入效应与替代效应的验证

一、初步证据

图 9-7a、9-7b 以科技支出占一般公共预算支出比例和教育支出占一般公共预算支出比例为例，分别报告了不同项目的支出占一般公共预算支出的比例与财政收入的相关性。由图 9-7a 可知，科技支出占一般公共预算支出比例与财政收入呈现正相关关系。相比之下，图 9-7b 则显示教育支出占一般公共预算支出比例与财政收入之间不存在明显的相关关系。这一对比初步说明了财政科技支出与财政收入的挂钩更加明显，财政收入减少时科技支出占一般公共预算支出比例更有可能出现下降，这对本章的理论假设提供了较为直观的初步证据。

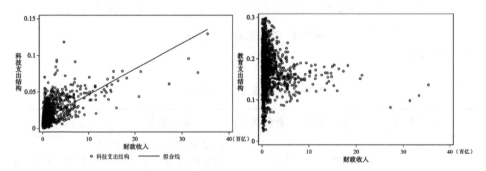

图 9-7a　科技支出占一般公共预算支出比例　　**图 9-7b　教育支出占一般公共预算支出比例**

资料来源：多年数据来自《中国财政年鉴》(2010卷—2018卷)，中国财政年鉴编辑部编：《中国财政年鉴》(2019卷)，中国财政杂志社 2019 年版，第 1—406 页等。

　　建立 PSM—多时点 DID 模型的一个重要假设是处理组和控制组在"撤县设区"实施前具有平行趋势。因此,本章采用动态 DID 的方法,对财政科技支出预算金额、人均科技支出预算金额、科技支出占一般公共预算支出比例以及教育支出占一般公共预算支出比例进行了平行趋势检验。检验结果如图 9-8 所示。

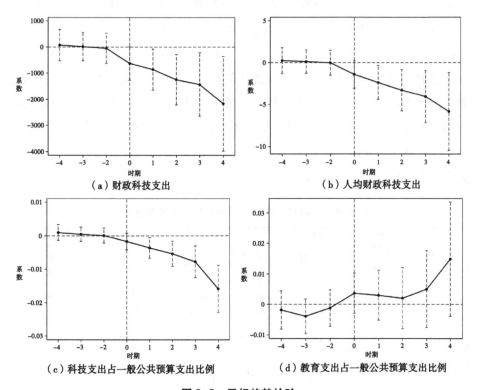

（a）财政科技支出　　　　　　　　　（b）人均财政科技支出

（c）科技支出占一般公共预算支出比例　　　　（d）教育支出占一般公共预算支出比例

图 9-8　平行趋势检验

资料来源:笔者自制。

　　由检验结果可知,处理组和控制组的四个变量在"撤县设区"实施前四年均不存在显著的差异,本章使用的 PSM—多时点 DID 模型满足平行趋势假定。此外,从动态效应来看,在"撤县设区"改革发生后一年起出现了显著政策效应,财政科技支出预算金额、人均科技支出预算金额、科技支出占一般公共预算支出比例在 95%的水平上显著降低,且随着政策实施时长的推移,政策效果越来越明显,而教育支出占一般公共预算支出的比例在改革后无显著的变化。这也初步印证了"撤县设区"改革会导致科技支出占一般公共预算支出比例下降的结论。

二、实证剖析

本章首先对"撤县设区"造成的地级市经济和财政后果进行确认,只有当"撤县设区"对地级市的财政收入产生了冲击,本章才能借助"撤县设区"这一准自然实验对影响科技支出预算的收入效应与替代效应进行研究。为了更加准确、客观地反映一个城市的发展状况,本部分同时使用了经济和财政状况的总量指标和人均指标进行分析,以 GDP 总量、一般公共预算收入总额、一般公共预算支出总额以及人均 GDP、人均一般公共预算收入、人均一般公共预算支出的金额作为因变量进行回归,结果如表 9-4 所示。结果显示,无论是从总量还是人均结果来看,"撤县设区"改革均会显著减少地级市的 GDP、一般公共预算收入和一般公共预算支出。这说明"撤县设区"对地级市的经济和财政状况造成了负面冲击,财政收入相应减少。

表 9-4 "撤县设区"对地级市经济财政的负面冲击

因变量	(1) 人均 GDP	(2) 人均财政收入	(3) 人均财政支出	(4) GDP	(5) 财政收入	(6) 财政支出
Treat	-97.5029 *** (35.7723)	-1668.772 *** (608.4444)	-2212.378 ** (942.9844)	-31788.84 *** (9073.268)	-525661.3 ** (209118.9)	-807367.2 *** (301552)
控制变量	YES	YES	YES	YES	YES	YES
城市固定效应	YES	YES	YES	YES	YES	YES
年份固定效应	YES	YES	YES	YES	YES	YES
N	459	459	459	459	459	459
R^2	0.6452	0.3165	0.3616	0.5164	0.1857	0.3506

注:括号内的值为异方差稳健标准误;*、** 和 *** 分别代表 10%、5% 和 1% 的显著性水平,后表同。

接着,本章使用人均科技支出、人均社保支出、人均教育支出、人均城市维护建设支出的金额以及科技支出、社会保障支出、教育支出和城市维护建设支出的总金额作为因变量进行 PSM—多时点 DID,验证收入效应和替代效应的存在,结果如表 9-5 所示。

表9-5　财政收支变动的收入效应和替代效应

因变量	(1) 人均科技支出	(2) 人均社保支出	(3) 人均教育支出	(4) 人均城市维护建设支出	(5) 科技支出	(6) 社保支出	(7) 教育支出	(8) 城市维护建设支出
Treat	−213.91** (95.59)	−127.71* (67.74)	−161.26* (84.02)	−263.6303 (221.9246)	−82274.97** (37089.01)	−56452.54*** (15824.42)	−72456.82*** (24801.77)	−164497.1 (116114.7)
控制变量	YES	YES	YES	YES	YES	YES	YES	YES
城市固定效应	YES	YES	YES	YES	YES	YES	YES	YES
年份固定效应	YES	YES	YES	YES	YES	YES	YES	YES
N	459	459	459	399	459	459	459	399
R^2	0.1448	0.4784	0.6206	0.2085	0.1222	0.6772	0.5913	0.1074

　　通过比较"撤县设区"对各类支出影响系数的大小、方向及显著性能够确认财政收入变动对各类支出的收入效应和替代效应。由结果可知,一方面,从回归系数的方向和显著性来看,"撤县设区"对科技支出、教育支出和社保支出均有显著的负向影响,而对城市维护建设支出没有显著影响。这说明财政科技支出的变动受到财政收入变动的收入效应驱动,一般公共预算收入的减少将直接导致财政科技支出预算的减少,印证了本章的假说1。而作为经济建设类支出的城市维护建设支出则相对具有更强的支出刚性,当地级市财政收入下降时,城市维护建设支出不会显著受到收入效应驱动。另一方面,从回归系数的大小来看,虽然科技支出、教育支出和社保支出的系数均显著为负,但是无论是人均结果还是总量结果,科技支出的影响系数的绝对值始终最大。这说明,"撤县设区"对地级市的财政收入造成冲击后,虽然多种支出均受到了收入效应的影响而出现了缩减,但是科技支出的缩减规模更大,受到了其他各类支出的替代。

　　根据本章的假说2,在收入效应和替代效应的共同作用下,科技支出占一般公共预算支出比例将会出现显著下降。因此,本章进一步使用科技支出占一般公共预算支出比例作为因变量进行 PSM—多时点 DID,检验财政科技支出预算相对规模受"撤县设区"的影响,并以社保支出、教育支出以及城市维护建设支出占一般公共预算支出比例为因变量进行对比。由表9-6结果可知,"撤县设区"改革对科技支出一般公共预算支出的比例的影响系数为-0.0028,且在95%的显著性水平上显著,同时,"撤县设区"改革对其他三类支出占一般公共预算支出比例的影响系数均不显著。PSM—多时点 DID 基准结果表明"撤县设区"改革对科技支出占一般公共预算支出比例具有显著的负向影响,而对于其他支出无显著影响。结合财政收支变动的收入效应和替代效应的结果可知,财政科技支出预算的变动受到财政收入变动的替代效应驱动,并与收入效应共同导致了科技支出占一般公共预算支出比例的下降,本章的假说2得以验证。

表 9-6　PSM—多时点 DID 基准结果

因变量	（1）科技支出占一般公共预算支出比例	（2）社保支出占一般公共预算支出比例	（3）教育支出占一般公共预算支出比例	（4）城市维护建设支出占一般公共预算支出比例
Treat	-0.0028 ** （0.0014）	-0.0028 （0.0028）	0.0043 （0.0037）	-0.0145 （0.0168）
截距	-0.2254 *** （0.0675）	0.8140 *** （0.1353）	-0.0636 （0.1785）	-2.5800 *** （0.8540）
控制变量	YES	YES	YES	YES
城市固定效应	YES	YES	YES	YES
年份固定效应	YES	YES	YES	YES
N	459	459	459	399
R^2	0.1439	0.2655	0.2876	0.1304

三、拓展研究

本部分进行稳健性检验,验证收入效应和替代效应检验结果的可靠性。首先对 PSM 匹配方法进行调整,接着,本章还针对"撤县设区"的政策特点进行了一系列稳健性检验,具体结果见表 9-7。其中,将自变量替换为地级市当年"撤县设区"的数量,以此衡量改革强度,结果保持稳健。由于样本期内存在同一个城市内部同年多个县进行"撤县设区"改革的情况,使用城市当年"撤县设区"的数量作为因变量能够区分多个县被设区的城市和仅有一个县被设区的城市的差别,也可识别改革县数量增加对科技支出占一般公共预算支出比例的线性影响。表 9-7 第（2）列加入了省份—年份固定效应,结果同样保持稳健。自 2013 年起我国开启了新一轮的"撤县设市"(刘文华等,2022)①,本章的研究样本期间内共13个城市进行了"撤县设市"。为了排除竞争性假说对结果的干扰,表9-7第(3)列和第(4)列将样本期内同时进行"撤县设市"改革的城市排除在外,自变量分别为城市是否进行"撤县设区"的虚拟变量以及城市"撤县设区"强度,结果保持稳健。上述稳健性结果进一步验证了收入效应和替代效应的存在。

表9-7　其他稳健性检验

因变量:科技支出占一般公共预算支出比例	(1)	(2)	(3)	(4)
改革强度	−0.0028** (0.0014)			−0.0033** (0.0015)
Treat		−0.0032* (0.0018)	−0.0033** (0.0015)	
控制变量	YES	YES	YES	YES
城市固定效应	YES	YES	YES	YES
年份固定效应	YES	YES	YES	YES
省份—年份固定效应	NO	YES	NO	NO
排除"撤县设市"影响	NO	NO	YES	YES
N	459	459	426	426
R^2	0.1439	0.4675	0.1561	0.1561

四、可信度探究

为了剔除无法观测的随机性因素造成估计结果可能出现的偏误问题,本章同时进行了关于处理组和政策实施时间的安慰剂检验。具体而言,本章进行了500次随机抽样,随机生成虚假的处理组,并且对于虚拟处理组的个体随机设置接受处理的年份,虚构出政策实施年份,在此基础上重新进行PSM并按照式(9-1)的基准回归模型进行实证回归,通过绘制图9-9展示了500次随机模拟的估计系数的分布及相应的p值,其中横坐标表示随机模拟的估计系数的大小,纵坐标表示估计系数的密度和p值,曲线是估计系数的核密度分布,圆点是估计

---

① 刘文华、谢婷、肖伟:《撤县设市、行政扩权与工业用地价格》,《经济科学》2022年第6期。

系数对应的 p 值,垂直虚线是 PSM—多时点 DID 模型的真实估计值-0.0028。由图9-9可知,随机模拟的估计系数集中在 0 附近,且大多数估计值的 p 值都大于 0.1,即在 10%的显著性水平上不显著。此外,垂直虚线左侧的圆点数量极少,这说明随机模拟系数小于-0.0028 是小概率事件,排除了本章得到的估计结果是由随机性因素造成的偶然结果,通过了安慰剂检验。

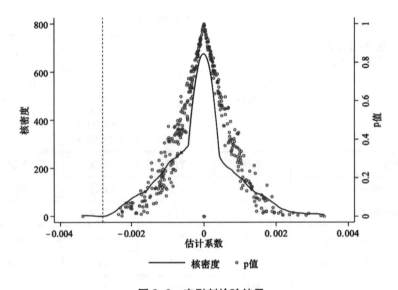

图 9-9　安慰剂检验结果

资料来源:笔者自制。

　　此外,本章使用置换检验进一步排除 PSM—多时点 DID 可能存在的内生性问题。本章在基准回归中使用的最近邻 1:1 的匹配方法能够提高匹配的精确程度,但与此同时也导致了一定程度的样本量损失。为了排除本章的结果存在由于样本量缩减导致的偏误问题,我们使用置换检验进行随机模拟。置换检验是一种非参数检验方法,适用于小样本数据的检验。具体而言,置换检验通过对处理组和控制组的样本进行混合,随机抽取样本分别形成新的处理组和控制组,实现处理组和控制组的随机置换,并在此基础上重新计算估计系数。将这一过程重复多次后可以构造出估计系数的经验分布,通过对比真实的估计系数与构造的估计系数经验分布,能够计算出随机置换所模拟出的估计系数小于实际观测系数的概率。基于这一思想,本章进行了 500 次随机置换模拟,构造出的估计系数经验分布见图 9-10,其中垂直虚线为本章的真实估计值-0.0028。由图 9-10

可知,构造的估计系数经验分布近似服从均值为 0 的正态分布,且估计系数经验分布位于虚线右侧。这意味着在 500 次模拟得到的估计结果中,估计系数小于真实估计值-0.0028 的次数为 0,符合本章置换检验的预期。置换检验的结果再次说明本章所使用的样本得出的结果在总体中同样成立,"撤县设区"显著降低地级市科技支出占一般公共预算支出比例的结论并非随机事件。

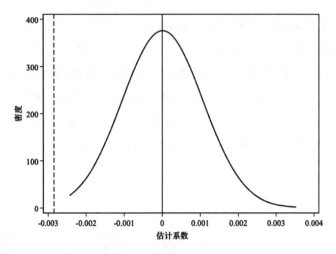

图 9-10 置换检验结果

资料来源:笔者自制。

第四节 收入效应与替代效应的分解

在确认了收入效应和替代效应会影响财政科技支出预算后,本部分将使用夏普利值分解方法定量分析收入效应和替代效应对财政科技支出预算的贡献程度及其动态变化,并进一步通过对不同样本分别进行夏普利值分解,从而对比不同类型的城市收入效应和替代效应大小,总结影响收入效应和替代效应贡献程度的城市特征。

一、收入效应与替代效应的动态变化

本部分首先基于方程(9-4)进行全样本的夏普利值分解,发现收入效应的大小为 61.3%,替代效应的大小为 36.27%,二者的总解释度为 97.57%,地级市

财政科技支出预算的绝大部分变动能够被收入效应和替代效应解释①,且收入效应对财政科技支出变动的解释力度高于替代效应。接着,本部分基于方程(9-4)进行滚动回归和夏普利值分解,考察收入效应和替代效应的动态变动过程,滚动回归的起始年份为 2010 年,时间窗口为 3 年,分解结果如图 9-11 所示,虚线表示收入效应和替代效应各自的线性拟合线。图 9-11 显示,随着年份的推移,收入效应始终大于替代效应,二者在解释力度的排序上具有持续性。对比二者的拟合线可知,随着年份推移,收入效应呈上升趋势,对财政科技支出变动的解释力不断增加,而替代效应呈下降趋势,解释力有所减小,本章的假说 3a 得以验证。这一结果表明,政府对科技发展的重视程度将影响收入效应和替代效应的变化。我国经济总体保持平稳快速增长,随着经济发展,政府对经济发展质量的重视程度不断提高,科技发展的重要性逐渐受到重视。在此背景下,财政科技支出预算在预算安排中的排序有所提升,受到其他支出项目替代效应的影响也随之下降。

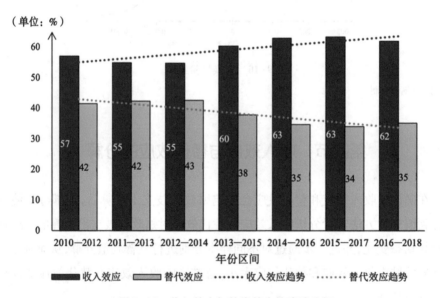

图 9-11　收入效应与替代效应的滚动分解

资料来源:多年数据来自《中国财政年鉴》(2010 卷—2018 卷),中国财政年鉴编辑部编:《中国财政年鉴》(2019 卷),中国财政杂志社 2019 年版,第 1—406 页等。

---

①　由于回归方程中包含控制变量,部分财政科技支出预算的变动被控制变量解释,因此收入效应与替代效应的和小于 100%。

二、收入效应与替代效应的地区异质性

　　根据第二章的理论路径,收入效应和替代效应的大小可能存在地区异质性。为了确认经济水平和不平衡程度对收入效应和替代效应的影响,本部分对不同类型城市的财政科技支出预算的收入效应和替代效应进行讨论。首先,本部分使用 2010 年全市人均 GDP 中位数区分城市的经济水平高低,使用 2010 年全市人均财政收入和财政自给率①中位数区分城市间财力以及财政"造血能力"的高低,在此基础上进行分样本夏普利值分解,图 9-12 展示了分解结果。对于全市人均 GDP 低于中位数的城市而言,收入效应(31%)低于替代效应(43%);对于全市人均 GDP 高于中位数的城市而言,收入效应(58%)高于替代效应(39%)。这一现象在人均财政收入以及财政自给率的分样本分解结果中同样存在。总体而言,图 9-12 反映了城市经济水平对收入效应与替代效应的两方面影响:从组内的结果比较来看,经济水平低的城市收入效应小于替代效应,而经济水平高的城市收入效应大于替代效应;从组间的结果比较来看,经济水平低的城市收入效应小于经济水平高的城市,而替代效应大于经济水平高的城市。

　　对于人均 GDP、人均财政收入和财政自给率较低的城市而言,一方面,这些城市可用的财政资源较少,更需要在有限的财政资源中对财政支出结构进行调整,因此这些城市会更加注重不同财政支出项目之间的结构关系;另一方面,由于整体经济发展水平较低,为了实现经济的快速发展,这类城市会把更多的财政资源投入经济拉动作用最直接和明显的支出项目中,科技投入的优先级更低。当财政收入下降时,这些城市会首先缩减财政科技支出,以确保经济建设类支出不受影响。因此财政科技支出受到替代效应的影响较大。对于人均 GDP、人均财政收入和财政自给率较高的城市而言,这些城市经济更发达,更加注重经济发展质量,科技投入在这些城市拥有更高的优先级。当财政收入下降时,财政科技支出受到替代效应的影响会小于其他城市,财政科技支出预算主要由收入效应驱动。

---

　　① 计算方式为一般公共预算收入/一般公共预算支出,反映了该地区对中央转移支付的依赖程度。

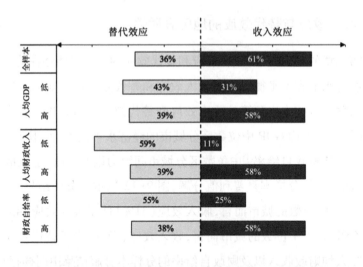

图 9-12 不同经济水平城市的收入效应与替代效应分解

资料来源:多年数据来自《中国财政年鉴》(2010卷—2018卷),中国财政年鉴编辑部编:《中国财政年鉴》
(2019卷),中国财政杂志社2019年版,第1—406页等。

接着,本部分使用2010年市辖县之间的人均GDP标准差、财政收入标准差及财政支出标准差的中位数区分城市内发展不平衡程度的高低,讨论发展不平衡程度对财政科技支出预算收入效应和替代效应的影响,分解结果如图9-13所示。在各指标标准差较小的城市中,财政科技支出受到收入效应的影响大于替代效应,而对于各指标标准差较大的城市,其财政科技支出受到替代效应的影响大于收入效应,且替代效应相较于标准差较小的城市而言更大。这是因为,对于市辖县之间人均GDP、财政收入和财政支出标准差较大的城市而言,各县之间的财政资源分配不平衡现象更严重,部分县(市)的经济发展严重落后于其他县(市)。当财政收入下降时,经济落后的县(市)可能会出现公共品供给困难和基本民生保障问题,因此政府会优先安排基本民生支出,保障人民群众的基本生活需求。这导致财政科技支出更容易受到社会保障支出等"与民生直接相关的支出"的替代,财政科技支出受替代效应的影响更大。

至此,本章的假说3b得以验证,在经济水平较低、区域内发展不平衡程度较高的城市中,替代效应对于财政科技支出预算的变动具有更强的解释力,财政科技支出预算主要受替代效应驱动。

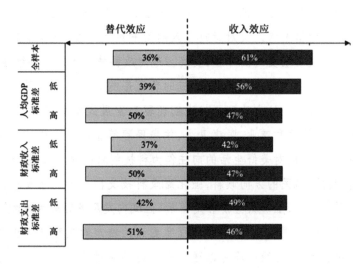

图 9-13　不同不平衡程度城市的收入效应与替代效应分解

资料来源:多年数据来自《中国财政年鉴》(2010 卷—2018 卷),中国财政年鉴编辑部编:《中国财政年鉴》(2019 卷),中国财政杂志社 2019 年版,第 1—406 页等。

　　科技是当代经济社会的发动机,但由于科学技术的研发周期较长、耗资巨大,仅仅依靠私人投入难以满足高质量技术供给的需要,因此政府的财政科技支出是实现经济高质量发展的推进剂。本章以"撤县设区"作为外生冲击,使用 PSM—多时点 DID 以及夏普利值分解方法对影响地级市财政科技支出预算的收入效应与替代效应进行了验证和定量分解。研究发现:第一,财政科技支出预算的变动受到收入效应和替代效应的影响,财政收入的减少将导致财政科技支出预算下降,并且会使财政科技支出受到刚性较大的支出的替代,最终导致财政科技支出占一般公共预算支出比例下降。第二,财政科技支出预算的收入效应与替代效应的大小会随着时间发生变化,替代效应将随时间呈现动态下降趋势,而收入效应将呈动态上升趋势。第三,财政科技支出预算的收入效应与替代效应在不同类型的城市中具有异质性。替代效应在经济水平较低、区域内发展不平衡程度较高的城市中更大,而收入效应在经济水平较高、区域内发展不平衡程度较低的城市中更大。本章的发现能够为保障地方政府财政科技支出提供一定的政策启示。

　　第一,收入效应是财政收入影响财政科技预算的直接路径,提高财政科技支出的重要前提是保证财政收入基本稳定。地方政府在对各项政策实施效果的评估中需要将政策对财政收入的影响纳入考量,减少财政科技支出因财政收入波动所受到的冲击,提高当地财政科技投入的可持续性。第二,提高科技支出的刚性,削弱替代效应的负面影响是保障财政科技支出稳步提升的重要渠道。地方政府要推进创新驱动发展战略的深入实施,将科技支出与教育、社保和就业、医疗卫生、住房保障等基本民生和社会事业紧密结合,把满足人民对美好生活的向往作为科技创新的落脚点,引导科技支出向惠民、利民、富民的方向倾斜,强化财政科技支出对于稳增长和保民生的积极作用。第三,应加大经济相对落后、区域内发展差距较大的城市的科技投入。经济水平更低、不平衡发展程度更高的城市财政科技支出预算受到的替代效应更大,上级政府可以通过专项转移支付等方式加大对此类城市的科技投入支持,更好地发挥科技进步对经济发展的带动作用;地方政府也应积极拓宽本地的科技投入渠道,加强吸引社会资本的能力,以此加快地区科技发展进程。

参考文献

[1]白俊红、戴玮:《财政分权对地方政府科技投入的影响》,《统计研究》2017年第3期。

[2]鲍辉:《中国四大经济区经济差异分析——基于泰尔指数的分解分析》,《中国发展》2010年第4期。

[3]卞元超、白俊红:《官员任期与中国地方政府科技投入——来自省级层面的经验证据》,《研究与发展管理》2017年第5期。

[4]才国伟、张学志、邓卫广:《"省直管县"改革会损害地级市的利益吗?》,《经济研究》2011年第7期。

[5]曾凡军、刘璐:《预算体制碎片化与整体性治理研究》,《经济研究参考》2013年第29期。

[6]曾凡军、王宝成:《我国政府预算的碎片化现状及其整体性治理策略研究》,《理论月刊》2010年第9期。

[7]曾康华、唐卓:《财政模式、预算执行与财政支出结构优化》,《中央财经大学学报》2013年第11期。

[8]车德欣、吴传清、任晓怡、吴非:《财政科技支出如何影响企业技术创新?——异质性特征、宏微观机制与政府激励结构破解》,《中国软科学》2020年第3期。

[9]陈工、袁星侯:《财政支出管理与绩效评价》,中国财政经济出版社2007年版。

[10]陈家建、巩阅瑄:《项目制的"双重效应"研究——基于城乡社区项目的数据分析》,《社会学研究》2021年第2期。

[11]陈家建、张琼文、胡俞:《项目制与政府间权责关系演变:机制及其影响》,《社会》2015年第5期。

[12]陈思霞、卢盛峰:《分权增加了民生性财政支出吗?——来自中国"省直管县"的自然实验》,《经济学(季刊)》2014年第4期。

[13]陈亚平、韩凤芹:《财政分权、政府间竞争与财政科技投入——基于省级面板数据的实证》,《统计与决策》2020年第15期。

[14]陈钊、万广华、陆铭:《行业间不平等:日益重要的城镇收入差距成因——基于回归方程的分解》,《中国社会科学》2010年第3期。

[15]程永宏:《改革以来全国总体基尼系数的演变及其城乡分解》,《中国社会科学》2007年第4期。

[16]邓慧慧、赵家羚:《地方政府经济决策中的"同群效应"》,《中国工业经济》2018年第4期。

[17]董晓芳、刘逸凡:《交通基础设施建设能带动县域经济发展么?——基于2004—2013年国家级高速公路建设和县级经济面板数据的分析》,《南开经济研究》2018年第4期。

[18]杜涛:《紧中有变:2021预算编制进行时》,《经济观察报》2020年12月21日。

[19]段梦、娄峰:《财政科技投入、全要素生产率与经济增长》,《统计与决策》2021年第14期。

[20][法]弗朗索瓦·佩鲁:《新发展观》,张宁、丰子义译,华夏出版社1987年版。

[21]冯长春、曾赞荣、崔娜娜:《2000年以来中国区域经济差异的时空演变》,《地理研究》2015年第2期。

[22]付敏杰:《分税制二十年:演进脉络与改革方向》,《社会学研究》2016年第5期。

[23]付文林、沈坤荣:《均等化转移支付与地方财政支出结构》,《经济研究》2012年第5期。

[24]傅勇、张晏:《中国式分权与财政支出结构偏向:为增长而竞争的代价》,《管理世界》2007年第3期。

[25]甘行琼、李玉姣、蒋炳蔚:《财政分权、地方政府行为与产业结构转型升级》,《改革》2020年第10期。

[26]耿曙、庞保庆、钟灵娜:《中国地方领导任期与政府行为模式:官员任期的政治经济学》,《社会科学文摘》2016年第2期。

[27]龚锋、卢洪友:《公共支出结构、偏好匹配与财政分权》,《管理世界》2009年第1期。

[28]龚璞、俞晗之、吴田、吴洵:《地方官员更替、任期与支出政策变动——基于1980—2011年省级面板数据的实证研究》,《公共管理评论》2015年第1期。

[29]顾元媛、沈坤荣:《地方政府行为与企业研发投入——基于中国省际面板数据的实证分析》,《中国工业经济》2012年第10期。

[30]管治华、许坤、许文立:《结构性减税压力下的财政支出效率提升——基于省际间财政支出超效率DEA模型分析》,《财政研究》2016年第7期。

[31]郭婧、贾俊雪:《地方政府预算是以收定支吗?——一个结构性因果关系理论假说》,《经济研究》2017年第10期。

[32]郭庆旺、贾俊雪:《地方政府间策略互动行为、财政支出竞争与地区经济增长》,《管理世界》2009年第10期。

[33]郭庆旺、吕冰洋、张德:《财政支出结构与经济增长》,《经济理论与经济管理》2003

年第 11 期。

[34]何振一:《理论财政学》,中国社会科学出版社 2015 年版,第 4、5 页。

[35]何振宇、白枚、朱庆华:《2013—2017 年我国养老政策量化研究》,《信息资源管理学报》2019 年第 1 期。

[36]贺灿飞、梁进社:《中国区域经济差异的时空变化:市场化、全球化与城市化》,《管理世界》2004 年第 8 期。

[37]黄国平:《财政分权、城市化与地方财政支出结构失衡的实证分析——以东中西部六省为例》,《宏观经济研究》2013 年第 7 期。

[38]吉黎、邹埴埸:《撤县设区后地方财力增强了吗?》,《财政研究》2019 年第 12 期。

[39]贾俊雪、宁静:《纵向财政治理结构与地方政府职能优化——基于省直管县财政体制改革的拟自然实验分析》,《管理世界》2015 年第 1 期。

[40]贾康:《中国财税改革 30 年:简要回顾与评述》,《财政研究》2008 年第 10 期。

[41]姜扬:《地方政府质量与民生性财政支出效率》,《中国行政管理》2019 年第 3 期。

[42]蒋灵多、陆毅、陈勇兵:《城市毗邻效应与出口比较优势》,《金融研究》2018 年第 9 期。

[43]焦长权:《从分税制到项目制:制度演进和组织机制》,《社会》2019 年第 6 期。

[44]孔国书、齐亚强:《影响居民肥胖的社会经济因素:性别与城乡差异》,《社会学评论》2017 年第 5 期。

[45]孔祥夫、董波、徐可、陶永亮:《基于 BERT 的民生问题文本分类模型——以浙江省政务热线数据为例》,《北京大学学报(自然科学版)》2023 年第 3 期。

[46]匡小平、杨得前:《基于因子分析与聚类分析的中国地方财政支出结构的实证研究》,《中国行政管理》2013 年第 1 期。

[47]李丹、裴育:《财政透明度对财政资金配置效率的影响研究》,《财经研究》2016 年第 2 期。

[48]李恩极、李群:《官员任期、标尺竞争与地方政府科技支出——基于地级市数据和两区制空间杜宾模型的新证据》,《研究与发展管理》2020 年第 6 期。

[49]李宏:《新形势下公共安全支出与社会稳定维护的实证分析》,《广州大学学报(社会科学版)》2018 年第 4 期。

[50]李郇、洪国志、黄亮雄:《中国土地财政增长之谜——分税制改革、土地财政增长的策略性》,《经济学(季刊)》2013 年第 4 期。

[51]李俊生、姚东旻:《财政学需要什么样的理论基础?——兼评市场失灵理论的“失灵”》,《经济研究》2018 年第 9 期。

[52]李俊生:《从社会共同需要中探寻财政的起源与目标——何振一教授财政学术贡献

追思》,《财贸经济》2023 年第 6 期。

[53]李俊生:《以"社会共同需要"为核心概念构建财政学理论框架体系——关于社会共同需要财政理论的文献研究》,《财贸经济》2012 年第 6 期。

[54]李沛霖:《户籍制度改革区域差异对人口流动影响研究》,《人口与发展》2021 年第 6 期。

[55]李琴、熊启泉、孙良媛:《利益主体博弈与农村公共品供给的困境》,《农业经济问题》2005 年第 4 期。

[56]李升、宁超:《中国地方政府自有财力区域差异分析》,《经济与管理评论》2017 年第 6 期。

[57]李涛、周业安:《中国地方政府间支出竞争研究——基于中国省级面板数据的经验证据》,《管理世界》2009 年第 2 期。

[58]李屹然、谢家智:《中国式分权、外溢效应与地方政府科技投入效率》,《软科学》2020 年第 3 期。

[59]李盈萱、方毅:《教育财政策略互动与区域协调发展——基于空间溢出效应视角》,《华东师范大学学报(教育科学版)》2021 年第 6 期。

[60]李永友、沈坤荣:《辖区间竞争、策略性财政政策与 FDI 增长绩效的区域特征》,《经济研究》2008 年第 5 期。

[61]李永友:《我国财政支出结构演进及其效率》,《经济学(季刊)》2010 年第 1 期。

[62]李兆双:《清理"法定"增长建立现代财政制度的思考》,《齐鲁珠坛》2021 年第 4 期。

[63]李振宇、李涛:《财政分权视角下地方政府高等教育投入的竞争效应分析》,《中国高教研究》2020 年第 3 期。

[64]李振宇、彭从兵、袁连生:《省际地方普通高校教育经费支出结构差异》,《高等教育研究》2015 年第 12 期。

[65]梁茜、代蕊华:《我国区域教育均衡研究的主题及趋势——基于 CSSCI 来源期刊文献关键词的可视化分析》,《基础教育》2018 年第 3 期。

[66]廖楚晖:《政府教育支出区间不平衡的动态分析》,《经济研究》2004 年第 6 期。

[67]林辉煌:《贫困治理与县级财政统筹》,《北京工业大学学报(社会科学版)》2020 年第 2 期。

[68]林江、孙辉、黄亮雄:《财政分权、晋升激励和地方政府义务教育供给》,《财贸经济》2011 年第 1 期。

[69]林敏、余丽生:《参与式预算影响地方公共支出结构的实证研究》,《财贸经济》2011 年第 8 期。

[70]林毅夫、蔡昉、李周:《中国经济转型时期的地区差距分析》,《经济研究》1998 年第

6 期。

[71]刘佳、吴建南、吴佳顺:《省直管县改革对县域公共物品供给的影响——基于河北省136 县(市)面板数据的实证分析》,《经济社会体制比较》2012 年第 1 期。

[72]刘剑文:《财税法治的破局与立势——一种以关系平衡为核心的治国之路》,《清华法学》2013 年第 5 期。

[73]刘江会、王功宇:《地方政府财政竞争对财政支出效率的影响——来自长三角地级市城市群的证据》,《财政研究》2017 年第 8 期。

[74]刘苓玲、任斌、任文晨:《官员交流对社会保障事业发展的影响——来自省长、省委书记交流的经验证据》,《南方经济》2015 年第 10 期。

[75]刘升:《精英俘获与扶贫资源资本化研究——基于河北南村的个案研究》,《南京农业大学学报(社会科学版)》2015 年第 5 期。

[76]刘叔申、吕凯波:《财政支出结构、产业结构和城乡居民收入差距——基于 1978—2006 年省级面板数据的研究》,《经济问题》2011 年第 11 期。

[77]刘文华、谢婷、肖伟:《撤县设市、行政扩权与工业用地价格》,《经济科学》2022 年第 6 期。

[78]刘小勇、丁焕峰:《邻里竞争、财政分权与政府财政支出偏向研究——基于三层分权框架的角度》,《当代财经》2015 年第 7 期。

[79]刘垠、陆成宽、叶青、刘园园:《以高水平科技创新支撑经济高质量发展》,《科技日报》2022 年 3 月 6 日。

[80]卢方元、李彦龙:《金融发展、政府财政支出对城乡居民收入差距的影响——基于地级市面板数据的实证分析》,《金融与经济》2015 年第 12 期。

[81]卢盛峰、陈思霞:《政府偏袒缓解了企业融资约束吗?——来自中国的准自然实验》,《管理世界》2017 年第 5 期。

[82]陆铭、陈钊:《城市化、城市倾向的经济政策与城乡收入差距》,《经济研究》2004 年第 6 期。

[83]罗楚亮:《农村贫困的动态变化》,《经济研究》2010 年第 5 期。

[84]罗春:《地方政府预算自主权的缺失问题研究》,《中央财经大学学报》2004 年第 10 期。

[85]罗春梅:《地方政府预算自主权的缺失问题研究》,《中央财经大学学报》2004 年第 10 期。

[86]罗贵明:《转移支付下地方政府科技投入空间效应研究——基于 1997—2014 年省级面板数据的实证分析》,《科技进步与对策》2017 年第 15 期。

[87]吕冰洋、贺颖:《中国特色财政激励体制:基于统一市场的视角》,《中国社会科学》

2022 年第 4 期。

[88]吕冰洋:《央地关系:寓活力于秩序》,商务印书馆 2022 年版。

[89]马蔡琛:《现代预算制度的演化特征与路径选择》,《中国人民大学学报》2014 年第 5 期。

[90]马光荣、刘孟鑫、戚庆源:《政府间环境事权划分与污染治理——基于省以下环保机构垂直化改革的研究》,《财贸经济》2023 年第 8 期。

[91]马光荣、杨恩艳:《打到底线的竞争——财政分权、政府目标与公共品的提供》,《经济评论》2010 年第 6 期。

[92]马光荣、张凯强、吕冰洋:《分税与地方财政支出结构》,《金融研究》2019 年第 8 期。

[93]马胡杰、霍骁勇:《市场化进程、财政分权与收入差距》,《软科学》2014 年第 6 期。

[94]马骏、叶娟丽:《公共预算理论:现状与未来》,《武汉大学学报(社会科学版)》2003 年第 3 期。

[95]马骏:《中国的零基预算改革:来自某财力紧张省份的调查》,《中山大学学报(社会科学版)》2005 年第 1 期。

[96]马力宏:《论政府管理中的条块关系》,《政治学研究》1998 年第 4 期。

[97]毛捷、吕冰洋、陈佩霞:《分税的事实:度量中国县级财政分权的数据基础》,《经济学(季刊)》2018 年第 2 期。

[98]宁静、赵国钦、贺俊程:《省直管县财政体制改革能否改善民生性公共服务》,《经济理论与经济管理》2015 年第 5 期。

[99]宁静、赵旭杰:《纵向财政关系改革与基层政府财力保障:准自然实验分析》,《财贸经济》2019 年第 1 期。

[100]潘家华、张丽峰:《我国碳生产率区域差异性研究》,《中国工业经济》2011 年第 5 期。

[101]潘修中:《财政分权、财政透明度与地方财政科技投入》,《科学管理研究》2017 年第 1 期。

[102]潘镇、金中坤、徐伟:《财政分权背景下地方政府科技支出行为研究》,《上海经济研究》2013 年第 1 期。

[103]庞伟、孙玉栋:《地方政府财政支出的结构偏异——基于跨界公共事务的视角》,《经济理论与经济管理》2022 年第 6 期。

[104]彭小兵、彭洋:《乡村振兴中地方政府的注意力配置差异与治理逻辑研究——基于410 份政策文本的扎根分析》,《中国行政管理》2022 年第 9 期。

[105]平新乔、白洁:《中国财政分权与地方公共品的供给》,《财贸经济》2006 年第 2 期。

[106]齐福全:《地方政府财政支出与经济增长关系的实证分析——以北京市为例》,《经

济科学》2007 年第 3 期。

[107]钱金保、邱雪情：《"撤县设区"如何影响财政收支？——基于激励视角的再研究》，《南方经济》2019 年第 8 期。

[108]乔宝云、范剑勇、冯兴元：《中国的财政分权与小学义务教育》，《中国社会科学》2005 年第 6 期。

[109]乔俊峰、黄智琛：《地方政府债务为何持续扩张——基于撤县设区的准自然实验分析》，《南开经济研究》2021 年第 6 期。

[110]秦颖：《论公共产品的本质——兼论公共产品理论的局限性》，《经济学家》2006 年第 3 期。

[111]曲兆鹏、赵忠：《老龄化对我国农村消费和收入不平等的影响》，《经济研究》2008 年第 12 期。

[112]渠敬东：《项目制：一种新的国家治理体制》，《中国社会科学》2012 年第 5 期。

[113]桑百川、黄漓江：《政府支出与经济波动——基于省级面板数据的实证分析》，《南方经济》2016 年第 8 期。

[114]史普原：《科层为体、项目为用：一个中央项目运作的组织探讨》，《社会》2015 年第 5 期。

[115]史普原：《政府组织间的权责配置——兼论"项目制"》，《社会学研究》2016 年第 2 期。

[116]孙青：《财政科技投入、科研人力资本对科技创新的影响》，《统计与决策》2022 年第 1 期。

[117]孙秀林、周飞舟：《土地财政与分税制：一个实证解释》，《中国社会科学》2013 年第 4 期。

[118]唐齐鸣、王彪：《中国地方政府财政支出效率及影响因素的实证研究》，《金融研究》2012 年第 2 期。

[119]陶振：《基层治理中的条块冲突及其优化路径》，《理论月刊》2015 年第 1 期。

[120]田伟、田红云：《晋升博弈、地方官员行为与中国区域经济差异》，《南开经济研究》2009 年第 1 期。

[121]田先红：《中国基层治理：体制与机制——条块关系的分析视角》，《公共管理与政策评论》2022 年第 1 期。

[122]万广华、吴婷、张琰：《中国收入不均等的下降及其成因解析》，《劳动经济研究》2018 年第 3 期。

[123]王德娟、贾建宇：《财政科技投入与经济增长的分析研究》，《科学管理研究》2017 年第 2 期。

［124］王德祥、张权：《FDI 与地方政府财政支出结构的关系研究——基于中国东、中、西部地区 29 个省市区面板数据》，《财贸研究》2011 年第 1 期。

［125］王蓉、杨建芳：《中国地方政府教育财政支出行为实证研究》，《北京大学学报（哲学社会科学版）》2008 年第 4 期。

［126］王贤彬、徐现祥、周靖祥：《晋升激励与投资周期——来自中国省级官员的证据》，《中国工业经济》2010 年第 12 期。

［127］王贤彬、张莉、徐现祥：《什么决定了地方财政的支出偏向——基于地方官员的视角》，《经济社会体制比较》2013 年第 6 期。

［128］王小龙、方金金：《政府层级改革会影响地方政府对县域公共教育服务的供给吗?》，《金融研究》2014 年第 8 期。

［129］王莹莹、童玉芬：《产业集聚与结构高度化对北京人口规模的影响:膨胀还是收敛?》，《人口学刊》2015 年第 6 期。

［130］王雍君：《"社会共同需要论":两个视点的解读》，《中央财经大学学报》2012 年第 1 期。

［131］王永钦、张晏、章元、陈钊、陆铭：《十字路口的中国经济:基于经济学文献的分析》，《世界经济》2006 年第 10 期。

［132］王志锋、葛雪凝：《行政区划调整影响了地方政府债务吗——基于 254 个城市撤县设区的实证研究》，《宏观经济研究》2022 年第 6 期。

［133］王志刚、杨白冰：《财政分权、积极财政政策与预算支出偏离度》，《宏观经济研究》2019 年第 8 期。

［134］文宏：《中国政府推进基本公共服务的注意力测量——基于中央政府工作报告（1954—2013）的文本分析》，《吉林大学社会科学学报》2014 年第 2 期。

［135］吴宾、杨彩宁：《住房制度、住有所居与历年调控:自 1978—2017 年中央政府工作报告观察》，《改革》2018 年第 1 期。

［136］吴良健：《地方分权与预算自主——论分税制下的地方预算自主权及其宪政意涵》，《行政法论丛》2015 年第 00 期。

［137］吴延兵：《中国式分权下的偏向性投资》，《经济研究》2017 年第 6 期。

［138］谢贞发、王轩、林铫铫、林子清：《撤县设区、城市规模扩张与基本公共服务配置》，《财贸研究》2022 年第 11 期。

［139］谢贞发、严瑾、李培：《中国式"压力型"财政激励的财源增长效应——基于取消农业税改革的实证研究》，《管理世界》2017 年第 12 期。

［140］辛冲冲、陈志勇：《财政分权、政府竞争与地方政府科技支出——基于中国省级面板数据的再检验》，《山西财经大学学报》2018 年第 6 期。

［141］辛冲冲:《纵向财政失衡、FDI 竞争与医疗卫生服务供给水平——兼论标尺竞争机制下地区间的策略性行为》,《财贸经济》2022 年第 1 期。

［142］熊伟:《财政分税制与地方预算自主权》,《武汉大学学报(哲学社会科学版)》2015 年第 3 期。

［143］熊伟:《分税制模式下地方财政自主权研究》,《政法论丛》2019 年第 1 期。

［144］徐超、庞雨蒙、刘迪:《地方财政压力与政府支出效率——基于所得税分享改革的准自然实验分析》,《经济研究》2020 年第 6 期。

［145］闫海:《论法定支出的中国特色及其治理》,《地方财政研究》2014 年第 1 期。

［146］杨宝剑、颜彦:《地方财政支出结构优化的实证研究——基于东部、中部、西部的省级面板数据分析》,《财贸研究》2012 年第 4 期。

［147］杨君、杨幸珺、黄薪颖:《压力型体制中的下级能动——基于"任务—资源"视角的分析》,《经济社会体制比较》2023 年第 2 期。

［148］杨良松、庞保庆:《省长管钱? ——论省级领导对于地方财政支出的影响》,《公共行政评论》2014 年第 4 期。

［149］杨其静、高雄伟:《财政联邦主义与财政分权指标——基于合约理论视角的再审视》,《中国人民大学学报》2021 年第 1 期。

［150］杨骞、张义凤:《中国地方财政支出无效率的来源》,《统计研究》2015 年第 4 期。

［151］杨志辉、李卉:《财政分权是否促进了新型城镇化》,《经济问题》2021 年第 3 期。

［152］姚东旻、崔孟奇、赵江威:《地方政府预算结构差异的制度解释:纵向统筹与横向趋同》,《经济学动态》2022 年第 9 期。

［153］姚东旻、许艺煊、高秋男、赵江威:《省际预算支出结构的差异及其主要来源》,《财贸经济》2020 年第 9 期。

［154］姚东旻、朱泳奕、余凯:《制度惯性、地方领导人更替与财政支出结构变动》,《社会学研究》2020 年第 2 期。

［155］叶冠杰、李立勋:《行政区划调整与管理体制改革对经济强县经济发展的影响——以广东省佛山市顺德区为例》,《热带地理》2018 年第 3 期。

［156］尹恒、徐琰超:《地市级地区间基本建设公共支出的相互影响》,《经济研究》2011 年第 7 期。

［157］尹恒、杨龙见:《地方财政对本地居民偏好的回应性研究》,《中国社会科学》2014 年第 5 期。

［158］尹恒、朱虹:《县级财政生产性支出偏向研究》,《中国社会科学》2011 年第 1 期。

［159］游士兵、祝培标:《行政区划改革对地区经济发展影响的实证分析》,《统计与决策》2017 年第 2 期。

[160]于志强、吴建峰、周伟林：《大城市撤县设区经济绩效的异质性研究——基于合成控制的实证分析》，《上海城市管理》2016 年第 6 期。

[161]余泳泽、王岳龙、李启航：《财政自主权、财政支出结构与全要素生产率——来自230 个地级市的检验》，《金融研究》2020 年第 1 期。

[162]詹新宇、曾傅雯：《行政区划调整提升经济发展质量了吗？——来自"撤县设区"的经验证据》，《财贸研究》2021 年第 4 期。

[163]张恒龙、陈宪：《财政竞争对地方公共支出结构的影响——以中国的招商引资竞争为例》，《经济社会体制比较》2006 年第 6 期。

[164]张弘力、林桂凤、夏先德：《论中央对地方专项拨款》，《财政研究》2000 年第 5 期。

[165]张静：《结构分析落伍了吗？——基于经验现象的研究推进》，《社会学评论》2021年第 1 期。

[166]张丽、吕康银、陈漫雪：《公共安全支出对犯罪抑制作用的实证检验》，《税务与经济》2017 年第 1 期。

[167]张莉、皮嘉勇、宋光祥：《地方政府竞争与生产性支出偏向——撤县设区的政治经济学分析》，《财贸经济》2018 年第 3 期。

[168]张牧扬：《晋升锦标赛下的地方官员与财政支出结构》，《世界经济文汇》2013 年第 1 期。

[169]张亲培、冯素坤：《中国压力型预算调整研究》，《学术界》2010 年第 5 期。

[170]张晓娣、石磊：《中国公共支出结构的最优调整方案研究——区域聚类基础上的梯度法求解》，《财经研究》2013 年第 10 期。

[171]张晏、龚六堂：《分税制改革、财政分权与中国经济增长》，《经济学（季刊）》2005 年第 4 期。

[172]张宇：《财政分权与政府财政支出结构偏异——中国政府为何偏好生产性支出》、《南开经济研究》2013 年第 3 期。

[173]张志超、丁宏：《优化政府财政支出结构的理论思考》，《经济学动态》2009 年第 4 期。

[174]赵人伟、李实：《中国居民收入差距的扩大及其原因》，《经济研究》1997 年第 9 期。

[175]折晓叶、陈婴婴：《项目制的分级运作机制和治理逻辑——对"项目进村"案例的社会学分析》，《中国社会科学》2011 年第 4 期。

[176]周飞舟：《财政资金的专项化及其问题兼论"项目治国"》，《社会》2012 年第 1 期。

[177]周江燕、白永秀：《中国城乡发展一体化水平的时序变化与地区差异分析》，《中国工业经济》2014 年第 2 期。

[178]周克清、刘海二、吴碧英：《财政分权对地方科技投入的影响研究》，《财贸经济》

2011 年第 10 期。

[179]周黎安:《晋升博弈中政府官员的激励与合作——兼论我国地方保护主义和重复建设问题长期存在的原因》,《经济研究》2004 年第 6 期。

[180]周茂、陆毅、李雨浓:《地区产业升级与劳动收入份额:基于合成工具变量的估计》,《经济研究》2018 年第 11 期。

[181]周晓慧、邹肇芸:《经济增长、政府财政收支与地方官员任期——来自省级的经验证据》,《经济社会体制比较》2014 年第 6 期。

[182]周亚虹、宗庆庆、陈曦明:《财政分权体制下地市级政府教育支出的标尺竞争》,《经济研究》2013 年第 11 期。

[183]周玉翠、齐清文、冯灿飞:《近 10 年中国省际经济差异动态变化特征》,《地理研究》2002 年第 6 期。

[184]周振超、李安增:《政府管理中的双重领导研究——兼论当代中国的"条块关系"》,《东岳论丛》2009 年第 3 期。

[185]朱光喜、金东日:《政府工作报告中的绩效自评估——基于 2006—2010 年省级政府工作报告的分析》,《公共行政评论》2012 年第 3 期。

[186]朱恒鹏:《分权化改革、财政激励和公有制企业改制》,《世界经济》2004 年第 12 期。

[187]祝树金、虢娟:《开放条件下的教育支出、教育溢出与经济增长》,《世界经济》2008 年第 5 期。

[188]庄汝龙、李光勤、梁龙武、宓科娜:《撤县设区与区域经济发展——基于双重差分方法的政策评估》,《地理研究》2020 年第 6 期。

[189]A.Wildavsky, *The Politics of the Budgetary Process*, Little Brown and Co.,1964.

[190]Aghion P.,P.Howitt,"A Model of Growth through Creative Destruction",*Econometrica*,Vol.60,No.2,1992,pp.323-351.

[191]Alexander M.Hicks,Duane H.Swank,"Politics, Institutions, and Welfare Spending in Industrialized Democracies,1960 - 1982",*American Political Science Review*,Vol. 86,No. 3,1992,pp.658-674.

[192]Arthur L.W.,*The Theory of Economic Growth*,Routledge,1955.

[193]Baicker K.,*The Spillover Effects of State Spending*,Journal of Public Economics,Vol.89,No.2,2003,pp.529-544.

[194] Bailey,John J.,O'Connor et al.,"Operationalizing Incrementalism:Measuring the Muddles",*Public Administration Review*,Vol.35,No.1,1975,p.60.

[195]Barro,R.J.,"Government Spending in a Simple Model of Endogeneous Growth",*Journal*

of Political Economy, Vol.98, No.5, 1990, pp.103-125.

[196] Baumgartner F.R., Breunig C., Green-Pedersen C., et al., "Punctuated Equilibrium in Comparative Perspective", *American Journal of Political Science*, Vol.53, No.3, 2009, pp.603-620.

[197] Baumgartner F.R., Jones B.D., "Agendas and Instability in American Politics", *The Journal of Politics*, 1993.

[198] Besley, T., A. Case, "Incumbent Behavior: Vote-Seeking, Tax-Setting, and Yardstick Competition", *American Economic Review*, Vol.85, No.1, 1995, pp.25-45.

[199] Bretschger L., Hettich F., "Globalisation, Capital Mobility and Tax Competition: Theory and Evidence for OECD Countries", *European Journal of Political Economy*, Vol.18, No.4, 2002, pp.695-716.

[200] Breunig C., Koski C., "Topping Off and Bottoming Out: Setting Budget Priorities through Executive Power", *Policy Studies Journal*, 2018.

[201] Buchanan, J.M., *Public Finance in Democratic Process. Fiscal Institutions and Individual Choice*, The University of North Carolina Press, 1967.

[202] Case, A. C., H. S. Rosen, J. R. Hines, "Budget Spillovers and Fiscal Policy Interdependence: Evidence from the States", *Journal of Public Economics*, Vol. 52, No. 3, 1993, pp.285-307.

[203] Chantreuil, F., Trannoy, A., "Inequality Decomposition Values: The Trade-off between Marginality and Efficiency", *The Journal of Economic Inequality*, Vol.11, No.1, 2013, pp.83-98.

[204] Chantreuil, F., Trannoy, A., "Inequality Decomposition Values", *Annals of Economics and Statistics*, Vol.101-102, 2011, pp.13-36.

[205] Collier D., LaPorte J., Seawright J., "Putting Typologies to Work: Concept Formation, Measurement, and Aanalytic Rigor", *Political Research Quarterly*, Vol.65, No.1, 2012, pp.217-232.

[206] Dalrymple, T., *Flood Frequency Analyses*, Water Supply Paper 1543-A, Geological Survey, 1960.

[207] David Collier, Jody LaPorte, Jason Seawright., "Putting Typologies to Work: Concept Formation, Measurement, and Analytic Rigor", *Political Research Quarterly*, Vol. 65, No. 1, 2012, pp.217-232.

[208] De Borger B., Kerstens K., "Cost Efficiency of Belgian Local Governments: A Comparative Analysis of FDH, DEA, and Econometric Approaches", *Regional Science and Urban Economics*, Vol.26, No.2, 1996, pp.145-170.

[209] Decarlo L.T., "On the Meaning and Use of Kurtosis", *Philosophical Investigations*, Vol.5, No.3, 1997, pp.190-204.

［210］Evelyne Huber, Charles Ragin , John D. Stephens., "Social Democracy, Christian Democracy, Constitutional Structure, and the Welfare State", *American Journal of Sociology*, Vol.99, No.3, 1993, pp.711-749.

［211］Fan, S. et al., "Challenges of Creating Cities in China: Lessons from a Shote - Lived County - To - City Upgrading Policy", *Journal of Comparative Economics*, Vol. 40, No. 3, 2012, pp.476-491.

［212］Feltenstein, A. , S.Iwata, "Decentralization and Macroeconomic Performance in China: Regional Autonomy has its Costs ", *Journal of Development Economics*, Vol. 76, No. 2, 2005, pp.481-501.

［213］Flink, C. M., "Rethinking Punctuated Equilibrium Theory: A Public Administration Approach to Budgetary Changes", *Policy Studies Journal*, Vol.45, No.1, 2017, pp.101-120.

［214］Gabriel M.Ahlfeldt and Elisabetta Pietrostefani, "The Economic Effects of Density: A Synthesis", *Journal of Urban Economics*, Vol.111, 2019, pp.93-107.

［215］Garrett G., Mitchell D., "Globalization, Government Spending and Taxation in the OECD", *European Journal of Political Research*, Vol.39, No.2, 2001, pp.145-177.

［216］Gemmell N., Kneller R., Sanz I., "Foreign Investment, International Trade and the Size and Structure of Public Expenditures", *European Journal of Political Economy*, Vol.24, No.1, 2008, pp.151-171.

［217］Grossman P.J., Mavros P., Wassmer R.W., "Public Sector Technical Inefficiency in Large US Cities", *Journal of Urban Economics*, Vol.64, No.2, 1999, pp.278-299.

［218］Grossman, G. M., E. Helpman, *Innovation and Growth in the Global Economy*, MIT Press, 1993.

［219］Guanghua Wan, Zhangyue Zhou, "Income Inequality in Rural China: Regression-based Decomposition Using Household Data ", *Review of Development Economics*, Vol. 9, No. 1, 2005, pp.107-120.

［220］Guo G., "China's Local Political Budget Cycles", *American Journal of Political Science*, Vol.53, No.3, 2009, pp.621-632.

［221］Hamilton B. W., "The Flypaper Effect and Other Anomalies ", *Journal of Public Economics*, Vol.22, No.3, 1983, pp.347-361.

［222］Heine, K., "Interjurisdictional Competition and the Allocation of Constitutional Rights: A Research Note", *International Review of Law and Economics*, Vol.26, No.1, 2006, pp.33-41.

［223］Hicks A.M., Swank D.H., "Politics, Institutions, and Welfare Spending in Industrialized Democracies, 1960-82", *American Political Science Review*, Vol.86, No.3, 1992, pp.658-674.

[224] Hosking J. R. M., "L−Moments: Analysis and Estimation of Distributions Using Linear Combinations of Order Statistics", *Journal of the Royal Statistical Society, Series B (Methodological)*, Vol.52, No.1, 1990, pp.105−124.

[225] Huber E., Ragin C., Stephens J. D., "Social Democracy, Christian Democracy, Constitutional Structure, and the Welfare State", *American Journal of Sociology*, Vol.96, No.3, 1993, pp.711−749.

[226] Jones B. D., Baumgartner F. R., "From There to Here: Punctuated Equilibrium to the General Punctuation Thesis to a Theory of Government Information Processing", *Policy Studies Journal*, Vol.40, No.1, 2012, pp.1−20.

[227] Jones B. D., "Reconceiving Decision−Making in Democratic Politics: Attention, Choice, and Public Policy", *American Political Science Association*, Vol.110, No.3, 1996, pp.432−433.

[228] Jones, B. D., Baumgartner, F. R., "From There to Here: Punctuated Equilibrium to the General Punctuation Thesis to a Theory of Government Information Processing", *Policy Studies Journal*, Vol.40, No.1, 2012, pp.1−20.

[229] Jones, B. D., Baumgartner, F. R., True, J. L., "*The Shape of Change: Punctuation and Stability in U. S. Budgeting, 1974 − 1*", Presented at the Midwest Political Science Association, Chicago, 1996.

[230] Jones, Bryan D., *Agendas and Instability in American Politics*, The University of Chicago Press, 2009.

[231] Josep Espluga, Alba Ballester, Nuria HernándezMora, et al., "Participación pública e inercia institucional en la gestión del agua en España", *Reis*, 2011, pp.3−26.

[232] Kaufman, Robert R., Segura−Ubiergo, Alex, "Globalization, Domestic Politics and Social Spending in Latin America: A Time−series Cross−section Analysis, 1973−1997", *Dados*, Vol.44, No.3, 2001, pp.435−479.

[233] Keen, M., M. Marchand, "Fiscal Competition and the Pattern of Public Spending", *Journal of Public Economics*, Vol.66, No.1, 1997, pp.33−53.

[234] Li, H., Zhou, L. A., "Political Turnover and Economic Performance: The Incentive Role of Personnel Control in China", *Journal of Public Economics*, Vol.89, No.9−10, 2005, pp.1743−1762.

[235] Lowi T. J., "Four Systems of Policy, Politics, and Choice", *Public Administration Review*, Vol.32, No.4, 1972, pp.298−310.

[236] Lucas Bretschger, Frank Hettich, "Globalisation, Capital Mobility and Tax Competition: Theory and Evidence for OECD Countries", *European Journal of Political Economy*, Vol.18, No.4, 2002, pp.695−716.

[237] Migué J. L., Belanger G., Niskanen W. A., et al., "Toward a General Theory of Managerial Discretion", *Public Choice*, 1974, pp.27-51.

[238] Musgrave, P., Musgrave, R.A., *Public Finance in Theory and Practice*, McGraw-Hill, 1973.

[239] Musgrave, R.A. and Peacock, A.T., *Classics in the Theory of Public Finance*, Macmillan Press, 1967.

[240] Oates, W. E., "Fiscal Decentralization and Economic Development", *National Tax Journal*, Vol.46, No.2, 1993, pp.237-243.

[241] Peacock, A., A. Scott, "The Curious Attraction of Wagner's Law", *Public Choice*, Vol.102, No.1, 2000, pp.1-17.

[242] Poncet S., "Measuring Chinese Domestic and International Integration", *China Economic Review*, Vol.14, No.1, 2003, pp.1-21.

[243] Qian, Y., G. Roland, "Federalism and the Soft Budget Constraint", *The American Economic Review*, Vol.88, No.5, 1998, pp.1143-1162.

[244] Reddick C. G., "Budgetary Decision Making in the Twentieth Century: Theories and Evidence", *Journal of Public Budgeting Accounting and Financial Management*, Vol.15, 2003.

[245] Revelli, Federico, "On Spatial Public Finance Empirics", *International Tax and Public Finance*, Vol.12, No.4, 2005, pp.475-492.

[246] Romer P. M., "Endogenous Technological Change", *Journal of Political Economy*, Vol.98, No.5, 1990, pp.S71-S102.

[247] Rostow, W.W., *The Stages of Economic Growth: A Non-communist Manifesto*, Cambridge University Press, 1960.

[248] Sastre, M., Trannoy, A., "Shapley Inequality Decomposition by Factor Components: Some Methodological Issues", *Journal of Economics*, Vol.9, No.1, 2002, pp.51-89.

[249] Schick, Allen, "Systems Politics and Systems Budgeting", *Public Administration Review*, Vol.29, No.2, 1969, pp.137-151.

[250] Shapley, L., *A Value for N-person Games*, Princeton University Press, 1953.

[251] Sharma A., Paliwal K. K., "Subspace Independent Component Analysis Using Vector Kurtosis", *Pattern Recognition*, Vol.39, No.11, 2006, pp.2227-2232.

[252] Shorrocks A. F., "Decomposition Procedures for Distributional Analysis: A Unified Framework Based on the Shapley Value", *Journal of Economic Inequality*, Vol. 11, No. 1, 2013, pp.99-126.

[253] Shorrocks, A. F., "Inequality Decomposition by Factor Components", *Econometrica*, Vol.50, No.1, 1982, pp.193-211.

［254］Shorrocks, A. F., *Decomposition Procedures for Distributional Analysis: A Unified Framework Based on the Shapley Value*, University of Essex, 1999.

［255］Wagner, A., *Three Extracts on Public Finance*, Palgrave Macmillan, 1958.

［256］Wanat J., "Bases of Budgetary Incrementalism", *American Political Science Association*, Vol.68, No.3, 1974, pp.1221-1228.

［257］Worthington A C., "Cost Efficiency in Australian Local Government: A Comparative Analysis of Mathematical Programming and Econometrical Approaches", *Financial Accountability and Management*, Vol.16, No.3, 2000, pp.201-223.

［258］Zheng Y., "Chinese Provincial Leaders: Economic Performance and Political Mobility since 1949 by Zhiyue Bo", *China Journal*, Vol.50, No.77, 2003, pp.318-319.